LA VIE ET L'AMOUR D'UNE FEMME

Régine Crespin

LA VIE ET L'AMOUR D'UNE FEMME

Fayard

A la vie...

et bien sûr à l'amour,
comme le dit le titre du
cycle de Schumann :

L'Amour et la vie d'une femme

Ars longa, vita brevis.
Hippocrate.

Le règne des femmes

1.
Mannolini

J'aime ceux qui ne savent pas trop pourquoi ils aiment, c'est qu'alors ils aiment vraiment.

André Gide

Mannolini ? Cela pourrait être le nom d'un général sous Garibaldi, d'un hussard sorti tout droit de chez Giono, d'un gondolier au chapeau noir enrubanné de couleurs vives, d'un vieil aristocrate italien — « Il Conte Mannolini » cela ronflerait assez bien, non ? — ou encore celui d'un adulé, dodu castrat bien vocalisant de la chapelle Sixtine au temps de Rubini ou Rafarielli ?

Mannolini, c'était ma grand-mère. Elle chantait faux comme un fer à souder mais à tue-tête, tout le temps. C'est elle qui m'a fait aimer le chant.

Je me souviens de ces soirées d'été où nous nous couchions comme les poules, avec le jour, dans ce grand lit haut et large où les nuits étaient torrides mais où je me sentais si bien, blottie contre elle qui me repoussait :

— Oh ! Il fait trop chaud ! » avec cette brusquerie tendre qui la caractérisait. La tendresse, chez les gens du Midi, on ne la montre guère sauf dans les grandes occasions : mariages, communions, enterrements et encore !

On pleure de joie ou de chagrin, on crie beaucoup quand arrivent les amis. Mais se donner un petit baiser dans le cou ou se prendre la main, pas question, on aurait « honte » ! En tout cas, Mannolini, elle était ainsi.

Donc, nous étions juchées sur notre « grand bateau » qui n'était ivre que de jeux, de rires, de chansons et de fatigue saine, toutes fenêtres ouvertes sur une symphonie de toits de tuiles rouges au loin, de murs ocre, sur les gros platanes jaunis, les pins immuablement verts, les mûriers touffus, les lilas blancs ou pourpres, les eucalyptus raffinés, sur le jour finissant dans un ciel mauve et pur — il devait bien être huit heures et demie ! —, dans ce petit « cabanon » qu'elle louait pour toutes les vacances à La Bourdonnière, une banlieue de Marseille.

Tous mes copains et copines étaient assis dehors sous la fenêtre avec leurs parents, les chiens, les chats. Et ça commençait par un timide :

— Mannolini, vous dormez ?

— Eh ! non !

— Et Régine ?

— Non plus !

— Alors, si on chantait ?

C'était toujours elle qui commençait :

« O ! Sole mio ! » ou : « Funiculi ! Funicula ! » ou bien :

Se vuoi venir con me à la Marina
Ti faro veder un pesce senza spina
O ! Marianna, va in cabanna
Quando il sole tramontera
Oïli ! Oïla !
Quando il sole tramontera
E bing, e bong, e bing, e bong[1].

La suite était bien un peu graveleuse, mais moi, ça ne me troublait guère !

Mannolini avait une sorte de voix de basse mal équarrie, tonitruante. Moi, bien sûr, je faisais « la haute » et à la fin, soutenue par le chœur d'en bas, j'en poussais toujours une, bien haut et bien fort. Ce furent mes premiers applaudissements. Et mes premières fleurs, car les soirs de fiesta, 14 Juillet ou 15 Août, quand le concert était fini après bien des bis, des rappels, avant que Mannolini ne ferme la fenêtre malgré les protestations, je faisais descendre une ficelle à laquelle mes premiers fans accrochaient un bouquet de fleurs qu'ils avaient préparé. Elle, elle y comptait bien puisqu'un vase avec de l'eau était déjà là. Je crois qu'elle était plus cabotine que moi. Enfin, à l'époque !

1. Si tu veux venir avec moi à la pêche
Je te ferai voir un poisson sans arêtes
Oh ! Marianne viens dans ma cabane
Quand le soleil se couchera, etc.

Mannolini, c'était son nom de jeune fille. Son prénom, très joli en italien, Cesira — prononcez Tchézira — était devenu en français Césarine, dont j'ai hérité en second choix.

Moi, au début, je disais : Mémé. Mais dès qu'elle m'a raconté son enfance dans un petit village italien près de Lucca, j'ai été séduite par ce mot chantant, rebondissant, dont je comprenais mal l'emploi. Et elle est devenue Mannolini, pour moi et pour tout le monde.

Elle était une merveilleuse cuisinière. Elle recevait souvent, d'amis de mon père, des télégrammes concis et fermes :

« Mannolini, on vient dimanche. Ravioli pour douze. Bises. Signé Untel. »

Et le vendredi commençait le tourbillon. D'abord les courses jusqu'au Logis Neuf où étaient les commerçants, le retour avec les paquets. Comme récompense, à cause de la chaleur, j'avais droit à une romaine (beaucoup d'eau fraîche, un peu de sucre et une larme de rhum, pour parfumer. On dirait la recette de Raimu dans *Marius* pour faire le Picon-citron ! Mais moi, j'avais bien « trois tiers » et pas quatre comme César !).

Ensuite, c'était la confection d'une sorte de daube, dont elle ferait la farce, qui parfumait tout le cabanon. Quand c'était presque cuit, j'avais le droit de tremper un morceau de pain dans la sauce, pour goûter. Mais au bout du quatrième croûton elle hurlait :

— Vé, cette petite, elle va me « mannger » toute la sauce.

Et elle me coursait dans la cuisine, en faisant semblant

de rouler de gros yeux. Mais j'arrivais toujours à en « resquiller » un de plus.

Après on préparait la pâte. Enfin, moi, je n'étais que la mouche du coche :

— Pourquoi tu fais ça, Mannolini ? Pourquoi tu mets de l'eau ? Pourquoi ?

Elle levait les bras au ciel.

— Cette petite, elle vous pose de ces « questiongs ».

Je n'ai jamais fait de ravioli de ma vie, par complexe, mais je crois que je pourrais me souvenir de tout.

Moi, je n'avais droit qu'à un seul travail, le matin du repas. Quand la pâte était faite, bien travaillée bien reposée pour trois ou quatre heures sous un torchon, au frais, puis étendue cent fois au rouleau, fine, transparente, sur la table de marbre indispensable, farinée encore une fois, Mannolini m'armait de la roulette et je m'appliquais à découper des carrés bien réguliers. Gare si je m'y prenais mal pour la répartition des bandes. Ça gueulait ferme !

— Cette petite, elle n'est même pas capable de « carculer » comme il faut. Té, enlève-toi de là. Je vais le faire.

Et d'une pichenette, elle m'enlevait de là.

C'est ainsi que je n'ai jamais osé cuisiner tous ces bons plats que Mannolini et ma mère réussissaient si bien : les ravioli, la soupe au pistou, la daube provençale, la poche au riz, la polenta, les oreillettes au sucre, le pain perdu — pas pour moi ! —, les fabuleuses soupes de tous les légumes où la cuillère tenait toute droite, les rissoles remplies de confitures diverses, les artichauts à la barigoule, les succulents farcis avec leurs chapeaux de travers (rouge tomate, vert amande courgette, mauve aubergine, blond oignon), les pâtes fraîches au basilic, pour lesquelles il fallait trois sortes de fromage râpé, pas moins. J'en salive encore !

Je devais avoir cinq ou six ans quand nous avons commencé d'aller en vacances à La Bourdonnière. De Nîmes, où mes parents s'étaient installés, nous allions d'abord en train jusqu'à Marseille. Nous étions à la gare toujours une heure à l'avance, car Mannolini disait :

— On ne sait jamais, si tout le monde était là et que le train parte un peu avant ! » — chargées de valises, de paquets et du fameux « en-cas » dans une serviette, avec une thermos pleine d'une boisson fraîche. C'était la joie, quand j'étais petite ce pique-nique (plus tard, cela me gênait horriblement, mais elle, restée naturelle, ne changea jamais. Dans le train, il fallait « prévoir »).

A Marseille, nous descendions l'énorme volée de marches de la gare Saint-Charles et nous allions, chargées comme des bourricots, jusqu'au terminus des tramways. Pas question de prendre un taxi puisque nous pouvions marcher, voyons. L'habitude de « conomiser » était trop ancrée en elle depuis l'enfance.

Le trajet en tram durait bien une heure, sur ces banquettes de bois dur, ornées au dos de plaques bleu marine vantant les pâtes Rivoire et Carret — c'est là où j'ai appris avec Mannolini les lettres minuscules. Nous traversions tous ces charmants villages aux noms chantants, curieux parfois : Plan-de-Cuques, par exemple !

A l'arrivée, toute la colonie italienne nous attendait. Des

amis d'enfance à elle qui étaient venus là faire la seule chose apprise : travailler la terre, les vignes. Pour eux, nous étions des princesses. Mannolini, parce qu'elle avait trois sous et un métier : les chapeaux. Moi, parce que mon père, français, avait un magasin de chaussures et si loin de là, à cent kilomètres !

Bien sûr, dès qu'elle était là, elle retrouvait sa langue natale. Moi, qui n'y comprenais rien, je demandais à chaque phrase :

— Qu'est-ce que tu dis ? Quoi ?

Je grimpais sur ses genoux, collais mon oreille tout contre sa bouche, ne comprenais pas mieux, mais je crois bien que ce chatouillement a fait que, plus tard, j'ai parlé italien sans l'avoir jamais appris. Merci Mannolini !

Comme ça l'agaçait de traduire, elle m'expédiait jouer avec les autres petits, vêtue d'un beau tablier bien propre et de sandalettes blanches. Que de jeux avec les filles, nous disputant nos « taraillettes », jouets en terre cuite, que de courses avec les garçons dans la pinède pleine de cigales stridulentes, d'odeurs de résine coulante, de bois surchauffé ! Que de vendanges j'ai aidé à faire, les reins lourds (je n'avais pas encore l'habitude des révérences !), saoule de soleil, de rires, d'appels un peu moqueurs :

— Alors, la Princesse, toujours à la traîne ?

Car pour tous mes copains, moi, j'étais toujours la Princesse ou la Poupée, surtout parce que j'avais des chaussures — quel est l'imbécile qui a dit que les cordonniers étaient les plus mal chaussés ? Eux, ils n'en portaient que le dimanche pour aller à la messe. Et encore, ils les mettaient juste avant d'entrer à l'église, pour ne pas les abîmer, disaient-ils. En fait, parce qu'ils préféraient être pieds nus.

Chaque année, ces trois mois passaient comme un rêve. Rêve de jeux, de fêtes, de soleil, de chaleur, de chants, d'histoires que Mannolini me racontait et qui me paraissaient si fascinantes que je disais, à peine avait-elle fini :

— Oh ! dis, recommence.

Il y avait bien sûr la visite de mes parents. Là j'étais puante de fierté, parce qu'ils étaient beaux. Mon père, très grand, bien bâti, les yeux verts, les sourcils aussi — c'est vrai, ses poils étaient verts ! Ma mère, petite, forte, belle brune aux cheveux ondulés, aux yeux noirs superbes, pleine de vie, d'histoires drôles. Les hommes la regardaient d'un air gustatif, en disant :

— La Margot, « ché bella robusta, ché cicciona » !

Heureusement, mon père ne comprenait pas l'italien.

Quand ils repartaient dans leur Citroën noire, traction avant (je disais aux autres d'un air important : c'est une onze légère !), la vie habituelle reprenait.

Moi, j'étais heureuse puisque je restais avec Mannolini. On aura compris, bien sûr, qu'elle était l'amour de ma vie.

Cela peut paraître exagéré de dire : ma grand-mère, c'était un être extraordinaire. Pourtant, je suis sûre que c'est vrai. Tous les amis de mes parents, les miens, même ceux qui ne l'ont pas connue, quand je parle d'elle, disent :

— Mannolini, quelle femme !

Elle était née dans une famille de paysans italiens très pauvres et dès l'âge de douze ans avait travaillé dur, à la maison, aux champs, aux vignes. Sa sœur aînée, Emilia, était déjà partie en France et elle n'a eu alors qu'une idée en tête, économiser, ou plutôt « conomiser », comme elle disait joliment, sou à sou afin de payer son passage sur le bateau pour Marseille. Ce qu'elle fit à dix-huit ans, sans l'autorisation de son père, sans papiers, sans savoir ni lire ni écrire. C'était en 1892 !

A Marseille, sa sœur lui avait trouvé une place chez une modiste, italienne aussi, qui lui dit :

— Ne fais pas comme moi. Si tu veux vivre ici, apprends le français, apprends à lire et à écrire. Je te logerai, te nourrirai, t'apprendrai un métier — faire des chapeaux — et je paierai tes leçons.

A quatre-vingts ans, quand ma grand-mère lisait les journaux ou un livre policier (elle adorait les crimes, les hold-up ! Ah ! l'affaire Marie Besnard, « l'empoisonneuse », l'a fascinée pendant un an), elle bénissait toujours la mémoire de cette Signora Adelina qui l'avait si bien conseillée.

Bien sûr, elle avait toujours un accent mi-italien, mi-marseillais du plus bel effet dont, tel Cyrano, elle se moquait la première.

A la veille de ce siècle, elle épousa un Italien du Piémont, qui avait une petite entreprise de déménagement et lui fit deux enfants : Margherita, ma mère, et Henri. Elle voulait qu'ils se fassent tous naturaliser français. Lui, résistait comme un beau diable, disant que ça ne lui porterait pas « fortuna », c'est-à-dire chance. Il avait raison car, à peine devenu français, il mourut, laissant ma grand-mère veuve à quarante ans ; Mannolini également, quand elle disait qu'il n'était pas dégourdi ! Toujours est-il qu'elle dut travailler dur pour élever ses enfants. Mais elle avait des mains heureuses qui réussissaient n'importe quoi : les chapeaux, les robes, les tricots (j'ai encore en mémoire un tailleur de laine bouclette bleu lavande qu'elle m'avait fait), les jardins merveilleux qu'elle avait partout où elle a habité, la sculpture, la peinture.

Grandes mains longues, belles mais déformées, fraîches à mon front quand j'étais « maladoute » — c'est rien, petite, c'est rien. Les miennes sont leur exacte copie mais hélas, sans leur habileté (tout ce que je peux tricoter, ce sont de longues écharpes, deux à l'endroit, deux à l'envers, dont je couvre mes amis). Elle le disait bien, d'ailleurs :

— Cette petite, elle ne saura jamais rien faire de ses dix doigts.

Quand j'ai commencé à les manucurer, je m'occupais des siens aussi, ce qui la faisait rire. Mais à la fin, elle disait toujours :

— Du vernis, s'il te plaît, mais transparent !

Elle avait des cheveux tout fous, tout frisottés, d'un blanc étincelant — je l'ai toujours connue ainsi — que je lui coupais court et que je coiffais pendant des heures. Elle était d'une bonté, d'une compréhension, d'une largeur d'esprit, d'un modernisme fantastiques. Intelligente, fine, finaude, généreuse, vive, elle s'intéressait à tout et à tous, vivant avec intensité. Il me plaît de croire que si j'ai quelques-unes de ces qualités, cela me vient d'elle.

Bien sûr, j'étais son grand amour aussi, sa passion, sa

fierté, j'avais toutes les qualités. J'étais intelligente — c'est ce qu'elle disait — je travaillais au lycée — c'est ce qu'elle croyait ! — je faisais du piano — c'était son idée — et quand j'ai commencé à chanter « pour de vrai », alors ce fut le bouquet !

Elle prétendait que je tenais ce don de mon côté italien. Mais moi qui me voulais, à ce moment-là, farouchement et uniquement française, Dieu sait pourquoi, je disais que cela venait de mon père.

Mille pardons, Mannolini, mais c'était vrai. Il avait une fort belle voix de baryton et quand j'ai commencé à chanter des opéras, je lui avais appris des duos que nous interprétions, moi au piano, lui debout, à côté. Celui de *Samson et Dalila* nous avait donné moult difficultés parce qu'il est écrit en canon et lui partait toujours trop tôt. Notre succès, c'était le grand duo de *Thaïs.* Et comme il est question là-dedans de fleurs, d'eau, de fruits, Mannolini l'appelait le duo des bananes !

Elle comprenait tout, très souvent d'instinct ou par amour. Par exemple quand, à vingt-trois ans, je suis tombée amoureuse — l'expression la ravissait — d'un chef d'orchestre qui avait vingt-cinq ans de plus que moi, qui a quitté femme, enfants, situation pour partir avec moi au grand scandale de toute la ville et au grand chagrin de papa, elle, Mannolini, elle a fait front.

Ma mère étant déjà morte à cette époque, à mon père elle a dit :

— Cette petite, elle a besoin de quelqu'un de plus intelligent que vous et moi, de plus cultivé. Laissez-la faire.

Même si elle n'était pas tout à fait d'accord, surtout à cause de la différence d'âge, elle souffrait tout bas, dans son langage rude et direct :

— Quand même, ma petite et ce vieux, ça marque pas « bieng » !

Mais à moi, elle disait seulement :

— Fais ce que te dit ton cœur.

Quant aux autres, elle avait une façon de les regarder « dans le blanc de l'œil », avec un tel air, que toute velléité de question ou de désapprobation s'arrêtait net sur leurs lèvres.

C'est grâce à elle aussi que j'adore le cinéma. Je crois qu'elle m'y a emmenée quand j'avais à peine deux ans. C'était encore un film muet et comme je m'ennuyais ferme, d'après ce qu'elle m'a raconté, j'étais allée traîner mes chausses du côté de l'orchestre — déjà ! Je m'étais installée à côté du chef, mais comme je m'étais « oubliée », et que cela devait me gêner, il paraît que j'avais posé culotte, au sens propre du terme, à côté de lui, estimant probablement qu'il méritait bien ce cadeau. Sûrement un analyste freudien verrait bien des choses dans ce geste... Moi, je n'ai jamais nié que j'adore les chefs d'orchestre. Mais quand on a demandé par le haut-parleur de venir récupérer l'enfant et son « paquet », Mannolini, elle a piqué un fard et une colère ! Des années après, elle me disait encore :

— Ce jour-là, tu m'as fait manquer.

Ce qui signifie en marseillais : tu m'as fait honte !

Ensuite, j'ai eu droit à toutes les opérettes qu'elle adorait. *La fille de Madame Angot, Ciboulette, Phi-Phi, Dédé, Mam'zelle Nitouche, Là-haut, Un de la Canebière* (Ah ! Alibert, sa passion ! Et Tino ! Et j'en passe).

Là, j'étais sagement assise et j'écoutais tout. Mais parfois, emportée par les voix, l'orchestre, les chœurs, les danses, l'enthousiasme, j'y allais avec cœur moi aussi ! Et nous étions entourées de chut ! retentissants. Les pauvres malheureux, s'ils avaient pu savoir que, quelques années plus tard, ils paieraient pour venir m'écouter à l'opéra de Marseille ! Mais Mannolini et moi, on ne se doutait encore de rien. On se régalait, on se racontait l'histoire pour la énième fois, on rechantait tous les refrains.

Pauvre Mémé, comme elle aurait adoré me voir dans *La Grande-Duchesse de Gerolstein*, m'entendre enregistrer tous ces airs d'opérettes. Car l'opéra, elle trouvait ça un peu sérieux, un peu longuet, mais enfin, puisqu'elle pouvait me voir et m'entendre sur scène, elle était aux anges.

Quand elle m'a entendue pour la première fois, à Nîmes, dans *Otello*, elle a fait cette merveilleuse réflexion à des amis qui lui demandaient à la fin :

— Alors, Mannolini, elle a bien chanté, votre petite-fille ?

— Je ne sais pas. Ce soir, je n'ai fait que la regarder.

Mais le triomphe pour elle, ce fut pour mes débuts à Marseille. Tous les amis de La Bourdonnière étaient descendus, ainsi que ceux d'Endoume où elle avait alors une maison. Et c'était elle qu'on félicitait, pas moi ! Les « pôvres », ils étaient tombés sur *Boris Godounov*, où je n'avais que deux scènes à chanter, n'y avaient compris goutte, mais m'avaient trouvée superbe dans ma robe de velours bleu nuit, garnie de fausse fourrure blanche. Ce qui les avait le plus frappés, ce n'était pas ma voix mais l'énorme éventail de plumes d'autruche blanches que mon père m'avait offert et dont, paraît-il, je jouais fort bien sur la scène. C'était toujours ça !

Elle m'a vue dans bien d'autres rôles, plus tard, quand elle habitait avec moi à Paris, mon père s'étant remarié, et qu'elle me suivait à Lyon, Bordeaux, Vichy, Strasbourg, Toulouse : *Faust, Otello, Lohengrin, Les Noces de Figaro* (elle aimait car il y avait du « parlé » !), *Tosca* : elle adorait, surtout quand le ténor revenait de la torture au deuxième acte, tout couvert de sang et que je me jetais sur lui en hurlant : Mario ! Mario ! Elle disait :

— Cette Tosca, ça, c'est une femme !

Comme elle avait raison ! Mais bien sûr, c'était encore une histoire de crime passionnel, alors vous pensez !

Nous sommes même parties une fois à Milan pour deux mois et j'avais loué un superbe appartement. J'étais engagée à la Scala mais seulement comme doublure du rôle de *Danäe*, de Strauss, avec promesse de chanter la sixième représentation. Hélas, le succès fut tel qu'il n'y en eut que deux. Elle ne me vit donc jamais chanter en Italie. C'était en 1952 (et elle mourut l'année suivante).

Cette année-là avait été pleine de nouveautés pour moi. J'avais été mise à la porte de l'Opéra par Maurice Lehman. J'y reviendrai, car c'est drôle. J'étais allée auditionner à la

Scala devant le chef d'orchestre De Sabata, qui m'avait engagée aussitôt. J'avais découvert cet illustre théâtre, Callas sur la scène pour la première fois, Di Stephano, Mario Del Monaco, deux célèbres ténors, Simionato la grande mezzo-soprano, Margherita Walmann qui faisait sa première mise en scène d'opéra et avec qui je travaillais, Clemens Krauss, qui dirigeait cette *Danäe* car il fut le bras droit de Strauss. Et la seule chose qui comptait pour moi, c'était d'avoir pu offrir, de mes propres deniers, ce voyage à Mannolini, en wagons-lits, s'il vous plaît, ce séjour à Milan qu'elle ne connaissait pas, les restaurants, *Otello* à la Scala, l'Italie retrouvée, et selon elle, dans le luxe ! Peut-être sentais-je confusément qu'elle ne serait pas toujours là.

Pourtant, elle avait bon pied, bon œil à presque quatre-vingts ans. Elle grimpait encore dans les oliviers ou dans le mûrier de son jardin. Mais elle avait un souffle au cœur, comme elle disait, depuis l'âge de vingt ans, ce qui ne l'empêchait pas, à minuit après le spectacle, de manger une choucroute si nous étions à Strasbourg, un saucisson chaud à Lyon ou du cassoulet à Toulouse ! Après, dans la nuit, je la trouvais, assise sur son lit, l'œil à peine inquiet, disant :

— J'ai la soupape qui ne marche pas !

Mais pour elle, ceux qui n'aimaient pas manger étaient suspects. Il fallait voir son œil quand on remportait des plats non vidés à la cuisine ! Tss, tss, ceux-là, ils ne remettront plus les pieds sous ma table. Ils « tchaoutchillent [1] ». C'était radical.

1. Ils chipotent.

Et pourtant, Mannolini, c'est toi qui m'as donné mon premier gros chagrin. Je l'ai ressenti, à l'âge de onze ans, comme une première trahison.

Bien sûr, je le connaissais ce M. Burignan, que je n'ai jamais pu appeler grand-père, comme il le voulait tant. Mais comment comprendre, à cet âge, que cet homme t'aimait depuis des années, qu'il ne pouvait pas t'épouser parce que sa femme était chez les fous depuis vingt ans (il l'a fait plus tard), que tu n'étais pas insensible à sa grande silhouette toujours impeccablement vêtue, à ses cadeaux à chacune de ses visites. Tu m'as dit que c'était les premiers cadeaux qui te venaient d'un homme et j'ai été jalouse en te disant :

— Mais moi, quand je serai riche, je t'en ferai, des cadeaux.

Tu as souri, pleine de confiance en moi. Tu n'étais pas insensible non plus à la belle grande maison qu'il s'était fait bâtir à Endoume, un quartier de Marseille, à ce beau jardin en deux parties, fleurs et légumes, où tu as régné pendant dix ans.

Alors, un soir de septembre, sur notre « bateau-lit », tu m'as annoncé que c'était le dernier été que nous venions au cabanon, tu as pleuré avec moi, tu as tenté de m'expliquer en vain. Souvent, la nuit, en rêvant, je dégringolais du lit, mais tu m'as raconté que, cette nuit-là, je suis tombée trois fois en pleurant.

Et désormais, j'ai passé mes vacances avec toi et lui. Oh ! le pauvre, il ne m'a pas fait souffrir longtemps. Il est mort en 1942, sa grande carcasse n'ayant pas résisté aux privations de la guerre.

C'était un être d'une bonté extraordinaire, qui adorait mes parents comme ses propres enfants, avait une passion pour ma grand-mère — pour une fois, j'étais d'accord avec lui. Tous les deux, on se chamaillait souvent mais, au fond, je savais bien que j'étais ta préférée !

Bien sûr, nous sommes retournées souvent à La Bourdonnière, pour une journée, en visite : c'était la fête ! Mais pour moi, la petite enfance était finie, les vacances n'ont plus jamais été les mêmes. Je crois bien que je n'ai retrouvé de vraies vacances qu'à vingt-quatre ans, quand j'ai loué ma première maison d'été, à Cavalaire.

***

Reïne Cresping Rue Glandeves numéro cinnnq : mon nom et mon adresse, première chose apprise par cœur, que je claironnais avec un beau petit accent marseillais, à quatre ans. Je me souviens à peine de cette période, de cet appartement, à deux pas de la place de l'Opéra à Marseille (j'étais née rue de Rome). On m'a dit que j'étais une petite fille sage, sérieuse, timide, proprette. J'ai vaguement souvenir du grand fauteuil de mon père où je jouais « au taxi », de mon poupon préféré, Julot, qui, un jour, était parti en voyage — le temps pour ma grand-mère de lui confectionner une autre barboteuse — et que j'avais retrouvé assis devant la porte, en hurlant à pleins poumons : Julot ! Julot est revenu !

Mais ma vraie vie, mon adolescence, mes études, mes premières leçons de piano puis de chant, mes premières amours, mes premiers chagrins, mes morts, furent à Nîmes que je considère davantage comme ma ville (que de reproches j'ai eus plus tard selon que je disais que j'étais marseillaise ou nîmoise !). Mes parents s'y étaient installés en 1932 pour ouvrir un magasin de chaussures, immense, avec dix-sept vendeuses. J'y ai coulé des jours heureux, douillets, amusants, rêveurs — j'ai l'impression d'avoir été en sommeil avant le chant — jusque vers mes douze ans où j'ai fait plusieurs découvertes.

D'abord, après le petit cours catholique d'où je rentrais les rotules « couronnées » à force d'être à genoux, après ma petite école communale bien tranquille, le grand lycée de filles de l'avenue Feuchères, plus impersonnel, où je me suis sentie perdue, anonyme, délaissée. Ma bouée, ce fut Magui, mon amie depuis ce temps-là. Le jour de notre entrée commune en sixième, elle a eu son premier — et dernier — geste d'autorité :

— Tu vas à la messe, toi ?

Je souffle un oui timide.

— Bon. Tu viens me chercher à onze heures, dimanche. On ira à Sainte-Perpétue.

Mais moi, je dépendais de Saint-Baudile. Alors, le dimanche d'après, on est allées à la messe « chez moi ».

A partir de ce jour-là, c'est moi qui ai pris le commandement des opérations et elle a suivi comme un seul homme pendant dix ans.

Brave Magui, ma copine, ma sœur, ma complice, ma

mère parfois, ma fille quelquefois. Magui fidèle que je n'ai plus le temps de voir parce qu'elle habite Cannes et moi Paris ou ailleurs, Magui à qui je téléphone tous les 36 du mois et qui, sans rancune, me répond :

— Eh ! oui, c'est moi, pardi ! Comment tu vas, ma Chérinoute ?

Et on embraye pendant une heure... jusqu'à l'année d'après ! On se quitte en se disant : vivement la retraite pour qu'on ait le temps de se voir, de parler. (Si un jour vous rencontrez deux grandes vieillettes sur la promenade des Anglais ou sur la Croisette, gesticulant, papotant, rigolant, c'est nous !)

Grâce à elle, j'ai découvert l'opéra. Son père, passionné, lui avait donné le virus qu'elle m'a refilé aussi sec, à moi qui n'aimais alors que l'opérette et les chansons.

La première fois que nous sommes allées au théâtre, à treize ans, c'était pour voir *Lohengrin.* Je n'y ai pas compris grand-chose mais je me souviens parfaitement de mon éblouissement, de l'orchestre, des voix, de cette femme en voiles blancs, Elsa, sur le balcon du deuxième acte. (Chose curieuse, j'ai débuté dans ce même rôle dix ans plus tard.)

La seconde découverte fut la guerre. Je fus horriblement marquée par mon père, sur un lit d'hôpital après un grave accident de voiture, qui pleurait parce qu'il ne pouvait pas partir avec son régiment — ce qui lui sauva probablement la vie. Un peu plus tard, j'eus pour la première fois la sensation de faim, de froid, quand le fameux marché noir n'était pas encore organisé. Puis la sensation de peur physique, quand notre maison fut bombardée. Ce jour-là, mes parents étaient à Montpellier et je me suis retrouvée seule avec Bibi, le chat angora de ma mère.

On m'a entraînée dans la cave. J'ai eu tellement peur que j'ai abandonné Bibi aux mains d'une voisine, j'ai bondi hors de la cave et couru le long des boulevards, comme une grande bringue échevelée, couverte de poussière du haut en bas, poursuivie par les agents casqués de la défense passive ; j'ai couru jusque chez Magui qui a éclaté de rire en me voyant, tellement je devais ressembler à quelque personnage fantomatique sorti d'un de nos opéras favoris ! Ce rire, incompréhensible alors pour moi, m'a fait découvrir la sensation du ridicule.

Mais la plus grande découverte, la plus douloureuse, celle qui a tant marqué toute ma vie, qui m'a fait me replier sur moi-même, sur mon secret honteusement gardé — même Magui n'en a rien su jusqu'à il y a dix ans —, c'est que ma mère buvait.

Mon Dieu, comme cela va peut-être paraître un peu puéril, peut-être incompréhensible d'avoir tant souffert à cause de cela. Quoi, cette femme boit ? La pauvre, c'est qu'elle doit avoir des chagrins, des problèmes. Peut-on l'aider, la faire parler ? Savoir pourquoi ?

Hélas, pour moi, à douze ans, je ne comprenais qu'une chose, c'est que ce n'était plus maman, cette femme ivre qui titubait, qui ne pouvait plus parler, qui ne savait plus ce qu'elle faisait. Pour moi, maman, c'était cette femme du jour, belle, intelligente, pleine de vie, drôle, féminissime dans ses robes à plis, à pois, à jours, à volants, avec ses grands yeux noirs pétillant de malice, ses beaux cheveux sombres ondulés. Maman, c'était celle que tout le monde adorait littéralement et que moi, j'ai commencé à détester, à haïr. Car pour moi, elle n'était plus que cette femme du soir, hagarde, sans raison, pitoyable mais pour qui je ne pouvais avoir de pitié comme mon père ou ma grand-mère. Que de fois j'ai vu celle-ci à genoux devant celle-là, suppliant, pleurant :

— Margot, ne bois plus. Tu vas te tuer, me tuer. Tu nous rends tous si malheureux.

Finalement, ma grand-mère, lassée, impuissante, est repartie vivre à Marseille. Et je n'ai jamais pu pardonner à ma mère d'avoir été la cause de son départ.

Que de fois j'ai vu mon père, las, fou de chagrin, de colère, se laisser aller à la frapper. Que de bouteilles nous avons jetées, tous, sous ses yeux suppliants. Que de fois, en rentrant du lycée, après l'étude, à sept heures et demie, je guettais son pas, sachant déjà à quel degré elle en était.

Oh ! les soirs où elle n'avait pas bu, quel miracle ! Je pouvais alors l'embrasser timidement, furtivement, car j'avais toujours cette blessure au cœur depuis ce jour où j'étais allée vers elle et qu'elle m'avait repoussée en criant :

— Oui, ils t'envoient pour voir si j'ai bu, hein ?

Ils, c'étaient mon père et ma grand-mère.

Cela m'a fait si mal que jusqu'à Lou, mon ex-mari rencontré alors que j'avais vingt-neuf ans, j'ai refusé la tendresse, déjà si rare dans ma famille. Comme je me suis roulée dans ta tendresse, Lou, comme tu m'as ré-appris la douceur, les baisers, les calinous — les « schloupfles » comme tu disais en alsacien — toi, le premier à qui j'ai pu parler de ma mère depuis qu'elle était morte, dix ans avant.

Pourtant, combien je l'aimais, maman, sans le savoir ! Je ne voulais pas l'admettre, jusqu'à ce jour où j'ai commencé une psychothérapie, à quarante ans. Comme je parlais d'elle avec chaleur, vantais ses qualités et sa façon d'être, mon analyste, qui m'avait laissée lentement, longuement m'enthousiasmer, m'a demandé, soudain, d'une voix douce :

— Alors, vous l'aimiez ?

Je suis restée un long moment interloquée, arrêtée, silencieuse, choquée. J'ai dit oui dans un brusque sanglot, et j'ai pleuré.

Ce jour-là, je me suis rappelé que je n'avais pas pleuré pour elle depuis vingt ans, depuis le jour de sa mort. (Mon père l'a découverte au matin dans son lit, elle avait eu une hémorragie cérébrale pendant la nuit.) Moi, j'étais figée, sans larmes, sans douleur. J'ai vu défiler sans émotion apparente tous ces gens, tous ces amis qui pleuraient, criaient. J'ai vu arriver ma grand-mère effondrée — son fils était déjà mort de tuberculose, à trente-cinq ans — et je lui ai demandé froidement :

— Pourquoi tu pleures ?

Pauvre Mannolini ! Sa fille était là, morte à quarante-neuf ans, et sa petite-fille lui posait une telle question.

Je me souviens que mon père, avant qu'on enferme maman, m'a dit :

— Quand même, embrasse-la.

Têtue, blessée, j'ai répondu :

— Pourquoi, puisque je ne l'embrassais pas quand elle était en vie ?

Cela m'apparaissait comme le comble de l'hypocrisie.

Mais lui, douloureusement, fermement, m'a prise par le cou et m'a forcée à me pencher sur elle. Et pendant des nuits et des nuits, j'ai fait ce cauchemar : je rêvais qu'elle était morte, que je l'embrassais et qu'elle me mordait la joue.

Ce soir-là, j'ai couché seule, dans sa chambre, et comme je ne pouvais dormir, j'ai ouvert son armoire, j'ai vu un petit coffret en bois de rose que j'ai toujours. Dedans, il y avait toutes mes lettres, mes souvenirs d'enfant, d'adolescente, mes photos. Et au milieu, une photo du jour de ma communion, à douze ans. Au dos, de sa grande écriture élégante, elle avait écrit :

« Pardonne Maman. »

Et j'ai pleuré, enfin.

2.

Tu es la plus forte, vé !

La chose la plus importante à toute la vie
est le choix d'un métier : le hasard en dispose.

Pascal

En somme, j'ai fait du chant parce que j'ai brillamment échoué à mon bac.

Je devais évidemment avoir ce virus-là, déjà, celui du chant, sans trop le savoir. Bien sûr, j'étais nulle en math depuis la sixième, malgré toutes les leçons particulières. Qui a dit que les mathématiques et la musique faisaient bon ménage ? Pas d'accord.

Mais quand j'ai « séché » devant ma feuille blanche à l'examen — cette Magui qui écrivait, écrivait sans pitié pour mes appels désespérés, ce que je lui en ai voulu ! — et qu'à la fin je l'ai rendue aussi immaculée, cette feuille, avec mon seul autographe, timide encore, pour toute réponse, je savais bien que ce serait rédhibitoire.

« Inconscient collectif ? » Pas cette fois-là. Bon sang, est-ce que l'homme des cavernes connaissait l'algèbre, cette invention de quelque diable diaboliquement musicien ?

Inconscient, donc, j'accepte. Acte manqué ? Soit ! Mais je devais bien avoir une petite idée là derrière. Toujours est-il que, ayant échoué, j'ai hypocritement oublié de signaler à mon père, qui ne savait pas bien ces choses, qu'il y avait une autre session en septembre ! Et toujours hypocritement je me suis installée dans un farniente apparent, plein de remords avoués et d'espoirs cachés.

Adieu, la pharmacie, rêve de ma mère ! Adieu, le magasin et sa comptabilité, rêve de mon père ! Moi, en plein été, je commençais une totale immersion dans le chant, dont j'avais pris une première leçon deux ans auparavant.

Pour en finir avec ces études secondaires, je me demande même comment je suis arrivée au baccalauréat sans redoubler une seule classe. J'ai l'impression d'avoir été un zombie pendant six années. A peine quelques compositions françaises annotées dans la marge de : bien ! intéressant ! quand je les truffais de certaines références musicales. Quelque tableau d'honneur pour m'être souvenue en géographie que les anciens noms du Japon et de la Chine étaient le Cathay et le Cipangu. Quelques bonnes notes en grec ou latin parce que nous avions une prof épatante. Toujours 20 sur 20 en musique — hélas facultative — bien que Madame Jacquot hurlât (hurlasse ?) :

— Moins fort, Crespin !

Bref, si la culture, c'est ce qui reste quand on a tout oublié, moi j'étais très forte à dix-huit ans ! Si bien que, jusqu'à une certaine époque, mes références littéraires venaient surtout des livrets d'opéra qui, comme chacun le sait, ne sont pas tous d'une grande valeur. Comme il avait tort le Père Hugo de dire : défense de déposer de la musique le long de ces vers ! Je me rappelle que la première année où j'étais à Bayreuth, et où je pataugeais dans l'allemand parlé, je répondais souvent aux questions de Wieland, le petit-fils de Wagner : « mich dünkt... » Ce qui reviendrait à dire en français un prétentieux : il m'apparaît que... ou il m'appert, au lieu d'un simple : il me semble. Et Wieland s'esclaffait :

— Mais vous parlez comme feu mon grand-père.

— *Walkyrie,* deuxième acte, citais-je, imperturbable.

Donc, pour en revenir aux fameux moutons — pas ceux de Panurge, plutôt ceux de *Pelléas* —, j'ai pris ma première leçon de chant à seize ans. Mon professeur de piano, qui m'avait trouvé un « joli filet de voix » en me faisant solfier, m'avait apporté quelques mélodies de Chaminade, Reynaldo Hahn. J'aimais nettement mieux chanter toutes les chansons de Charles Trenet en m'accompagnant au piano. Mais Madame Crespin mère en avait assez d'entendre toujours les mêmes « sornettes » — pardon, grand Charles ! — et un jour, m'a offert des leçons de chant pour apprendre quelque chose de plus intelligent — repardon, Charles.

Nous voilà donc parties toutes les deux un jeudi après-midi chez une chanteuse d'opéra retirée, Madame Kossa, haute comme trois pommes à genoux et qui, à soixante-dix ans passés, vous balançait encore des contre-*ut* à casser les vitres. J'y vais de ma petite mélodie et je la revois toujours, assise sur son tabouret de piano, qui se tourne vers moi, me regarde par-dessus ses lunettes et me dit :

— Vous voulez chanter ? Et avec quoi ?

Moi, aussitôt volubile :

— C'est pas moi, c'est ma mère.

Explications de ladite mère.

— Bon, dit Kossa, je vous prends à l'essai pour trois mois, mais je vous préviens, vous ne ferez jamais rien dans le chant. Vous avez du coffre, certes, mais vous n'avez pas de voix. Et sans voix, dame ! A jeudi prochain, quatre heures !

« C'est là que tout a commencé... » Le « dépôt » de la musique de Poulenc sur ces vers d'Apollinaire a donné une bien belle mélodie. Moi, je n'ai pas traversé les « Ponts de C », mais j'ai commencé la longue marche à travers les vocalises — et ça continue depuis : ah ! j'en parlerai de ces vocalises nombreuses, variées, em...bêtantes, fascinantes, excitantes, oui, j'en reparlerai. C'était la première fois de ma vie que je faisais quelque chose avec un tel enthousiasme — et ça continue toujours.

J'avais commencé par chanter des choses aiguës, *Lakmé, Lucia di Lammermoor*, puisque ma « petite voix comme une tête d'épingle », *dixit* Kossa, montait bien. Au bout des trois mois fatidiques, je perds tous mes aigus, mais voilà qu'il me sort une voix énorme. La Kossa sur son tabouret n'en revenait pas :

— Ah ! où est-ce que vous m'aviez caché tout ça ? Mais ma petite, vous êtes une grande mezzo. Maintenant, on va travailler sérieusement, hein !

Peuchère de moi, je n'y comprenais « rieng » ! Après

trois autres mois de travail, ma voix ayant encore évolué, Kossa décréta que je serais un grand soprano dramatique... dans cinq ans ! Pour le moment c'étaient *Faust*, *Otello*, Hérodiade *(Salomé)*, Thaïs, Micaella, Mimi. J'étais ravie ; mes parents aussi, et Mannolini baignait dans l'huile !

Bien sûr, pour eux, cela ne tirait pas bien à conséquence. J'étais une jeune fille de plus qui ornait agréablement les soirées ou la fin des dîners d'affaires de mon père. Mais la Kossa, maligne, entrevoyant déjà mon futur et sa renommée, commençait sérieusement à me saper le moral quant à la pharmacie, à la comptabilité, au mariage même auquel j'étais bien loin de penser, trop timide, sans flirt, trop sévèrement élevée par mon père.

Alors, mon échec au bac, ça lui a flanqué un sérieux coup d'enthousiasme à Kossa. Car elle n'avait qu'une idée en tête, c'était que j'aille finir mes études de chant au Conservatoire de Paris. Elle a ruminé pendant un mois. Sa décision prise, elle a téléphoné à mon père pour lui demander un entretien. Et un beau dimanche matin, elle est arrivée avec le chapeau en bataille et le dentier neuf (oui, oui, elle en avait deux ! Le vieux pour la maison et le neuf pour les sorties !).

Ils se sont enfermés dans le salon et n'en sont ressortis qu'au bout d'une heure qui m'a paru une éternité. A leur mine, j'ai compris que la partie n'était pas gagnée. Mon père avait l'air plus sévère que jamais et Madame Kossa a déclamé d'une voix de stentor en partant :

— Monsieur Crespin, j'espère que vous savez bien ce que vous faites en prenant cette décision.

On aurait dit Clytemnestre !

Je ris maintenant, mais quand mon père m'a annoncé qu'il n'était pas question de chant ou de théâtre pour moi, que c'était sans discussion ; quand il s'est tourné vers ma mère en disant :

— Dis à Maria qu'on peut déjeuner maintenant » — je n'ai même pas osé pleurer. Ma mère est restée sans paroles et pourtant elle avait la babillarde plutôt agile !

Ce silence s'est prolongé pendant une partie des vacances. Quand je suis partie à Marseille voir Mannolini, mon père, comprenant que je souffrais, souffrant plus que moi finalement, m'a écrit une longue lettre m'expliquant que je lui demandais une chose impossible, qu'il ne pouvait me perdre ainsi, que je devais attendre, qu'on verrait plus tard, qu'il m'avait tout sacrifié, sa vie ayant été un long calvaire, etc. Bref, un vrai chantage — sans jeu de mots — auquel je faillis me laisser prendre, car je l'adorais et il était sincère.

Mais... Amour, Amour, quand tu nous tiens !

A la rentrée ma mère eut un coup de génie (Kossa lui avait sûrement soufflé l'idée, la coquine). Un jour à déjeuner, elle me fait un grand clin d'œil dans le dos de mon père et me dit :

— Dis donc, toi qui veux tant chanter, si tu nous montrais à ton père et à moi que tu es capable de faire un concours qu'organise le journal *Opéra* ? Quart de finale à Nîmes, demi-finale à Marseille et finale à Paris ? Qu'en dis-tu ?

— Ben, si papa est d'accord, moi, je veux bien essayer.

Avec ses deux femmes contre lui, et se sentant surtout un peu coupable, papa acquiesça gentiment. Et hop, l'affaire est dans le sac !

Je me précipite au théâtre pour les inscriptions, chez Kossa qui se met au piano pour me préparer les airs d'Hérodiade et de Sigurd.

Et je suis première à Nîmes, première à Marseille et désignée pour Paris. Youpi ! Ma mère revendique le droit de m'accompagner. Mais mon père, sublime, dit :

— Ah ! non. C'est moi le père, quand même !

Nous avons éclaté de rire tous en chœur.

Nous sommes donc « montés » tous les deux à Paris. J'avais eu droit à une paire de mignons souliers, faits aux ateliers de mon père, en satin rose, à talons — moi qui ne voulais porter que des « écrase... choses » —, mais ils m'étaient tellement inconfortables qu'en dernière minute, j'ai remis mes bonnes vieilles semelles crêpe marron, sous ma robe de tulle rose. Ce qui ne m'a pas empêchée d'avoir le premier prix.

Là, le Père Crespin en a pris un sacré coup ! Bon, à Nîmes, c'était chez nous. A Marseille, c'était pas loin. Mais à Paris, à Paris ! Moi, à l'annonce de mon nom, je me suis avancée sur la scène, mais quand toute la salle de la Gaîté-Lyrique a éclaté en applaudissements, j'ai ramassé ma robe longue et, tatanes au vent, je suis partie en courant pour le dire à papa. Comme s'il n'avait pas entendu ! Le bougre, il était déjà dans les coulisses, hurlant :

— Vas-y, retourne, ils t'applaudissent. Souris. Souris !

Cela a duré dix bonnes minutes. Et je crois bien que

c'est ce qui l'a décidé. Car tout le monde nous sautait dessus :

— Mademoiselle, une photo pour *Opéra* !

— Mademoiselle, une photo pour mon journal ! Tournez-vous par ici !

— Monsieur, mettez-vous à côté de votre fille !

Il ne se l'est pas fait dire deux fois !

Au retour à Nîmes, la fanfare n'était pas là, mais presque ! Kossa, excitée comme un boisseau de puces, Mannolini caracolant, ma mère pleurant, Magui et mes copines posant cent questions à la fois, les vendeuses en farandole et mon père, dépassant tout ça d'une tête, disait :

— On les a eus ! On les a eus, ces Parisiens, quand même !

On est tous partis au restaurant pour une joyeuse virée. Kossa, la guêpe, disait à mon père :

— Bon, moi vous ne m'avez pas crue mais si je vous amène Carrière, le chef d'orchestre du théâtre, vous le croirez, lui ?

D'accord, dit papa. Rendez-vous fut pris pour le samedi suivant.

A sept heures, on était tous sur le pont, mes parents, ma grand-mère, la bonne derrière la porte (la pauvre, elle était sourde comme un toupin !), un ami de mon père, grand amateur d'opéra, le docteur de la famille en qui papa avait toute confiance. Arrive enfin un homme pas très grand — au théâtre, je ne voyais que sa tête et ses bras ! —, au visage carré, énergique, un sourire permanent sur les lèvres, plein de vivacité et qui me dit de sa voix grave :

— Alors, qu'est-ce que vous me chantez ? » repoussant ma mère et ses boissons, « plus tard ! plus tard ! »

Il s'assied au piano et nous voilà partis. Il jouait bien et moi, aux anges, je chantais du mieux que je pouvais tout ce que je savais. A la fin, Carrière se tourne vers mon père et de sa voix ensoleillée, il lance :

— Alors, qu'est-ce que vous attendez de moi ?

Mon père se lève, et sérieux, il explique :

— Vous comprenez, ma fille unique... à Paris, ce lieu de perdition... ma femme et moi nous...

L'autre se lève à son tour, et d'un geste superbe l'interrompt :

— Monsieur, vous seriez un criminel de ne pas laisser votre fille chanter, car si elle ne fait rien avec une voix pareille, il y a de quoi... enfin, je m'en porte garant.

Il allait sûrement dire une de ses phrases favorites : « Il y a de quoi se les prendre et se les mordre ! »

Solennel, mon père lui tend la main. Carrière la lui serre énergiquement. Les bouchons de champagne ont sauté ! Kossa s'est saoulée ! J'ai rechanté. Et Carrière est parti.

Pauvre papa, s'il avait su qu'il avait introduit le loup dans sa bergerie !

⁂

Je me retrouvai donc à Paris en octobre 1947. Mon père était venu m'installer chez une très vieille dame, rue Ordener, dans une toute triste petite chambre donnant sur cour, qui aurait fichu le cafard à un régiment de sauterelles ! Le lit était si court que mes pieds pendaient, toujours à la traîne. Une chance que j'adore dormir avec les pieds dehors ! La petite armoire n'arrivait pas à contenir tout ce dont on avait bourré mes valises : lainages, vestes, pull-overs, ensembles, chaussettes, liseuses, cache-nez, le tout tricoté par les mains de fée de Mannolini qui s'activait depuis presque un an ! Ma mère m'avait rempli une valise de sucre, chocolat, saucissons, jambons, pâtes, boîtes diverses, biscottes et... mes tickets de J3. Eh oui, ça existait encore pour les moins de vingt et un ans. Mon père m'avait chargée de bottes, chaussures, pantoufles chaudes, cartables à musique, sacs. Pour un peu, il aurait dévalisé l'usine ! Et surtout, de recommandations diverses et variées, sous forme de petits billets que je retrouvais un peu partout, mêlés à ceux de ma mère.

Cette chambre, je l'avais préférée à d'autres, plus jolies, pour trois raisons. D'abord, elle était située non loin du Conservatoire et l'idée d'y pouvoir aller à pied me séduisait, paniquée que j'étais par le métro. Ensuite parce que, dans le salon, il y avait un piano dont je pouvais user. Enfin, parce que la propriétaire était sourde comme trois pots ! Et la possibilité de pouvoir hurler à mon aise m'enchantait.

C'est ce que j'ai fait ce premier soir, quand j'ai eu tout déballé, écrit à mes parents, à Mannolini, à Magui, à Kossa. J'ai chanté, chanté, parce que je ne voulais ni pleurer ni m'avouer que je crevais de peur. Peur de ne pas réussir mon entrée au Conservatoire, peur de n'être pas « à la hauteur », peur du verdict de mon père qui m'avait dit :

— Je t'accorde trois ans. Si tu ne réussis pas, tu reviendras à la maison. Car si c'est pour chanter des petits rôles, ou dans les chœurs à Pézenas-les-Flots, pas question.

S'il avait su combien c'est plus dur de chanter dans un petit théâtre que dans un grand, d'être un choriste anonyme, perdu dans la masse !

Bref, j'avais peur, j'avais le trac ! Je crois, je sais que cette année de mes vingt ans, la peur s'est glissée en moi. Et malgré mes succès, mes réussites, mes échecs, mes chutes, mes re-démarrages, mes joies, elle y est toujours.

Jean Piat a dit dans son livre *Les Plumes de Paon* que cette peur, ce trac, quand on entrait dans cette carrière, c'était pour la vie. Oh oui !

La fin octobre arriva vite et les concours aussi. Mourante mais vaillante, j'entamai mon air de Sigurd quand, après dix mesures, j'entends la clochette fatidique. Je sors en trombe — j'ai toujours été dégourdie pour sortir de scène ! — en pensant : « Oh ! mon Dieu ! Qu'est-ce que je vais dire à mon père ?, quand Mme Cesbron-Vizeur, le professeur chez qui je m'étais présentée, arrive sur mes pas, me chuchote :

— Ça y est ! c'est dans la poche ! A lundi !

Je n'ai même pas attendu les résultats et suis allée téléphoner à Nîmes. Joie de mon père :

— Bravo, ma grande ! A toi de jouer maintenant !

Inquiétude de ma mère :

— Bien, fifille ! Tu n'as pas faim au moins ?

Explosion de Mannolini :

— Tu es la plus forte, vé !

Forte... de ces viatiques, je suis allée comme une grande

m'offrir un repas au restaurant du coin, rue Ordener. Mais quel courage il m'a fallu pour y entrer seule !

Qui pourra jamais croire qu'encore maintenant, quand j'entre dans un restaurant ou n'importe quel lieu public, telle une grande frégate fendant les flots, l'air hautain et méprisant m'a-t-on dit tant de fois, qui croira que toute cette « allure » cache une immense timidité à peine guérie ?

Pourtant c'est vrai, cent fois vrai ! Moi qui m'avance devant mille ou deux mille personnes — cinq mille aux États-Unis parfois —, qui me tiens là pendant des heures à jouer, chanter, pleurer ou rire, comme dit Brel, moi je suis timide. Oui. Ti-mi-de.

Mme Cesbron-Vizeur, que nous appelions toutes Merraton, n'avait que des filles dans sa classe — elle détestait les garçons et n'en voulait pas ! Elle ressemblait un peu à ma grand-mère mais elle était dure, presque méchante, avec un sourire angélique pourtant. Elle n'aimait que celles qui étaient bien habillées et avec moi, elle tombait mal ! Par réaction contre ma mère si féminine, si élégante, je refusais toute coquetterie, tout maquillage, coiffant à la diable mes longs cheveux pourtant beaux. Tout de même, je pense que c'est pour plaire à Merraton que je suis peu à peu devenue coquette. Pas pour les garçons que je voyais à la cantine, ils me faisaient une peur bleue ! La timidité, encore. La classe, c'était plutôt un concours de jupes que de chant. Je travaillais pourtant mais elle disait que, avec ma grande voix, cela irait tout seul. Alors, les vocalises, elle les survolait plutôt !

Quand je lui demandais :

— Merraton, comment respire-t-on exactement pour chanter ? elle me foudroyait de ses yeux bleu pâle :

— Oh ! respire et chante, là !

Et moi, je me gonflais d'air jusqu'en haut des épaules — chose qu'il ne faut jamais faire — et je m'étouffais au beau milieu des phrases, ne sachant utiliser ce maudit souffle qui me donnait des cauchemars la nuit.

D'ailleurs, elle ne m'a jamais rien expliqué. Je crois que, devant prendre sa retraite deux ans plus tard, elle avait déjà « décroché ». Moi, j'épiais les autres, essayant désespérément de comprendre ; et le soir, chez moi, je pleurais de rage de ne pas savoir. Et les demi-teintes (ces sons chantés doux, *pianissimo*), ma torture parce que je ne savais pas les faire ! Quand je pense que, plus tard, ce fut ma grande spécialité !

Il y avait une élève qui chantait *Shéhérazade*, ce cycle de mélodies de Ravel que je découvrais, plein de demi-teintes justement. Je l'avais appris en cachette, toute seule. Un jour j'arrive à la classe, fiérote, mon cahier à la main, et demande si je peux essayer *Asie*, la première des trois mélodies. Oh ! le regard de Merraton !

— Mais, ma pauvre fille, tu ne chanteras jamais ça ! Assieds-toi, et écoute Agnès qui le fait si bien.

J'ai pleuré comme une madeleine, tandis que l'autre s'exécutait.

Je crois bien que, quelques années plus tard, j'ai fait un de mes meilleurs disques avec cette œuvre. Encore blessée à l'époque, je le lui avais envoyé dans sa retraite. Et elle m'a répondu d'un télégramme :

« Mea culpa ! Mea culpa ! Mea maxima culpa ! Tu es superbe. Bravo. Merraton. »

Quand même, cela m'a fait rudement plaisir.

Cette première année, j'étais bien occupée entre les cours de chant, de solfège, d'ensemble, d'histoire de la musique, d'escrime (celui-là, il n'a duré qu'un jour pour moi car le lendemain, en descendant de l'autobus, je me suis étalée par terre, mes jarrets m'ayant trahie ! Dommage !), cours de maquillage, de comédie avec René Simon. Lui, il voulait que je perde dix kilos et que je joue les comiques ! Il me prédisait une carrière superbe au cinéma ! Mais un soir où il était venu m'entendre dans *Otello*, à l'Opéra, des années plus tard, il m'a dit :

— Tu as eu fichtrement raison de ne pas m'écouter !

De cette première année, ce qui me reste le plus en mémoire, ce sont les grandes parties de rigolade à la cantine, au petit café du coin, au cours d'ensemble, dans les rues, les grands magasins. Une fameuse équipe nous formions avec Xavier Depraz dont nous étions toutes amoureuses mais, déjà « en main », Gabriel Bacquier qui descendait la rue de Rome en vocalisant à tue-tête sur « Tripailles et Ferrailles ! Saucisson Mireille ! » avec son bel accent de Béziers, ou Michel Sénéchal qui demandait d'une voix douce à une vendeuse :

— Vous avez des règles vertes, mademoiselle ?

— Mais oui, monsieur !

— Alors, ma p'tite, il faut voir un docteur tout de

suite ! » ou encore avec Michel Roux qui avait amené notre prof d'ensemble à un tel degré d'exaspération qu'il s'était précipité sur lui en hurlant :

— Vous, là, Roux, Roux, comment vous appelez-vous déjà ?

Pauvre Maître Mazellier, il devenait fou avec nous tous. Je me souviens d'avoir dit un jour à une nouvelle élève :

— Si tu veux être bien avec Mazellier, appelle-le Maître Jules tout de suite.

Ce qu'elle a fait ! Et lui, avec son rocailleux accent toulousain, lui répondit, superbe :

— Oh ! pourrr une nouvelle, je vous trrrouve bien intime, vous !

Vaille que vaille, je progressais peu à peu. La seconde année, je suis entrée en classe de mise en scène chez Paul Cabanel. Comme il partait tout le temps chanter à droite ou à gauche — je vois déjà le regard de mes élèves quand ils vont lire ça ! — et que le répétiteur m'avait à la bonne, il me disait :

— Viens quand même à la classe, on travaillera des rôles.

Ainsi, quand je suis sortie du Conservatoire, trois ans après, je savais cinq opéras par cœur : *Faust, Otello, Les Noces de Figaro, La Tosca* et *Lohengrin.* A quelque chose malheur est bon !

Cette seconde année, j'allais donc concourir pour le chant (et la mise en scène). Mais le directeur de l'époque, Claude Delvincourt, me fit appeler pour me dire qu'il souhaitait que je n'aie qu'un second prix de chant, que j'étais encore jeune et qu'il pensait que je devais travailler une année de plus. Moi, j'étais d'accord. Mais mon père, il fallait le lui expliquer ! Eh bien, c'est ce qu'il a fait par téléphone, ce brave homme.

Les concours de chant passant en premier, j'obtiens donc mon second prix. Mais pour les concours de scène — opéra et opéra-comique — je remporte deux premiers prix avec *La Tosca* et *Aïda*.

Quand même, je suis revenue l'année suivante pour voir le remplaçant de Merraton, un ténor, Georges Jouatte. Et bien m'en a pris ! Car ce fut lui vraiment mon premier grand professeur de chant, lui qui m'apprit à respirer, à chanter souplement, en demi-teintes — les fameuses —, qui m'apprit à faire la différence entre un récitatif de Mozart, de Gluck, de Verdi, qui m'a expliqué l'importance de l'expression du visage en chantant, de la langue, des pommettes, du diaphragme, de l'écartement des côtes, de l'attitude corporelle en général, lui encore qui m'a fait vocaliser à toute allure, malgré ma grande voix.

C'était un homme extrêmement cultivé, musicien, raffiné, qui m'a donné la passion du travail bien fait, de la recherche, de la curiosité, des livres. A son contact (car j'ai travaillé avec lui longtemps après avoir eu un premier prix de chant cette année-là), je me suis instruite, affinée.

Que de fois, au Conservatoire maintenant, en face de mes élèves, de leurs problèmes, leurs énigmes, je me dis :

— Qu'est-ce qu'il ferait, le Père Jouatte ?

Mes hommes

1.
Au pupitre... Carrière

Le bohneur, c'est tout de suite ou jamais.
Marcel Jouhandeau

Nantie de mes trois prix du Conservatoire, je ne suis pas engagée à l'Opéra de Paris — catastrophe...! apparente seulement, incompréhensible à l'époque — mais dans différents théâtres de province : Mulhouse pour y faire mes débuts dans *Lohengrin,* Vichy pour le festival d'été, Nancy, Marseille, Nîmes enfin où je devais chanter mon premier *Otello.*

Cet été-là, je passais des vacances bien méritées chez mon père, avec ma grand-mère qui vivait avec lui, ma mère étant morte l'année précédente. La pauvre ne m'aura jamais vue sur scène, elle qui le souhaitait tant, qui me disait souvent :

— Je ne sais pas pourquoi. Je vois partout Crespin, Crespin, Crespin écrit en lettres géantes, flamboyantes...

Quel regret !

Au bout d'un mois, je commençais à m'ennuyer ferme, mes copains du Conservatoire éparpillés, Magui en vacances ailleurs, mon « flirt » de la classe, un grand brun au physique de jeune premier, m'ayant été « soufflé » par un homosexuel de la classe voisine !

J'errais entre un cinéma, un festival à Orange ou en Avignon, quelques parties de dames ou de cartes avec Mannolini (qui, mauvaise joueuse, crachait sur les cartes quand elle perdait !), entre les courses de chevaux avec papa, le dimanche, ou les matches de football où je m'égosillais à pleins poumons :

« Allez Nîmes ! »

Désœuvrée, je passais mes soirées au lit, lisant tard dans la nuit; écoutant la fontaine — illusion de fraîcheur — qui coulait en bas sur la place, l'horloge qui tintinnabulait avec mes insomnies. Je dévorais des romans, mais le cœur n'y était pas.

Et survient cet après-midi où je rencontre Edmond Carrière : il me pose mille questions sur mes études, mon avenir. Il me propose gentiment de me faire travailler mes futurs rôles si j'en avais besoin. J'accepte d'enthousiasme ! Désormais, chaque soir, à six heures et demie, j'arrive chez lui avec mes partitions sous le bras. Commence alors pour moi une période fascinante.

D'abord le travail avec lui, excellent musicien, bon pianiste, qui me décortiquait chaque œuvre, mesure après mesure :

— Attention, ici l'orchestre est fort, il faut un peu plus de voix.

— Non, là, il faut mieux vous préparer, car la phrase est longue et le chef va sûrement ralentir.

— Ici, vous pouvez économiser votre voix, il n'y a rien à l'orchestre.

— Ah ! là, plus d'expression, plus d'âme, pensez aux mots.

— Chantez donc ce passage plus doucement, ainsi le *fortissimo* qui vient n'en prendra que plus de valeur.

— Non, non, pas de respiration ici, regardez comme la phrase est plus belle si vous ne la coupez pas. Goûtez-la. Si vous avez du plaisir à la chanter, le public en aura à l'écouter.

C'était passionnant, ces bavardages sans fin sur la musique, les personnages, la façon d'aborder un rôle, de le comprendre, de l'assimiler pour le faire sien. Il me parlait aussi de sa passion, Ravel, qu'il m'a fait découvrir ; de Debussy, Poulenc, Satie, Stravinsky et tous les Russes, des auteurs qu'il aimait, Giono, Montherlant, Baudelaire, Anna de Noailles, Gide.

Que de livres j'ai lus grâce à lui ! Que de choses j'ai apprises ! J'étais une véritable éponge ! Il parlait bien, d'une voix grave, chantante, il adorait rire, me racontant mille anecdotes de théâtre. Bref, mes journées alors se passaient à attendre ces rendez-vous avec impatience et les mois filèrent trop vite.

Mais ce qui devait arriver... n'arriva pas cet été-là !

J'étais repartie à Mulhouse chanter *Lohengrin.* Avec de

beaux costumes tout neufs et une longue perruque blonde, offerts par mon père.

Curieusement, ni lui ni ma grand-mère ne sont venus. Curieusement aussi, j'ai peu de souvenirs de ces représentations.

Du travail, des répétitions, oui, mais j'étais prête. La découverte d'une région différente, inconnue ; la solitude des veilles, des lendemains de représentations, douloureuse toujours, mais plus familière, comprise, admise, domptée ; et la joie de chanter pour la première fois avec orchestre. Ah ! si, une anecdote.

Pour la compréhension de l'histoire, je dois dire que le personnage d'Elsa, accusée d'avoir tué son frère, entre en scène tête baissée et, aux quatre questions que lui pose le Roi, ne répond que par des signes navrés. A la fin du spectacle, une abonnée me demanda si j'avais eu le trac :

— Oui, bien sûr, terriblement.

— Ah ! je savais que vous débutiez et quand je vous ai vue ne répondre que par des signes, j'ai pensé que vous n'alliez pas pouvoir chanter pendant tout le premier acte !

Je ne l'ai pas détrompée.

Mais si, j'avais chanté ! Et pas mal, s'il faut en croire les critiques et toutes les propositions qui me furent faites. Même l'Opéra de Paris (et son nouveau directeur, Georges Hirsch, le fidèle) m'engagea pour y faire mes débuts au mois d'août suivant dans *Lohengrin*. J'avais comme partenaires Raoul Jobin, le fameux ténor canadien, Renée Gilly (celle que j'ai remplacée vingt-cinq ans plus tard au Conservatoire, comme professeur cette fois !) et au pupitre, attentif et souriant, André Cluytens, avec qui j'ai chanté tant de fois et grâce à qui je fus engagée à Bayreuth. Mais ceci est une autre histoire.

Les critiques parisiens furent élogieux aussi. Mais l'un d'eux, fameux, a pourtant écrit : « Cette jeune chanteuse, pleine de talent, à la voix magnifique, n'est cependant pas, et ne sera jamais une chanteuse wagnérienne. » Toc !

Ce même critique a écrit quelques années plus tard, de Bayreuth : « On ne peut pas rêver une Sieglinde (de *La Walkyrie*) plus émouvante, plus belle, mieux chantante. Régine Crespin est notre plus grande wagnérienne française depuis Germaine Lubin. » Re-toc !

Auréolée de tous ces succès, je revins donc à Nîmes un beau jour d'octobre pour chanter *Otello* avec le grand José Luccioni et avec, au pupitre... Carrière.

Pendant mon absence, nous nous étions écrit souvent. Moi, sur mon travail, mes répétitions, mes découvertes, mes progrès. Lui, de merveilleuses lettres écrites à la plume — il détestait les stylos —, fines, drôles, charmantes. Et tout cela avait petit à petit tissé entre nous des liens bien plus tendres que nous ne le supposions alors.

Otello ! Les répétitions ! Le public nîmois, chaleureux à son enfant découverte ! Mannolini ! Kossa ! Mon père, les lunettes embuées, moulinant des bras, tel De Gaulle ! Des fleurs, des tas de fleurs ! La foule après, envahissant les coulisses, ma loge ! Et enfin lui, venu me féliciter à la fin, tout seul. Il a refermé la porte, il m'a prise par les épaules, m'a regardée intensément de ses yeux bleus, pleins de larmes, il m'a dit :

— Je pense à votre mère.

Et sur mes yeux douloureux, fatigués de tant d'événements, émus, il a déposé avec ferveur un long, un tendre, un chaste baiser. Il est parti sans un mot de plus, mais nous savions désormais que nous nous reverrions, bientôt, longtemps.

2.

A la vie, à la mort

Celui qui ne fait pas fructifier ce que le Seigneur lui a donné sera rejeté dans les ténèbres.
Shakespeare (Hamlet)

Monsieur Crespin, qui étais-tu ?

Toute petiote, j'avais paraît-il une passion si vive pour toi que nos « femmes » étaient un peu jalouses. La tienne ne te disait-elle pas souvent, tantôt rieuse, tantôt envieuse, que tu serais le seul amour de ma vie ?

Foin d'analyse, d'Œdipe, d'anti-Œdipe, c'est vrai ! Je t'ai adoré littéralement, jusqu'à ce jour de mars 1955 où tu es mort sur mon épaule, après trois nuits et trois jours d'agonie, où ton grand corps détruit, luttant silencieusement et obstinément, trouvait encore la force d'échapper à mes bras douloureux de t'avoir retenu tant de fois sur ton lit. Curieusement, les deux premières nuits, j'avais senti la mort dans ta chambre, et pourtant j'étais sûre qu'elle ne te vaincrait pas, pas encore. Mais quand la troisième est venue, je savais...

Depuis ta maladie, j'étais devenue ta mère à qui tu disais que je ressemblais tant quand je relevais mes cheveux en chignon. Cette nuit-là, tu étais vraiment mon enfant, mon bébé, mon père, mon dernier lien avec la cellule familiale.

Tu sais, Maman, elle est morte seule, dans la nuit, sans appeler personne. Et Mannolini, après son attaque de cœur, loin de nous, face à la peur et à la mort, elle a dit aux amis chez qui elle était cette chose sublime :

— Quand même, je suis contente que Régine ne soit pas là, elle va bien avoir assez de chagrin après...

Et nous, nous étions seuls tous les deux, face à l'horrible, seuls comme une mère et son enfant qui va naître. Mais toi, tu me quittais, tu naissais peut-être dans une autre dimension à laquelle je n'avais pas accès. A peine quelques instants plus tard, ton visage amaigri, douloureux, était redevenu beau, apaisé ; et moi, défaite, je t'en ai tenu rigueur pour un court moment.

Beau, tu l'étais vraiment. Et je n'étais pas la seule à le penser ! Ton grand corps était proportionné, musclé, sans un pouce de graisse, tes attaches fines, tes mains belles. Habillé de gris, de beige ou de bleu marine, tu avais toujours une élégance naturelle. Mais quand tu portais ce qu'on nomme maintenant un « débardeur », ces tricots de corps que je détestais alors, qui laissent à nu les bras, les épaules, le cou, les muscles, tu étais superbe. Oh ! tu m'as bien légué cette carcasse d'os longs et fins, mais la graisse italienne des Mannolini l'a un peu trop envahie ! D'ailleurs, quand les fantaisies de ma glande thyrroïde, ajoutées aux fastes culinaires de

Mannolini, m'ont sérieusement arrondie à douze ans, tu n'as pas manqué de le faire remarquer à ma mère qui se défendait comme elle pouvait :

— Tu m'as bien épousée, moi qui étais ronde aussi !

Et toi superbe :

— Oui, mais elle, c'est ma fille !

Macho, tu l'étais certainement, sans aucun complexe. Et tu voulais que ta fille soit belle, parfaite, plus que parfaite, à tous points de vue. Moi, je ne t'ai pas prouvé grand-chose au début, seulement mon amour pour toi. Et, la passion étant sans doute communicative, tu me le rendais bien. Nous deux, c'était « à la vie, à la mort » et, quoi qu'il arrivât, l'autre avait toujours raison, envers et contre tous.

Pourtant tu étais sévère avec moi. Un seul regard de tes yeux verts, un seul de tes sourcils broussailleux levé dans ton fin visage pouvant paraître trop sérieux me faisaient rentrer sous terre. Quand mes copines du lycée venaient me chercher, elles préféraient m'attendre en bas, après deux coups de sonnette timides, car tu leur faisais un peu peur.

Mais, si sérieux, tu savais pourtant rire, et nager comme un dauphin (moi, comme ma mère, j'étais plutôt du genre fer à repasser, jusqu'à ce jour de mes quinze ans où je suis partie vers la mer d'un pas de gendarme en me disant : maintenant, ou tu te noies ou tu nages ! Mission accomplie !). Tu savais t'amuser, danser comme un roi. Surtout quand tu as acheté ce « mazet » dans la garrigue nîmoise, petite maison sur un grand terrain plein d'oliviers, d'abricotiers, de néfliers, de lilas, de buis, d'arbustes, de cigales, d'oiseaux. Tu connaissais toutes les choses de la terre, tu me les expliquais, mais je n'étais guère intéressée alors. Je préférais m'enfermer dans ma minuscule chambre blanchie à la chaux, mon petit fenestron ouvert sur la chaleur ou la nuit et lire, lire, lire, même le soir, avec deux bougies car il n'y avait pas l'électricité, résistant aux exhortations de ma mère et n'obtempérant qu'à ta voix grondeuse.

Car je m'ennuyais un peu au milieu de tous vos amis qui s'amusaient follement, chantaient en buvant le pastis, dansaient après les déjeuners copieux, au son du phonographe. Toi, tu étais l'expert de la valse et du charleston et ma mère n'aimait que les slows. Tu adorais Charles Trenet et elle, Lys Gauty. Mais si elle écoutait une fois de plus ce fameux *Chaland qui passe* que je connais encore par cœur ou si elle dansait deux fois de suite avec le même ami, tu lui faisais comprendre d'un sourcil expressif que c'était assez. Tu étais jaloux et chatouilleux sur l'honneur. Pour toi, une parole donnée équivalait à un contrat. Mais ta Margot, qui n'a jamais regardé un autre que toi, il paraît qu'une fois tu l'as menacée du revolver que tu avais acheté pour le « mazet », parce qu'un ami l'avait serrée d'un peu trop près en dansant. Paradoxalement, tu n'en voulais pas du tout à l'ami, mais à ma mère ! Pour toi, c'était tout simple : l'homme demande et la femme refuse. Tiens, tu n'aurais pas dû être ardéchois mais corse !

Pourtant, malgré ton caractère pointilleux, ton œil vert rigoureux, ton bel égoïsme machiste qui te faisait passer tes dimanches aux courses de chevaux ou au football, certaines de tes nuits au poker ou ailleurs, tu étais bon, doux et tendre, d'une tendresse que tu ne savais guère extérioriser, et qu'il fallait deviner. Comme ce fut difficile pour moi, que tu n'as prise que rarement dans tes bras, et n'osais toucher d'une main ou d'une gifle même, de connaître cette tendresse trop pudique, cette faiblesse qui était la tienne, cet égoïsme que je prenais pour de la force et admirais presque. Oui, bel et bien par égoïsme, tu ne voulais pas que je fasse du chant, tu désirais que je reste avec toi, me marie, aie des enfants, près de toi, pour ne pas me perdre. Plus tard, de quel regard lourd m'as-tu regardée, toujours sans un mot, sans un reproche, quand je portais dans mes bras mon filleul, Philippe, qui est devenu vingt ans après comme mon fils. Un regard qui m'a culpabilisée si longtemps.

Mais moi qui ne comprenais pas que ce rapport parents-enfants peut parfois être une douloureuse combinaison de désarrois, de sentiments contradictoires, de destruction même, que les malheurs des parents pourront être ceux de l'enfant, moi qui étais jeune, malléable, moi qui t'aimais sans te connaître vraiment, sais-tu que tu aurais pu me mutiler à vie ? Et, bien sûr, tout cela au nom de l'amour, de la sollicitude.

J'ai cru longtemps que ce cordon ombilical, dont on ne peut se débarrasser trop jeune, qu'on ne peut bien couper que plus tard, me blessait du côté de ma mère.

En fait, c'était bien toi qui l'enroulait autour de mon cou, presque jusqu'à l'étouffement.

Quelles forces profondes, animales, divinatoires, quel courage il a dû me falloir pour me dresser contre toi une première et unique fois, pour te tenir tête, et vouloir chanter, chanter ! Attitude de révolte vitale et si nécessaire — il faut bien un jour « tuer » le Père — que je ne comprenais pas alors et qui me terrorisait.

Car tu m'avais « tenue » jusqu'à vingt ans avec une sévérité draconienne.

Pas de sorties seule, même avec Magui. Une unique soirée par semaine, cinéma ou opéra, au choix. Quel dilemme entre la *Tosca* ou Jean Marais dans *L'Eternel Retour*! Quand même, merci, car cela m'a gardé encore maintenant une curiosité frémissante devant un grand rideau rouge fermé !

Pas de maquillage, pas de rouge à ongles, pas de coiffures excentriques et autres « poutringues » que se mettent les femmes, disais-tu !

Pas de garçons, bien sûr, tu avais tellement peur pour moi. Et moi donc ! C'est pour cela que les bras d'une amie de Conservatoire m'ont accueillie pour un temps, et ont failli me traumatiser ! Heureusement que mon bel équilibre animal a su très vite que cela pouvait être plus enrichissant que traumatisant.

Pas de danse, non plus. Mais, un soir de surprise-partie, chez des amis où je m'essayais timidement à quelques pas de be-bop, tu m'as dit d'un air malheureux :

— Viens t'asseoir, tu n'es pas douée !

Evidemment ! Danser entre copines du lycée, ce n'est pas une si bonne école.

Sais-tu que je n'ai osé me lancer sur une piste de danse qu'à New York, chez Trude Heller, à trente-cinq ans ? Mais je me suis bien rattrapée depuis et si tu me voyais maintenant, tu ne serais pas trop mécontent de moi !

Et les repas : midi, huit heures ! Quand j'arrivais quelques minutes en retard pour dîner, tu ne disais rien mais ton regard éloquent sur la pendule de la cheminée derrière toi me liquéfiait, malgré mes vingt et un ans bien sonnés ! Ce qui ne m'empêchait pas, quand tu étais couché, de ressortir doucettement pour aller au théâtre voir les répétitions qui me passionnaient et ... Edmond Carrière que j'aimais. Il me ramenait en voiture et nous bavardions encore longuement de l'opéra qu'il venait de répéter, de la musique, de nous. Que d'émois, là, que de peurs après en tournant la clef dans la serrure ! Pourtant, quand je me glissais dans mon lit, j'étais contente, heureuse de ces conversations, de cette tendresse qui me manquait tellement.

Eh oui, à la place de Papa Crespin, j'ai mis Papa Carrière !

Oh ! tu sais, maintenant, je peux t'expliquer qu'en analyse, c'est tout simple — enfin presque ! — l'attirance des très jeunes filles pour les tempes argentées. Je peux aussi te parler de lui, te le raconter.

Quelle heureuse nature, quelle vitalité, quel enthousiasme, quelle bonté, quelle belle humeur avait cet homme !

Je l'avais surnommé Mi, parce que c'était la moitié d'ami et le nom d'une note de musique, que nous aimions d'un même amour. Et aussi P'tit cheval, parce qu'il courait avec moi comme un jeune fou sur cette longue plage de Cavalaire où il m'a offert mes premières vacances à la mer, et où je suis revenue avec lui plusieurs étés.

Oui, oui, je sais qu'il avait vingt-cinq ans de plus que moi, qu'il était marié, qu'il avait des enfants, une mère, une situation qui le mettait en vue, que je ne pouvais pas le « cacher » ! Une fois tu m'as même dit :

— Si encore il venait d'une autre ville, je ne sais pas, moi, de Strasbourg !

Eh bien ! finalement je t'ai écouté, j'ai épousé un Alsacien !

Mais à ce moment-là, j'étais sourde à tout et à tous. Tu comprends, j'étais amoureuse, presque sans remords. Je découvrais tout à la fois : la tendresse, l'intelligence, la communication, le rire, les livres, la mer, les jeux, les dîners en tête à tête dans les restaurants, le sexe. Tudieu ! Que tout cela était bon !

Nous ne vécûmes pas ensemble tout à fait puisqu'il ne quitta jamais complètement sa famille à laquelle il était si fortement attaché, mais pendant presque sept ans, nous nous retrouvions sans cesse, à Rennes puis à Lyon, où il fut longtemps le chef d'orchestre permanent, à Paris chez moi où il venait chaque début de semaine.

Et quand, dans un de ses livres, Jean Carrière dit que son père se détacha très vite de « cette jeune chanteuse », il a sûrement oublié toutes ces années où je le connus très tôt, où la sympathie courut très vite entre nous. Il a dû oublier aussi tous ces étés à Cavalaire où il vint si souvent avec sa première femme, tous les amis qu'il rencontra, Magui, les Bédard et leur fille Miquette, les Maurric surtout — Isabelle, ma douce amie et son clarinettiste de mari, un autre Lou au sourire éclatant — avec qui nous faisions des parties de belote acharnées où Jeannot me disait benoîtement qu'il « dépêcherait bien quelque sicaire chercher des dalles (du carreau !) pour y déposer sa luzerne (du trèfle !) ». Et, trichant sans vergogne, nous gagnions toutes les parties dans de grands éclats de rire.

Monsieur Jean Carrière, avez-vous oublié comme nous jouions sur le sable, comme nous chantions à tue-tête dans le vent tous les rôles de *L'Heure espagnole*, de *L'Enfant et les Sortilèges* et autres Ravel dont « il » nous a donné la passion ? Comme votre père était heureux de toutes ces discussions animées, comme il riait à pleine gorge entre vous qu'il adorait, et moi qu'il aimait !

Avez-vous vraiment oublié que c'est grâce à une visite que je le poussai à faire à Jean Giono que le « grand homme » vous a reçu et s'est intéressé à vous, jeune loup pétri d'intelligence et de sensibilité ?

Avez-vous oublié le *Traité du désespoir* de Kierkegaard?

Alors, que le diable vous patafiolle, grand chat !

Mais je ne le crois guère, car je vous sais une mémoire de Chinois !

Oh ! Papa, tout ceci, tu as bien dû le deviner, le comprendre, même si tu es resté muet pendant de longs jours quand tu as « su », muré dans ton chagrin, ta colère, ta révolte. Tu voulais « aller lui casser les bras, à ce salaud » disais-tu à Mannolini qui te calmait comme elle pouvait mais qui, mourante de peur, pas très contente non plus, m'avait « mise au parfum » pourtant. Pendant tous ces dîners où régnait un silence froid comme ce vent qui nous descend de la vallée du Rhône, je m'asseyais à table avec la raideur d'un couteau pliant, je me sentais comme dilatée entre une panique de poussin et un courage de lionne. J'attendais. Un soir, Mannolini s'étant réfugiée dans sa chambre à l'approche de l'orage, tu as parlé, enfin.

Aussi calmement que cela t'était possible, tu as essayé de m'expliquer, de me dire ton chagrin, ton orgueil et ta profonde honnêteté blessés, ta colère ; de me convaincre, de m'apitoyer même, sur toi, sur ta dure jeunesse d'orphelin de quatorze ans, sur ce que tu appelais ton « calvaire », ta mère qui buvait, comme la mienne ; sur ta solitude, meublée pourtant l'année suivante par un remariage, mi-raté il est vrai.

J'essayais de lutter pied à pied, je tentais de te persuader mais quand, à bout d'arguments, je me suis écriée :

— Mais tu as bien aimé, toi, une fois dans ta vie ?, tu m'as intensément regardée ; et tu t'es mis à pleurer, doucement.

Je ne t'avais presque vu que des larmes de joie, surtout quand je chantais, et j'ai sangloté dans tes bras enfin ouverts, refermés sur moi, passionnément. Tu m'as allongée doucement sur ton lit, me faisant promettre une chose, une seule, de le quitter lorsque j'aurai trente ans s'il n'avait pas divorcé (sois content, je l'ai fait). C'est la seule fois de ma vie où je me suis endormie en pleurant sur ton épaule. Oui, tu m'as bercée, tenue dans tes bras toute la nuit.

Jamais plus tu n'as reparlé de cela, tu m'as laissée vivre ma vie, à ma guise, tu as un peu démissionné. Et accepté en bloc tout ce qui te torturait, ce que tu avais tenté de rejeter : le chant, le métier que je faisais, Carrière.

Tu as même eu un geste extraordinaire quand ma

grand-mère est morte. Lorsque je suis arrivée de Vichy où je chantais, tu es venu toi-même me chercher à la gare, mais tu m'as fait dire par un ami — toi, tu ne pouvais pas, quand même — que tu avais fait prévenir Carrière et que celui-ci m'attendait à l'hôtel, car tu pensais que j'aurais besoin de lui ce soir-là. C'était plein d'amour, de délicatesse, mais, tu vois, même sans paroles, je crois que tu m'aurais mieux consolée que lui.

Tu sais, quand vous m'avez quittée tous les trois, en l'espace de cinq ans, je n'ai pas bien réalisé combien j'étais seule dans la vie, apeurée et timide que j'étais alors. Et encore maintenant, lorsque j'entends des amis de mon âge qui peuvent dire : mon père ou ma mère m'a dit ceci, a fait cela, je reste toujours un peu étonnée, comme en manque.

Oh ! Henri Crespin, mon doux sévère, mon beau grand silencieux, comme je voudrais que tu sois là, devant moi, pour regarder jusqu'au fond de tes yeux verts, mettre mes mains dans les tiennes, et te dire :

— Quand même, tu peux être fier de ta fille !

3.
Bayreuth

La gloire ne peut être où la vertu n'est pas.
Lamartine.

La plaque tournante de ma carrière et de ma vie privée, ce fut Bayreuth, en 1957.

A l'origine, quatre hommes : Wagner, son petit-fils Wieland, André Cluytens le chef d'orchestre et Lou Bruder, mon mari.

« Au début était... Wagner », le Verbe par excellence, et son Festival dans cette ville de Bavière, Bayreuth, rouvert en 1951 par ses petits-fils, Wieland et Wolfgang.

André Cluytens y fut invité pour diriger *Lohengrin* en 1956 et fut salué par une critique unanime. Il était belge mais faisait une grande partie de sa carrière en France, à Paris surtout.

Wieland était curieux de savoir s'il existait quelques

chanteurs français susceptibles d'être engagés à Bayreuth (les ouvrages donnés là étant toujours les mêmes, ceux de Wagner uniquement, il faut changer souvent d'interprètes, de chefs d'orchestre, de metteurs en scène). C'est ainsi que je reçus un télégramme d'André me demandant si je consentirais à venir auditionner cet été 1957.

Comme dit Lavignac dans son *Voyage artistique à Bayreuth* j'y serais allée à pied, à cheval, en calèche, à bicyclette, en chemin de fer ou même à genoux ! En fait, j'y fus en voiture.

Bayreuth ! Je savais, bien sûr, ce que cela représentait dans le monde musical ; et dans le monde tout court. Un prestigieux festival chaque été, ouvert en 1876, adoré au début, décrié ensuite — Thomas Mann et autres Adorno — réhabilité par Wieland en 1951. Le sage Liszt n'avait-il pas dit :

« N'interrogez pas, vous êtes ici pour admirer. »

Mais, quand, guidée par Madame Cluytens, je me retrouvai sur la scène du Festspielhaus, dans les décors des *Maîtres Chanteurs*, que je vis ce soir-là, sur cette fameuse pente inconfortable à ceux qui ne l'ont jamais pratiquée, réalisant que Wagner lui-même avait été là même où je me tenais, je fus prise d'une tremblote épouvantable. Littéralement mes bras, mes jambes, mes mains tremblaient sans que je pusse les arrêter.

Heureusement ma voix ne bougea pas, elle, quand, aussi droite que je le pouvais dans ma robe de toile rouge feu, je chantai les airs d'Elsa, d'Aïda, de Sieglinde, le tout en français ! (Je n'avais encore jamais chanté en allemand.)

Je ne sais plus comment je sortis de scène, mais la seule chose que je pus dire à un machiniste qui traînait par là, ce fut : pipi ! pipi ! Je dus être sans doute éloquente car le machino ne dit pas un mot, me prit par la main et m'y conduisit !

Au retour, calmée, je rencontrai Madame Cluytens qui me cherchait partout, toute agitée :

— Wieland veut vous voir ! Wieland veut vous voir !

La tremblote me reprit et je dus m'asseoir avec elle sur le banc, dehors. J'essayais d'imaginer ce qu'il allait pouvoir m'offrir : une des huit Walkyries ? Une Norne ? Elsa, peut-être ? Senta ? Un vrai tourbillon dans ma tête, qui m'empêchait de penser clairement.

Et tout à coup, ils furent devant moi. Cluytens, tout sourire, content, et Wieland avec sa belle tête expressive, frétillant, m'examinant attentivement du haut en bas, tandis qu'André traduisait :

— Il vous félicite. Il dit que vous avez une voix très belle, très chaude, italienne (hé ! Mannolini ?). Et que vous aussi, vous êtes belle.

Je devins aussi coquelicot que ma robe.

En définitive, il voulait que je chante *Parsifal* l'année suivante. Si la bonne éducation ne m'avait pas tenue debout, je crois que je serais retombée sur mon banc !

Parsifal ! Kundry ! à vingt-neuf ans ! Il était fou ce Wieland. Je repris mes esprits et hasardai timidement que peut-être Elsa... ou Sieglinde... ? Réponse catégorique de Wieland :

— Ces c... sottes sont sans intérêt ! *(sic).* J'en ai assez des Kundry noires (vocalement, voulait-il dire), je veux une voix de soleil, méditerranéenne comme la vôtre, aussi claire que vos cheveux. (J'étais blond platine à cette époque.)

Devant mon air probablement ahuri, Wieland me demanda si je pouvais rester le lendemain pour voir sa production de *Parsifal* justement, ajoutant avec un sourire qu'elle n'était pas mal du tout ! Il me verrait à la fin de la représentation pour savoir ce que je pensais du rôle. Et me baisant les deux mains, il me fit un grand clin d'œil en disant :

— *Auf wiedersehen, Die Kundry*[1] !

Inutile de dire que pendant deux jours, je vécus sur un nuage rose et ne dormis point. Je me précipitai pour acheter la partition que je lus avec avidité, mourante d'appréhension, de peur en face de ce rôle immense, dur, d'une facture nouvelle, inconnue pour moi. Si j'avais réalisé ce qu'est vraiment ce rôle, je crois que je serais repartie en courant ! Heureusement, la jeunesse est inconsciente.

Pendant toute la représentation de *Parsifal*, Wieland me couva, me chouchouta, venant me voir à chaque entracte d'un air interrogateur. Moi, découvrant ces merveilles, ces fameuses mises en scène bayreuthiennes, ces lumières fascinantes, ce « rond » sur le plateau, imité tant de fois depuis, je ne pouvais que répéter, extasiée :

— Beau ! Beau ! Beau ! Et lui me broyait les mains en répétant :

1. Au revoir, la Kundry.

— *Ach! Kundry! Sie, Kundry*[1].

Finalement il me proposa de me laisser travailler le rôle, d'y réfléchir jusqu'au mois de janvier et de lui donner alors une réponse. Mais dès le mois d'octobre, je reçus un contrat en bonne et due forme : quatre *Parsifal* pour le festival 1958.

En 1972, alors que je chantais Sieglinde dans une production de Wieland Wagner à l'Opéra de Paris je dus, étant la seule de la distribution à pouvoir parler français, annoncer pendant un entracte la mort de Wieland ! Et six mois plus tard, dans des conditions identiques, annoncer celle de Cluytens — curieuse, émouvante coïncidence.

La première décision que je pris avant toute autre fut d'apprendre l'allemand. C'était la moindre des choses. Durant l'été, j'avais un peu « débarbouillé » la partition musicalement, sans les mots bien sûr.

Dès septembre je pris des rendez-vous réguliers avec un répétiteur de l'Opéra, Henri Lauth, qui connaissait parfaitement ce répertoire et je travaillai avec lui trois fois par semaine durant tout l'hiver. J'allais en même temps une fois chaque semaine chez Germaine Lubin, une grande chanteuse d'avant la guerre. Comme elle se trouvait à Bayreuth lors de mon audition, Wieland m'avait demandé de commencer à travailler l'interprétation avec elle, car elle avait elle-même débuté à Bayreuth dans *Parsifal.* Ce fut d'ailleurs un moment fort émouvant, l'été suivant, lorsque je me trouvai sur la scène chantant Kundry et que Germaine était dans la salle — me couvant du regard et de l'oreille — 1938-1958 !

1. Ah ! Kundry, c'est vous !

Juste vingt ans entre les deux seules Françaises ayant eu l'honneur d'être invitées à Bayreuth.

Je cherchai donc de toute urgence un professeur d'allemand. Des amis me dirent connaître un extraordinaire agrégé d'allemand, spécialiste de la littérature romantique allemande. Mais, à la fin septembre, cet oiseau rare ne s'étant pas encore manifesté malgré tous les mots envoyés par mes dévoués amis, je décidai que s'il n'avait pas téléphoné le 1er octobre, je prendrais rendez-vous avec une dame qu'on m'avait aussi recommandée. Et le premier jour d'octobre, mes amis, tout contents, m'annoncèrent que le fameux Lou Bruder avait pris contact avec eux, qu'il allait me téléphoner dans la soirée. Ce qu'ils ne m'ont pas dit, c'est sa réponse quand ils lui avaient expliqué mon cas :

— Quoi ? Une chanteuse d'opéra ! Cela ne m'intéresse guère. Elle doit être c...! Enfin pour vous faire plaisir, j'irai une fois puisque vous dites qu'elle n'est pas si... bête !

« Veni, Vidi... » Mais qui a gagné ? En tout cas, il est venu, il a vu... et il est resté !

Trois fois par semaine je prenais bien sagement mes leçons, j'apprenais la grammaire, les déclinaisons, je traduisais *Parsifal* avec son aide. Et nous bavardions comme des pies.

Les cinq à six ne sont pas devenus tout de suite des cinq à sept, mais des cinq à huit ! Tellement nous parlions ; tellement j'écoutais surtout, car peu à peu je découvrais dans ce séduisant homme jeune de trente-quatre ans un être d'une richesse inouïe, d'une vaste culture qui allait de la littérature à la peinture, sa passion, au théâtre, au cinéma, à la politique. Pour la musique, il sautait de Monteverdi ou Gesualdo, directement, à Berg ou Boulez, laissant un grand trou au milieu. L'opéra ça le faisait rigoler, disait-il. Ce à quoi son ex-femme, nièce de Charles Münch, le célèbre chef d'orchestre, répondait joliment :

— La connaissance de ces œuvres ne trouble pas ton jugement !

Moi, je défendais l'opéra comme un beau diable, discutant pied à pied. Et cela rendait nos discussions encore plus passionnantes.

Évidemment je commençais à le trouver plus que séduisant, lui et sa moustache frétillante, ses bleus yeux vifs qui fixaient les miens ou regardaient, à la dérobée, « l'ombre entre mes genoux » comme il m'a dit plus tard.

Troublée j'étais et, comme on dit dans mon Midi, « déjà prise comme un fromage ! ». Mais je ne voulais pas trop le savoir encore. Il me raconta un jour qu'il était en train de divorcer, qu'il avait une petite amie bien sûr — l'interrègne comme je l'ai appelée plus tard — mais qu'il n'était pas heureux. Et moi, avec la hardiesse des timides, je lui dis :

— Eh bien, prenez-en une troisième, elle mettra tout le monde d'accord !

Bien sûr, cette troisième, ce fut moi. Et pas n'importe quel jour, s'il vous plaît, un 1er janvier !

Notre prochain rendez-vous tombant justement ce jour-là, je lui proposai d'en changer, puisque c'était fête. D'un air matou, il me dit :

— Oh ! Moi je ne fais rien de spécial ce jour-là. Si cela

vous convient aussi, je peux venir à cinq heures comme d'habitude.

— D'accord, dis-je. Mais je mettrai une bouteille de champagne au frais, alors.

J'ai quand même pris honnêtement ma leçon en buvant le champagne, en parlant des fêtes de fin d'année que je détestais car j'étais toujours seule. On a bu une seconde bouteille ; et comme il me regardait sans rien dire, le regard pourtant chargé de choses, moi, la timide, la peureuse, la craintive, je lui dis tout à trac :

— Je crois que j'ai envie que vous m'embrassiez !

Il n'a pas hésité une seconde ! Et j'ai refait surface vers cinq heures du matin !

On ne s'est pratiquement pas quittés pendant presque douze ans.

⁂

Le moins qu'on puisse dire c'est que cette année 1958 fut plus que mouvementée pour moi. Car en dehors des leçons d'allemand qui se poursuivaient contre vents et marées et des répétitions musicales, je continuais à chanter régulièrement à l'Opéra deux, trois fois par semaine des *Chevalier à la Rose, Tosca, Otello, Bal masqué,* ce qui supposait d'autres répétitions, d'autres préparations. Et je commençais à enregistrer mon premier disque pour Pathé-Marconi. Je me souviens bien de ces séances qui étaient quelquefois à onze heures alors que je m'étais amoureusement endormie dans les bras de Lou à... cinq heures du matin. Bien sûr

Michel Glotz, qui avait eu l'idée de ce disque et qui le supervisait, me faisait remarquer que je bâillais beaucoup pendant ces séances, et me bourrait de café bien fort !

Brave Michel, grâce à qui j'ai enregistré tant de disques, qui a tant fait pour ma carrière, surtout lorsqu'il est devenu le grand imprésario qu'il est toujours, Michel aux rires « hénaurmes » qui peuvent mettre en alerte un restaurant entier, Michel aux colères dévastatrices dont je ne peux venir à bout — surtout lorsqu'il a raison — qu'avec des larmes qui le laissent alors sans voix. Je crois bien qu'il est le seul avec qui j'use de cette arme féminine !

Quand même, il n'était pas mal, ce disque. Ah, jeunesse...! Je devrais dire : Amour ! Car moi, quand je suis amoureuse, je suis capable de déplacer des montagnes !

Et voilà qu'au milieu de tous ces débordements divers et variés, je me trouve enceinte pour la première fois de ma vie. Et la dernière, hélas.

Je suis née sous le signe des Poissons et par conséquent éternellement hésitante. Cependant là, je n'avais qu'une idée, le garder cet enfant dont j'avais une envie folle. Mais... Bayreuth ? Le retrouverais-je ? Mais... Lou et moi, était-ce assez solide ? Et puis, étais-je bien sûre qu'il soit de lui puisque je voyais Mi encore de temps en temps ? Mon intuition animale me disait oui... mais ? Que de questions...

Finalement je décidai de leur en parler à tous les deux. Leur réaction fut totalement différente. Mi, agité, désarçonné, me dit :

— Tu ne peux pas le garder ! Qu'est-ce que « tu » vas faire ?

Et Lou, l'œil bleu encore plus vif :

— Il est à moi ! Il est à moi ! Qu'est-ce que « nous » allons faire ? Si tu veux le garder, moi, je suis d'accord. Mais si tu ne peux pas, je comprends, je t'aiderai bien sûr !

Je passai une semaine épouvantable. L'attitude douloureuse de Carrière m'avait remis en mémoire les paroles de mon père. Je demandai conseil à mes amis et tous furent unanimes : Bayreuth d'abord. Un enfant, plus tard.

Finalement, avec douleur, le choix fut fait. Pour ma carrière. La carrière avec un grand « C », qui a commencé, ce jour-là, à m'encercler, à m'avaler lentement, sûrement. Cette carrière qui fut mon seul enfant, qui m'a donné tant de joies ; et tant de larmes, aussi. Comme un enfant. J'ai peu de regrets en général, mais celui-là me mord encore l'âme parfois.

Je partis donc avec une petite valise dans une clinique de province, pas très courageuse, toute seule, pas très fière non plus. Apparemment, j'en revins sans souvenirs trop douloureux. Apparemment, car, plus tard, l'analyse a mis à nu bien des souffrances enfouies.

Je décidai alors de faire place nette dans ma vie car j'ai toujours eu horreur des mensonges, des partages ; et je savais désormais que j'aimais Lou profondément, totalement. Mais que ce fut dur de parler à Mi, de lui expliquer, de le voir souffrir ! Oh, il acquiesçait à tout ce que je disais, il reconnaissait qu'il n'avait jamais voulu divorcer à cause de ses filles, de sa mère, qu'il s'était installé dans cette situation bancale, égoïste, me laissant toujours seule pour les fêtes, les vacances, les dimanches, et que ce qui arrivait là était inévitable. Il ajouta même que depuis six ans qu'il m'aimait, chaque matin il se posait la douloureuse question : quand ? Nous avons pleuré ensemble. Finalement j'ai téléphoné à son fils Jeannot, avec qui j'étais très amie, afin qu'il vienne à Paris pour aider son père. Sans me questionner, il est arrivé le lendemain et avec un chaud, amical sourire, il m'a demandé :

— Il a quel âge ?

— Trente-quatre ans.

— C'est bien.

Et ils sont partis.

Nous nous sommes écrit longtemps, revus quelquefois. Et puis la vie, cruelle, forte a continué.

Je me jetai dans le travail à corps perdu. Et aussi dans les bras de Lou ! Lui, il commençait à me passer à la « moulinette », comme je disais, pour la bonne prononciation des mots allemands. Cette « moulinette » que pendant des années j'ai subie, acceptée avec enthousiasme, ardeur ou essayé de rejeter en hurlant parfois :

— Assez ! Je n'en peux plus ! Ma cervelle va éclater !

Et Lou, après plusieurs heures de travail parfois, tout calmement me répondait :

— Allez, encore une fois, Tulipette ! (Tulipette, c'était un des surnoms qu'il me donnait, à cause de mes pieds en éventail.)

Aussi j'arrivai à Bayreuth au mois de juin en étant capable de chanter *Parsifal* la tête en bas, les pieds en haut ! Mais si je m'imaginais que cela suffirait, bernique ! Je tombai de Charybde en Scylla, ou plutôt entre les mains de nouveaux

« tortionnaires ». Le matin j'avais au moins deux heures de répétition musicale avec un des deux répétiteurs qui se relayaient, les salauds, comme à la P.J. ! Walter, surtout, un jeune pianiste plein d'enthousiasme, devenu depuis chef d'orchestre, et qui, lorsque j'avais chanté particulièrement bien un passage, se tournait vers Lou et disait d'un air extasié :

— *Ist das nicht phantastisch*[1] ?

Mais à moi :

— *Noch einmal, bitte*[2] !

Chacun des deux répétiteurs polissait chaque mot, chaque inflexion, chaque intention musicale, supervisés par Lou qui prenait des notes sur un carnet. Le soir, à la veillée, nous les relisions !

L'après-midi je passais plusieurs heures dans les mains de Wieland pour la mise en scène. Puis avec sa femme, une ancienne danseuse, pour la gestique. A cet égard, j'étais en train de découvrir plusieurs choses. Jusqu'à cette époque, j'avais l'habitude de chanter sur des scènes très éclairées et j'usais beaucoup de mon visage pour exprimer les sentiments de mes personnages. A Bayreuth, dans *Parsifal* en particulier, la scène étant très obscure le visage devenait presque inutile. Pour s'exprimer scéniquement, en dehors de la voix bien sûr, il fallait compter sur des gestes soit ultra-rapides, soit immensément lents.

De plus, il y avait le fameux « fromage » comme on

1. N'est-ce pas fantastique ?
2. Encore une fois, s'il vous plaît.

l'appelait, ce rond énorme posé sur la scène, sur lequel on évoluait et qui était extrêmement pentu. Et Wieland m'expliquait la position indispensable des pieds qu'on ne pouvait joindre que très rarement. Il fallait pouvoir jouer de diverses positions, selon ce que voulait exprimer la mise en scène. Par exemple, se tenant une jambe en arrière, l'autre en avant, en pente, si c'était le pied droit qui était en avant portant le poids du corps, le bras gauche n'avait plus qu'une valeur « en creux » alors que le droit pouvait devenir, lui, expressif, agressif ou suppliant.

Suivaient un tas de règles aussi pour marcher, tourner, se mettre dos au public, mouvoir la tête, etc. D'ailleurs, on peut très bien reconnaître les chanteurs qui ont pratiqué ce « rond », ceux mêmes qui en ont fait une habitude dans leur façon de jouer, quelquefois déplacée dans une tout autre mise en scène.

Je commençais à prendre conscience des possibilités dramatiques de mon corps, de mes gestes. Je me colletais avec cette Kundry, personnage si nouveau pour moi, à la fois mythique et familière, sauvage et douce, menteuse ou vraie, jouant la comédie ou souffrant mille morts, femme-sultane venue du bout du monde, femme-fleur d'enfer, femme-mère si suave qu'on la croirait presque, humble femme-servante, femme-graciée, enfin apaisée, heureuse ; bref avec toute la gamme des sentiments humains et surhumains, dans ce rôle combien complexe.

Il y avait aussi le côté vocal, tellement dur parce que d'une tessiture longue, qui allait du grave le plus viscéral, le plus tellurique jusqu'aux aigus les plus extrêmes, tantôt doux, enjôleurs, tantôt agressifs, hystériques, devenant cris de bête, cris de l'âme mise à nue.

Ce qui m'était le plus difficile : ces raucités dans le grave, ces gémissements à peine formulés, ces sons qui, à la limite, ne devaient pas être chantés. Cela donna beaucoup de travail à la jeune « bien chantante » que j'étais alors. Et je crois que je n'y arrivai vraiment que la troisième année. Cette année même où Hans Knappertsbuch, cet extraordinaire chef d'orchestre, me dit pendant un entracte :

— Fraü Crespin, vous êtes la meilleure Kundry que j'aie jamais dirigée.

Dût ma modestie en souffrir, ce fut un des plus beaux compliments que je reçus de ma vie.

Je sortais du théâtre vers six heures du soir, complètement moulue, physiquement et cérébralement. Et cela dura cinq semaines, dimanches inclus ! Finalement, quatre jours avant la première, Wieland, avec un bon sourire, me dit :

— Allez, je ne veux plus vous revoir pendant ces jours-ci ! Vous pouvez aller « jodler » en paix sur votre Oschenberg !

C'était la colline où nous avions loué une maison isolée avec une piscine comme un mouchoir de poche, mais où nous étions heureux, Lou et moi, comme des Poissons que nous sommes.

La Première fut un très grand succès pour moi, et j'obtins des journaux du monde entier d'excellentes critiques. Pourtant, paradoxalement, pendant les quatre années consécutives où je chantai *Parsifal* à Bayreuth, je n'eus pas un seul applaudissement du public... Selon la volonté de Wagner lui-même, on n'applaudissait jamais après cet ouvrage. Cela faisait un effet assez particulier de sortir de scène dans un silence total, tandis que le public, de son côté, s'éloignait dans le même silence. Certes les gens se rattrapaient à la sortie des artistes : ils vous attendaient et vous applaudissaient, vous offraient des fleurs ; ainsi que dans les divers restaurants de la ville, notamment à la *Eüle* : La chouette, où la patronne, une accorte personne aussi haute que large, prévenait la clientèle en criant : « Ach ! Die Kundry, Fraü Kundry ! » Ce qui veut dire : « Ah ! C'est Madame Kundry qui arrive ! »

Mais, la dernière année où je chantais aussi le rôle de Sieglinde de *La Walkyrie* dans la nouvelle mise en scène de Wolfgang Wagner, le frère de Wieland, comme il était permis d'applaudir, je crois bien que j'ai recueilli quatre ans d'applaudissements en une seule soirée. Ce fut, je dois le dire, extraordinaire.

De ce premier *Parsifal,* j'ai pourtant un souvenir horrible et amusant à la fois. Moi qui étais tellement bien préparée, sachant mon rôle sur le bout des doigts, pendant le deuxième acte, je confondis une phrase avec une autre et sautai allègrement quatre pages d'un coup. Trac ? Nervosité ? Que sais-je ? Toujours est-il que je vis Knappertsbuch déplier subitement son mètre-quatre-vingt-dix, agiter frénétiquement le bras gauche et je compris aussitôt ce qui se passait. Je m'arrêtai un court moment et rétablis très vite les choses. Mais... j'avais eu chaud ! Et surtout tellement honte vis-à-vis du grand « Kna », comme tout le monde l'appelait. Il ne me dit rien ; mais, pendant quatre ans, quand arrivait ce passage fatidique, quelques mesures avant, il sortait de sa poche un énorme mouchoir blanc, et l'agitait vers moi qui ne me suis plus jamais trompée, bien sûr. Quand la phrase était terminée, de son index droit dressé il semblait toucher la visière d'une casquette imaginaire pour me féliciter, et me gratifiait d'un grand sourire moqueur, mais très gentil. Le public ignorait ce petit cinéma car, à Bayreuth, la fosse d'orchestre est entièrement recouverte et les chefs ne sont pas vus, ce qui leur permet d'ailleurs de diriger en bras de chemise, assis, décontractés, enfin... en apparence. On dit même en plaisantant que certains chefs d'orchestre très connus refusent catégoriquement de diriger là parce qu'on ne peut pas les voir ! Mais je ne citerai pas de noms !

Kna, lui, fut de plus en plus gentil avec moi chaque année. Et pourtant il ne portait pas les Français dans son cœur, paraît-il ! Jusqu'au jour où la Légion d'honneur lui fut apportée et remise par le maire de Paris, Pierre Devraigne, dans la mairie de Bayreuth, devant un petit comité d'amis et le maire de la ville, Hans Walter Wild, qui prit d'ailleurs ses fonctions en 1958, l'année même de mes débuts et que j'ai revu après avec tant de plaisir, toujours aimable, souriant, recevant avec tellement d'affabilité.

Ce jour-là, je vis le grand Kna, d'habitude si réservé, presque distant, ne pas pouvoir articuler une parole car il pleurait. Et nous aussi.

Je me souviens d'une chose amusante. Nous venions en

voiture chaque année, mais Lou, qui adorait sa moto, l'expédiait par le train et très souvent nous descendions faire nos courses ou prendre le courrier à moto. Un jour nous descendions à vive allure les allées devant le Festspielhaus, moi jouant les Isadora Duncan avec une longue écharpe de mousseline qui flottait derrière moi et qui vois-je, assis sur un banc, appuyé sur sa canne ? Kna qui me regarde passer avec un air ahuri, se lève, me salue d'un grand coup de chapeau en s'écriant : « Ach ! Gott ! Meine Kundry, auf dem rolle ! » (Mon Dieu ! Ma Kundry en moto !)

Le lendemain, il est venu vers moi comme un foudre de guerre, m'a prise par l'oreille et m'a fait promettre de ne plus voyager ainsi les veilles de représentations, car c'était dangereux pour ma voix. Promesse faite ; mais non tenue...

⁂

Bayreuth-Amour ! Bayreuth-Réussite ! Bayreuth-Tendresse ! Bayreuth-Folies ! Bayreuth-Joie.

Ces étés passés là furent vraiment merveilleux, car je commençais à me réaliser pleinement sur tous les plans. Ma voix d'abord s'épanouissait, ainsi que des dons scéniques que j'ignorais encore. J'étais heureuse avec Lou qui m'apprenait tant de choses sur la vie, l'amour, la passion, la jalousie aussi (eh ! oui, je suis jalouse et cela fait rudement mal parfois) ; les longues nuits partagées, douces ou violentes ; les petits déjeuners où je faisais la seule chose que je savais bien alors, de pantagruéliques pots de chocolat qui m'avaient fait prendre en trois mois huit kilos. Évidemment, nous passions notre temps libre entre le lit et le frigidaire ! Aussi pourquoi est-ce si bon de manger à deux après l'amour ? Je regrette un peu ces kilos, qui m'ont trop arrondie pendant un certain temps ; mais ce fut bien la plus belle période de ma vie.

A Bayreuth je fis la connaissance de tant de gens sympathiques, connus : la comtesse de Paris, par exemple, que je revoyais souvent chez Alexandre, notre coiffeur, la Bégum avec qui j'ai gardé de gracieuses relations, Gabrielle Dorziat, l'actrice de cinéma qui adorait Wagner et venait me voir tous les étés, le vieux comte Gravina, un puits de science qui était bibliothécaire du Festival de Bayreuth, Maurice Béjart, marseillais comme moi, qui était venu mettre en scène le ballet de *Tannhaüser*, Pierre Devraigne, le maire de Paris, et sa femme devenus de très chers amis ensuite. Pour ma dernière saison à Bayreuth, en plus des *Parsifal*, je chantai cette année-là le rôle de Sieglinde dans *La Walkyrie*. Dominique Plessis, depuis disparue hélas, qui avait à ce moment-là une émission très écoutée à la radio chaque semaine : *Une saison d'opéra*, que je connaissais bien ainsi que son mari Emmanuel Bondeville, directeur artistique de l'Opéra de Paris (maintenant, il est secrétaire perpétuel de l'Institut), Dominique, donc, avait demandé dans son émission qu'on m'envoie des cartes pour me souhaiter la bonne chance pour ma première « Sieglinde » à Bayreuth. Ah ! Elle avait été écoutée je reçus deux mille trois cent quatorze cartes et lettres !

Je revois encore la tête du concierge du Festspielhaus quand il plongeait sous sa banquette pour me sortir des sacs des sacs pleins à craquer et qu'il me disait à chaque fois :

— Bonne fête, Fraü Crespin.

Je n'ai jamais su très bien pourquoi.

Il y avait aussi Winnifried, la mère de Wieland et de Wolfgang et la belle-fille de Wagner. Elle nous invita tant de fois pour goûter dans la petite maison qu'elle habitait et elle me saluait toujours ou m'écrivait avec un :

« Chère Lionne... »

C'était l'autre surnom, donné par Lou, à cause de ma crinière blonde et de ma face ronde ! A ce propos, un journaliste a cru bon de me demander si je mordais souvent !

— Oh ! Seulement mon mari ! ai-je répondu.

Et chaque année, il annonçait en gros titre dans son journal :

« La Lionne est de retour, celle qui mord son mari ! »

Et puis il y avait Wahnfried, la belle demeure de la famille Wagner, où nous assistâmes à tant de dîners, tant de « parties » après les représentations. Belle maison trop coûteuse, sans doute, qui est devenue un musée à présent. Lorsque je revins à Bayreuth je n'ai pas eu le cœur de l'aller revoir.

Autant j'ai adoré le *Ring*[1] de Patrice Chéreau et Pierre Boulez, plein d'intelligence, de talent, de modernisme justifié, d'imaginations bien réalisées, autant j'ai pleuré et crié de plaisir pour les merveilleux chanteurs que j'ai entendus, autant j'ai revu avec un énorme plaisir Wolfgang et sa cri-

1. *Der Ring des Nibelungen,* le cycle des quatre opéras de Wagner : *L'Or du Rhin ; La Walkyrie ; Siegfried ; Le Crépuscule des dieux.*

nière devenue blanche, ou le maire, sa charmante femme, leurs grands enfants devenus parents à présent, et certains collaborateurs du festival qui m'ont reconnue et fêtée, autant je n'ai pu revoir certains endroits comme Wahnfried ou la maison où j'ai habité. Presque vingt ans après il y a des souvenirs, rangés dans un album intérieur, auxquels on ne touche plus, qu'on chérit tout au fond de son cœur avec une joie profonde ; et paisible.

L'Opéra de Paris,
ma fausse Maison

Les grands artistes n'ont pas de patrie.
Musset

Comment je fus mise à la porte de l'Opéra de Paris !

A ma sortie du Conservatoire, je n'y fus pas engagée, à mon grand regret et à la grande surprise de tous. On me préféra une charmante jeune soprano dont l'oncle était musicien dans l'orchestre et qui, finalement, n'y chanta pas mais se dédia à Francis Lopez et à ses opérettes. Je n'ai rien contre !

Pour me marquer une attention cependant, l'Opéra me demanda si je souhaitais assister à une représentation « gratis » ! Je dis oui, mais en coulisse ! Je vis donc *Tristan* avec mon idole Kirsten Flagstad, assise sur une chaise, du côté cour (le côté « cour » est à gauche et le côté « jardin » à droite. Pour le retenir, on me donna un moyen mnémotechnique : Cour-Cœur, JarDin-Droite). Je la vis arriver louvoyant sur ses cent trente kilos et mettre sous le divan une bouteille qu'elle biberonnait de temps en temps ! J'étais fascinée de la voir de profil prendre un souffle énorme, tel un accordéon qui se dépliait, et d'observer avec quelle facilité apparente elle chantait. A la fin, on me présenta à elle. Ne sachant trop quoi dire, je désignai la bouteille d'un air interrogateur :

— Eau ?

— Eau ! Nein ! Cognac !

Elle l'avait vidée durant la soirée ! Cela me laissa rêveuse...

Je tournai pendant presque deux ans en province et me « fis les dents ». Et c'est à Vichy, où je chantai *Lohengrin*, que la femme de Georges Hirsch, Madeleine Mathieu, m'entendit et s'étonna que je ne sois pas à l'Opéra. Elle jura d'en parler à son mari. Et, en effet, il m'engagea dès le mois d'octobre. Durant tout l'hiver on me fit travailler et je fis mes débuts à l'Opéra dans *Lohengrin* et à l'Opéra-Comique dans *Tosca*, deux rôles que je continuai à chanter, ainsi que *Les Noces de Figaro, Cavalleria rusticana* à l'Opéra Comique, une reprise à l'Opéra, *L'Étranger* de Vincent d'Indy, et une des huit Walkyries dans l'ouvrage du même nom. On m'offrit même *Otello* ! Je fis toutes les répétitions et, huit jours avant la Première, on m'avertit que je ne le chanterais pas car Geori Boué, alors grande vedette, voulait y faire sa rentrée. On me demanda d'être dans la salle, et c'est la première fois — et bien la dernière — que je ressentis un affreux sentiment de jalousie, de frustration. Cela me fit si mal que je me promis de ne plus me laisser aller à cette horrible sensation.

Les contrats finissent fin septembre et doivent être

Sieglinde, mon rôle “chéri”

La "Sainte Famille"

Après le trac, les fleurs!

Ci-contre
En haut à gauche : Desdemona, *Otello* (cl. Le Duc)
En haut à droite : ma première Maréchale, *Der Rosenkavalier*
En bas : mes premiers pas sur scène, Elsa, *Lohengrin*
(cl. Ekolb)

Hojotoho! (cl. Sun)

Philippe, mon adorable filleul

Mes mains dans la farine

Ma “Mafia” (cl. Nothung)

Diva au vent!

Gérard

Mes couronnes...

de Wagner à Offenbach

La Grande Duchesse avec Alexandre (cl. France-Soir)

Elisabeth, *Tännhauser*
(cl. Pic)

Elisabeth, *Tännhauser*

Wieland Wagner (cl. Festspiele Bayreuth/Lauterwasser)

Kundry, *Parsifal* à Paris (cl. J. Aubin)

Les trois visages de Kundry (cl. Festspiele Bayreuth/Lauterwasser)

Diva, moi?

Oui!

Lou

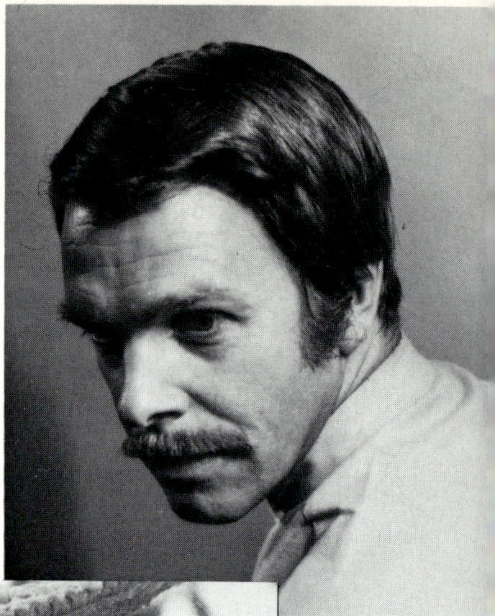

La solitude, ça n'existe pas...

Carrière

Henry

Victor-José

Curieux, ce chien-là!

Beau! (droits réservés)

Qui suis-je ?

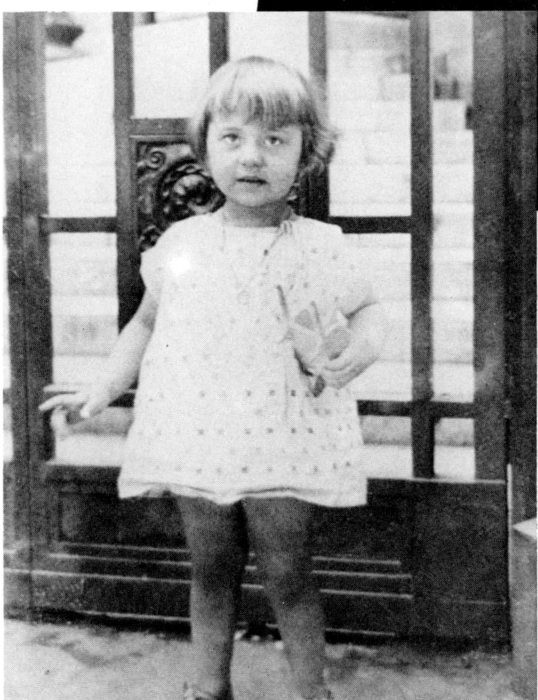

Cassandre, *Les Troyens*

Répétitions
Carmen avec Alain Lombard
(cl. Colette Masson)

On recommence ?

reconduits fin mars. Et à partir du 15, tout le monde tremble ! Pas un cheveu de ma tête ne pensait que je ne serais pas réengagée, car j'avais bien fait tout ce qu'on m'avait demandé et j'étais même à l'étude d'*Aïda*. Pourtant, vers le 20 mars, je vis un de nos délégués tourner autour de moi d'un air gêné. Finalement, je fus avertie que le nouveau directeur, Maurice Lehman, ne voulait pas de moi dans sa troupe. Je tombai pâle ! Pourquoi ? Mystère ! Personne n'osait m'expliquer. Enfin Madeleine Mathieu me dit qu'il me trouvait trop grosse. Elle ne décolérait pas et pestait dans tous les couloirs, disant que Lehman faisait la plus grosse c... sottise de sa vie. J'étais terriblement vexée, mais je dus admettre que c'était vrai, j'étais trop grosse !

Pendant que mon imprésario d'alors, Alphonse Cambarrot, Camba, cet amour d'homme qui suivit ma carrière pendant dix ans, se démenait et m'obtenait un tas d'engagements en province, je me mis rageusement à un régime draconien, malheureusement avec l'aide d'un fou de docteur qui faisait maigrir tout l'Opéra avec diverses pilules. Oh ! nous maigrîmes toutes à une allure vertigineuse, mais certaines d'entre nous y laissèrent leur voix ! Il n'est pas mauvais de perdre du poids, au contraire, mais il faut le faire lentement et, à mon humble avis, sans médicaments.

Je perdis allégrement seize kilos en trois mois, au désespoir de Mannolini qui me trouvait un air de coucou déplumé ! Je tenais bon pourtant, mais quand je recommençai à chanter *Faust* à Marseille, je dus m'accrocher aux branches ! Ma voix était faible et sans éclat, et Mannolini me bourrait de morceaux de sucre à chaque entracte ! A la fin, la pauvre pleurait en me disant que j'allais perdre ma voix si je continuais. Je sentis que c'était vrai et me remis à manger normalement en supprimant tout médicament. Petit à petit, ma voix se rétablit tout à fait, mais je ne repris pas un gramme jusqu'à ma rencontre avec Lou où, le bonheur aidant, je repartis de plus belle ! Misère des femmes, misère des chanteuses qui doivent passer leur vie sur la balance !

L'année suivante, Lehman, ayant eu vent de mon amaigrissement, me convoqua et je dois dire que lorsqu'il me vit entrer, toute de noir vêtue, avec un grand chapeau rose — déjà ! — il eut un choc, se leva et me dit :

— Ah ! bravo ! bravo ! Vous êtes superbe ! Maintenant je vous engage !

Plutôt distante, je lui demandai à quel prix.

— Bon, quand vous êtes partie, vous aviez cent mille francs (anciens bien sûr). Combien voulez-vous ?

— Le double !

— Pas question ! C'est trop cher !

Je me levai, le saluai poliment et le laissai éberlué !

Je continuai à chanter de tous côtés et gagnai bien ma vie.

L'année d'après, même scénario. Je ne me souviens plus quelle toilette je portais alors, mais lui me lança :

— Bon ! Je vous les donne, vos deux cent mille francs. Quelle est votre réponse ?

— Toujours la même, monsieur Lehman. Le double !

Cette fois, il se mit vraiment en colère et me chassa presque de son bureau, disant que j'étais une impertinente !

Le comble, ce fut l'année suivante ! Georges Hirsch revenait à la direction de l'Opéra et comme Maurice Lehman était encore en poste jusqu'en septembre, c'est lui qui devait signer les contrats des artistes que Georges Hirsch désirait engager. Le premier contrat qu'il voulut, ce fut le mien, à un million (toujours ancien !) par mois.

Je retournai dans le grand bureau directorial où Lehman me tendit le contrat sans un mot. L'ayant signé, je lui souris :

— Monsieur Lehman, il faut que je vous dise merci de m'avoir mise à la porte. Sans cela, je n'aurais jamais chanté tous les rôles que j'ai faits en province et ne serais jamais revenue ici par la grande porte.

Il me regarda d'un air dubitatif.

— Bon ! je sais que j'ai fait une bêtise avec vous. Mais quand même, ne vous foutez pas de ma gueule ! Puis-je vous embrasser ?

Oui, je permettais et il me souhaita bonne chance !

Je fis ma « rentrée » en grande pompe dans *Otello* avec le ténor José Luccioni et André Cluytens au pupitre. Le public parisien me fit fête. De 1955 à 1958, je fus pensionnaire à l'année et chantai beaucoup de mon répertoire. Mes plus grands succès furent *Otello*, le *Bal masqué* de Verdi et surtout la Maréchale du *Chevalier à la Rose*, très souvent avec Suzanne Sarrocca, un très beau chevalier et une chouette copine, ainsi que Janine Micheau, une des plus fines chanteuses françaises, une Sophie admirable.

Bien sûr, ces quelques années passées à l'Opéra qui, il faut le dire, entrait dans une période de vaches maigres en ce temps-là, me donnèrent l'occasion de travailler dans le calme, avec une troupe stable, de bons chefs, de routine peut-être, mais qui étaient là tout le temps et m'aidaient de leurs conseils.

Beaucoup ont dit que l'Opéra aurait dû être ma maison mère et que j'aurais dû y rester longtemps. Oui, si j'avais été allemande ou italienne, cela se serait passé ainsi. Mais je ne suis pas sûre que j'aurais été alors pleinement satisfaite de cette solution.

La chance, c'est parfois une certaine malchance au départ. Eh bien ! la mienne fut d'être obligée en quelque sorte d'aller d'abord « sur le tas » en province, d'y préparer un certain nombre de mes rôles comme la Maréchale pour la première fois à Marseille, *Tosca* à Nancy, *Les Troyens* à Lyon, *Otello* à Bordeaux, Sieglinde à Nice, *Ariane* à Aix-en-Provence et même chanter Donna Anna où je ne fus pas bonne (...mon droit à l'erreur). Et aussi créer deux opéras : *Sampierro Corso* de Tomasi et *Geneviève de Paris* de Marcel Mirouze ! La chance, c'était également de deviner que ceux qui vont loin savent aussi qu'ils seront lents et secrets. Moi, pour ces deux choses, j'étais servie !

Tout cela aurait pu paraître des excès, mais je crois qu'inconsciemment ils étaient calculés. Je sais bien que le chant passionné est toujours un peu suicidaire, mais cette vraie école « sur le tas » m'arma beaucoup mieux que si j'avais commencé, comme tant d'autres, par de petits rôles. Après tout, un artiste n'a rien de mieux à vaincre que soi-même.

Évidemment que cette « traversée du désert » m'a

donné soif ! Soif de travail, d'équipes, de professeurs, de metteurs en scène. Mais quoi, le travail je l'ai appris presque seule, j'ai compris petit à petit qu'en scène, quelquefois, une force obscure qu'on cherche à domestiquer et une sorte de décharge impossible à décrire s'échappent de vous-même, et vous propulsent irrésistiblement en avant. Les équipes, j'en ai trouvé si souvent à New York, à Buenos Aires, à Glyndebourne où je chantai ma première Maréchale en allemand et vingt-six fois en deux étés, ainsi que des professeurs comme Zinka Milanov ou Rudolf Bantz. J'ai aussi compris que notre art se nourrit de la gratitude, de l'amour des autres et j'ai su très vite que le public, il fallait le respecter et l'honorer. La plupart du temps, il vous le rend bien. J'étais modeste de nature, et tout cela m'a appris à le devenir encore plus vis-à-vis de mon travail.

J'ai compris que je ne pouvais pas, comme certains, donner vie avec bonheur à un personnage que je n'aimais pas vraiment, que j'avais besoin d'être sincère, sans jouer « à côté » ni prendre de trop grandes distances. C'est peut-être un plaisir subtil et égoïste mais il ne me satisfaisait pas. Moi, il fallait que je laisse galoper mon subconscient et que je fasse mes comptes après. La notion d'étonnement n'est-elle pas le principe même du spectacle ? On apprend toujours, même ce qu'il ne faut pas faire, car les erreurs sont souvent fécondes, enrichissantes de toute manière. La technique, oui, mais ce n'est pas l'essentiel, dans mon cas propre. Et il faut parfois savoir prendre des risques raisonnés, savoir jusqu'où on peut aller trop loin. Tout comme « un peu de regret ne messied pas dans une offrande au Seigneur », il n'y a pas de talent sans un peu de folie. J'espère bien que j'en ai un petit grain ! Mais si le cœur n'est pas la solution à tout, il a été ma vraie solution à moi, par cooptation non délibérée.

Litote explicative après coup ? Pourquoi pas ? On ne parle bien que de ce qu'on connaît bien. Et je commence !

Je crois que ce qui m'a vraiment manqué, ce sont de grands metteurs en scène comme Visconti, Strehler, Zeffirelli (lui, je l'ai « raté » à New York pour une reprise de *Cavalleria* où il n'est pas venu mais où le gentil Fabrizio Melano m'a bien aidée). Patrice Chéreau, cet autre grand, je ne l'ai rencontré que lorsque j'étais au plus bas de ma « méforme » et dans un rôle mineur, la Giuletta des *Contes d'Hoffmann*, cet opéra porte-malheur pour moi (la première fois, c'était à la mort de mon père et la dernière, on le verra, lors du « chahut » à Paris).

Tiens, parlons-en un peu de mes metteurs en scène. Les premiers étaient de sérieux artisans comme Pierre Deloger à Mulhouse ou Vichy, et Roger Lallande à Bordeaux. Ceux-là m'ont vraiment appris les bases, les lois des gestes, des entrées, des « mises en condition » par la musique et la voix, ces deux corsets de fer des chanteurs, qu'il faut arriver à oublier et faire oublier. J'ai eu aussi la chance de beaucoup travailler à Lyon avec Louis Erlo, débutant comme moi. Nous avons ensemble cherché, erré, trouvé parfois, comme dans cette superbe *Iphigénie* de Gluck que nous avons portée jusqu'à San Francisco, Buenos Aires et enfin Paris, ou cette *Vestale* de Spontini à Fourvières.

J'ai « essuyé les plâtres » pour quelques-uns venus du

théâtre ou du cinéma, comme Luigi Squarzina pour la *Fedra* à Milan, Mauro Bolognini pour *Tosca* à Rome, André Barsac à Paris pour une reprise de *Tosca*, Maurice Jacquemont pour la création des *Dialogues des Carmélites* à Paris également.

Le premier, très intelligent, trop peut-être, s'est perdu corps et biens dans sa première tentative et m'a abandonnée à mon sort ! Le second, de qui j'attendais beaucoup, se contentait de s'extasier à chaque phrase, à chaque geste en s'écriant à tout instant : « Che artista ! che bella ! » Et « bella » je ne l'étais pas dans les horribles costumes dont il m'avait amoureusement affublée ! Le troisième, me laissant un souvenir bien fugace de deux après-midi de répétitions, est parti tout content, en décrétant qu'une artiste telle que moi n'avait pas besoin de lui. Voire ! Et le quatrième, charmant et doux, m'a « laissé faire » !

Jean-Laurent Cochet, à Aix, pour *Ariane à Naxos*, avec tout son talent, fut un peu « intimidé ». Avec Raymond Rouleau — reprise ratée de *Dialogues des Carmélites* à Paris — on marchait au sifflet dont il tirait des sons stridents pour arrêter ce tintamarre, disait-il ! Lui, je le regrette, car s'il était dur, exigeant, d'une terrible lucidité, sans humour, il avait un énorme talent.

Le seul comédien avec qui j'ai bien travaillé, au Met, c'est le sensible Paul-Émile Deiber pour *Werther*. Et pourtant, il avait été tellement marqué par celle qui m'avait précédée dans le rôle, Christa Ludwig, qu'il l'a épousée !

Dios mio ! J'allais oublier Cocteau pour *Antigone* de Honegger, à Paris en 1952. Mais j'étais bien jeunette et le rôle d'Ismène bien pâlot. J'ai pourtant le souvenir d'une sorte de magicien qui rendait merveilleux tout ce qu'il effleurait d'une nonchalante main élégante.

Le travail le plus surprenant et le plus court fut avec Jean Le Poulain à Paris pour *Tannhaüser* (que diable allait-il faire dans cette galère ?). J'arrivai au début des trois semaines de répétitions et, le premier jour, il me demanda de lui montrer ce que je faisais d'habitude au deuxième acte où Elisabeth apparaît. Je lui jouai tout, et voici la conversation qui suivit :

— Bon ! C'est parfait. Et après, vous avez fini ?

— Non, j'ai encore une prière au troisième acte.

— Ah ! C'est long ?

— Cinq ou six minutes, plus la sortie qui est très importante, lente, belle.

— Bon ! Qu'est-ce qu'on fait pour la prière ? A genoux ?

— Si vous voulez.

— Et pour la sortie ?

— Je peux remonter la grande pente peut-être.

— Non, on vous emportera sur une civière, c'est plus spectaculaire.

— D'accord.

— Eh bien ! tout est réglé ?

— Très bien, rendez-vous à la générale ?

— Oui, dans dix-huit jours. Reposez-vous bien.

Ainsi soit-il.

Je pense — j'espère — que ce grand artiste me pardonnera d'avoir raconté « notre » mise en scène commune, même s'il fait mine de ne jamais me reconnaître, tant je dois lui rappeler des souvenirs pénibles. Heureusement qu'il y avait les décors et le superbe costume de Leonor Fini !

Avec Margherita Wallman, la première femme avec qui j'ai travaillé (la seconde étant Sarah Caldwell, chef d'orchestre avertie mais « metteur en scène » de génie, pour les *Troyens* à Boston), j'ai eu des « bonheurs divers ». Quand je la rencontrai à Milan pour cette *Danäe* de Strauss que je ne chantai jamais, elle faisait sa première mise en scène — encore des plâtres ! Elle m'avait un peu vexée lorsqu'elle avait dit au ténor qui se précipitait pour me saluer :

— Non, non, c'est la doublure !

Aussi quelques années plus tard, je n'étais pas mécontente de la retrouver à Paris pour le *Bal masqué*, en « vedette » ! Mais cette charmante jolie femme s'occupait surtout des masses chorales plutôt que des chanteurs, en général rétifs à toute nouveauté. Elle en avait fait son deuil, je crois ! Bienheureusement, j'avais de somptueux costumes et une voix en bel état.

Les costumes des *Troyens*, eux, étaient vraiment horribles mais la reine Didon était — scusa per la modestia — superbement à ma mesure. Dommage qu'elle ne m'ait pas gommé quelques gestes stéréotypés, quelques attitudes trop « grand opéra », car je n'étais pas indocile et ne demandais qu'à être étonnée et à bien faire. Mais que c'est dur d'être son propre metteur en scène, même si on est un peu doué, qu'il est ingrat ce travail où chacun tire à hue et à dia, où c'est chacun pour soi et Dieu pour tous, où l'on pourrait être tenté de simplement dépasser les collègues alors qu'il faut avant tout se dépasser soi-même.

En définitive, après Wieland Wagner, les deux « grands » furent Carl Ebert et John Dexter. A Glyndebourne où j'allais chanter la Maréchale en allemand pour la première fois, j'eus six semaines de répétitions, le luxe, et Carl Ebert, grand vieil homme distingué aux cheveux de neige. Lui savait se servir de la personnalité d'un artiste sans l'étouffer, le laissant agir pour son propre compte dans le cadre de l'univers scénique qu'il avait conçu. Il voulut bien oublier avec moi ses « habitudes », car son souci était d'abord Strauss et mon épanouissement. Et puis là, c'était une vraie équipe, avec la préparation de ce génial répétiteur qu'était Jani Strasser — comme il vivait dans une roulotte, on l'avait baptisé Jani von Karavan !

Quels merveilleux souvenirs je garde de cette période, de ce minuscule théâtre dans une vieille demeure, au milieu des prés et des vaches, de son seigneur et créateur, John Christie à l'humour dévastateur :

— Vous ne pouvez pas jouer la Maréchale !

— Pourquoi donc ?

— Parce que vous n'avez pas de fossettes !

Et moi, éclatant de rire :

— Mais si, j'en ai quand je ris.

— Alors, c'est parfait !

C'est avec lui que je découvris un soir les « Pimm's number one » avec lesquels je pris une cuite mémorable !

John Dexter, que je connus à New York pour *Dialogues des Carmélites* — ah ! la merveilleuse mise en scène qu'il fit pour la pièce : *Equus* —, est un homme fin, plein d'humour, avec lequel on travaille dans la joie et le calme. Il parle peu et bien, il vous donne une foule d'informations, ne conteste jamais ce que vous faites mais gomme de-ci de-là, comme un peintre, avec une exigence plastique de grand dépouillement et une grande liberté. J'ai eu du plaisir avec lui.

Mais celui avec lequel j'ai le plus ri tout en travaillant matin, soir et dimanche, c'est Robert Dhéry pour l'opérette *La Grande-Duchesse de Gerolstein* à Toulouse. Sous ses airs de petit jeune homme bien élevé, quel génie du rire suggéré, de la farce de classe, du détail perçu (ou non) ! Quelle bonne équipe nous formions avec son fidèle assistant Maurice Ducasse, Michel Trempont, Remy Corraza, Charles Burles, Michel Roux (le chanteur, pas l'autre !), Michel Plasson qui n'était pas le dernier à rire et Colette Brosset toujours pleine d'anecdotes et de blagues.

Bah ! je n'ai peut-être pas eu de maison mère, il y a eu de fichus quarts d'heure dans ma longue traversée du désert, mais que de bons moments quand même !

Mes deux Met

En pays jeune, les lendemains vendent des surlendemains.

Henri Michaux

Le « Met », c'est le diminutif familier, affectueux du Metropolitan Opera de New York, l'un des plus fameux théâtres du monde. Tout grand chanteur rêve, se doit d'y chanter. Pour ma part, j'y fus invitée régulièrement pendant vingt ans et c'est l'endroit où j'ai probablement chanté le plus souvent. Je n'ai jamais, comme beaucoup de mes camarades, tenu une liste exacte du nombre de mes représentations et je le regrette bien à présent.

En fait, il y eut deux « Met ». L'ancien, situé à Broadway, un vieux bâtiment, assez incommode du côté coulisses, car trop petit. On pouvait voir souvent les décors d'un prochain spectacle attendre sagement dehors et, en cas de pluie, les malheureux machinistes courir pour les mettre à l'abri ! La scène était grande, mais les dégagements et les loges bien pauvres. Bien sûr, il y avait cette fameuse loge numéro dix, celle des Prima Donna (Prime Donne, devrais-je dire) que toutes les grandes chanteuses, soprano et mezzo, se disputaient constamment, au grand dam du directeur. Quand on a démoli le vieux Met, on a tout vendu aux enchères : des morceaux du grand rideau rouge, les décors, les miroirs, les chaises, etc.

Et moi, je voulais acheter la lunette des cabinets de cette fameuse loge, en souvenir de toutes les fesses, petites ou grandes, mais néanmoins célèbres, qui s'y étaient posées. Hélas ! J'étais la sixième sur la liste et je n'obtins pas ce fameux « bout de bois » que j'aurais fleuri pour la mémoire des Rosa Ponselle, Kirsten Flagstad, Lotte Lehmann et autres de mes illustres devancières.

La salle était immense, chaude, arrondie à l'italienne et, tout autour des fauteuils d'orchestre, il y avait six gros cordons de velours rouge qui délimitaient les endroits où pouvaient se tenir les « standies ». C'est ainsi qu'on appelle ceux qui se tiennent debout pendant le spectacle. Et croyez-moi, ce sont eux qui « chauffent » un spectacle, qui font un succès ou non. Tous les chanteurs les adorent, ces fameux « standies », car s'ils n'ont pas beaucoup d'argent, ils ont le véritable amour des voix et de l'opéra et ne craignent ni le froid ni les longues attentes pour entrer ou pour attendre la sortie des artistes après le spectacle, et leur faire une ovation sur le trottoir jusqu'à leur limousine.

Le nouveau Met est situé dans le complexe du Lincoln Center qui groupe plusieurs théâtres et il a la place d'honneur. C'est un immense bâtiment moderne, labyrinthe où le Minotaure se serait lui-même perdu ! Il faut des années pour en venir à bout ! Mais il faut reconnaître qu'il est extrêmement fonctionnel. La scène est gigantesque, les coulisses sont très spacieuses, les loges, absolument identiques pour éviter toute friction, sont extrêmement confortables avec leur douche, leur divan. De chaque côté du plateau, derrière et en dessous, il y a un espace aussi grand que la scène elle-même, on y peut aménager les décors des actes suivants et les « plateaux » peuvent se glisser à la place du plateau central qui peut lui-même se déplacer vers les côtés, l'arrière ou le bas. Le « jeu d'orgues » est un des plus modernes.

La salle, de près de quatre mille places, a l'air d'un cinéma de grand luxe plutôt que d'une salle d'opéra à l'ancienne, avec ses immenses lustres qui remontent vers le plafond quand les lumières s'éteignent pour faire place au spectacle. Très décriée au début par les habitués du vieux Met, elle a été vite adoptée et j'avoue que je l'aime beaucoup. Bien sûr, les « standies » ayant été placés sur les hauteurs ou tout au fond, il y a un peu moins de chaleur peut-être, mais tout de même, ils savent bien se faire entendre !

Je fis donc mes « débuts » au vieux Met, en novembre 1962, dans *Le Chevalier à la Rose* de Strauss, dirigé par Lorin Maazel. Ce rôle de la Maréchale fut vraiment un rôle fétiche, un vrai porte-bonheur. Le hasard fit que c'est celui que je chantai dans tous les grands théâtres où je me présentai pour la première fois : Glyndebourne, le Covent-Garden de Londres, le Colón de Buenos Aires, l'Opéra de Berlin, l'Opéra de San Francisco, ou celui de Vienne, la ville même de la Maréchale.

En réalité, cela faisait deux ou trois ans que je flirtais avec le directeur du Met, le fameux sir Rudolf Bing, qui m'avait offert plusieurs choses. J'avais refusé *Faust,* parce que je ne voulais plus le chanter à cette époque, *Les Noces de Figaro,* parce que ce n'était pas mon vrai répertoire. En fait, même si toutes ces explications étaient valables, la vraie raison était que je crevais de peur de prendre l'avion aussi longtemps !

Je dois dire que ma première expérience dans les airs, de Nancy à Tunis, avait été plutôt cauchemardesque : un terrible orage, la foudre tombant sur un moteur, privant toute la cabine de lumière, le mal de l'air, une femme fraîchement opérée hurlant à l'arrière, mon voisin se signant toutes les cinq minutes et moi, au milieu de tout cela, transpirant à grosses gouttes dans le premier manteau de fourrure que je venais tout juste de m'acheter et que je ne voulais pas perdre, si on tombait ! Bref, pendant un certain temps, la seule vue d'un avion au cinéma me donnait mal au cœur !

Pourtant, quand le téatro Colón de Buenos Aires m'invita en 1961 pour dix représentations de *Parsifal* et du *Chevalier à la Rose*, avec, au passage, trois *Chevalier* à Mexico, je ne pus décemment refuser mais je souffris mille morts pendant le mois qui précéda mon départ, d'autant plus effrayée que Lou ne pouvait me rejoindre que plus tard à Buenos Aires. Finalement, j'emmenai à Mexico la fidèle secrétaire de Michel Glotz, Thérèse, qui m'aida beaucoup de sa présence et de son amitié. Mais je fis tout le voyage sans manger ni boire, raide comme un balai. Ne parlons pas de celui que je fis, seule, de Mexico à Buenos Aires dans un avion à hélices, avec tous les arrêts et les secousses. Si je ne suis pas morte de peur cette fois-là, c'est que je me raccrochais à l'idée que si je tombais, j'irais rejoindre Mannolini aussitôt !

Enfin, forte de l'expérience de mes voyages sud-américains, j'acceptai avec encore un peu de peur mais beaucoup de joie l'invitation de Rudolf Bing pour une longue série de *Chevalier à la Rose,* enthousiasmée aussi parce que Lotte Lehmann, qui fut une des grandes « Maréchale » de ce siècle, devait faire la mise en scène et l'idée de la connaître, de travailler avec elle me passionnait.

Lou avait pu se rendre libre pour ces trois mois et nous partîmes la main dans la main, ou plutôt ma main cramponnée à la sienne !

Pourtant je dus faire des débuts non officiels aux États-Unis juste avant New York. En effet, Renata Tebaldi étant malade, on me demanda de la remplacer à l'Opéra de Chicago pour *Tosca,* avec la permission extraordinaire de M. Bing. Effrayée par cette énorme ville et cet immense théâtre, je me réfugiai tout le jour dans mon hôtel, mon pauvre anglais scolaire ne me permettant guère de grandes conversations ! Heureusement, tout le monde parlait italien et ce fut la première fois, mais non la dernière, que je chantai avec le grand baryton italien Tito Gobbi, un des meilleurs Scarpia avec notre Gabriel Bacquier. Je me souviens qu'un soir à l'hôtel, je réclamais à cor et à cri de la glace :

— Glace ! Glace ! Beaucoup, s'il vous plaît ! » au lieu de dire « ice cubes ». Et verre se disant : « glass », le brave garçon m'apporta vingt-quatre verres d'eau !

La directrice du théâtre, Carol Fox, fut très gentille et me ré-invita maintes fois, pour *Tannhaüser, Fidelio, Ariane à Naxos* et encore *Tosca.* Les critiques furent très élogieuses et me rassurèrent pour mes débuts au Met.

La fameuse Claudia Cassidy — Santa Claudia, comme

disait Carol Fox —, redoutée pour sa plume agressive, me compara même à Sarah Bernhardt, Mamma mia ! et me donna le surnom de « French 75 » qui était à la fois le nom d'un fameux canon de la guerre 1914 et celui d'un cocktail explosif !

Je partis donc à New York où m'accueillirent John Coveney, alors public-relation de la firme de disque E.M.I. pour laquelle je venais de graver deux disques, et Herbert Breslin, qui s'occupait de ma publicité et qui est devenu depuis dix ans mon imprésario.

Herbert parlait français couramment et je fus pendue à ses basques pendant tout mon séjour ! Il décida de ne faire aucune publicité avant la Première car il voulait laisser les Américains me découvrir. Ce fut une riche idée car les critiques ayant été unanimement dithyrambiques, j'obtins toutes les interviews possibles. Mais n'anticipons pas. Pour le moment, je m'installai dans un minuscule appartement, dans un hôtel pas très loin du Met ; mais je me perdis très souvent, n'ayant aucun sens de l'orientation.

Le premier jour, M. Bing m'accueillit et me présenta à tout le monde très gentiment. Il y eut plus tard des orages entre nous, mais cette année-là, il était aux petits soins avec moi. Je retrouvai Anneliese Rothenberg, la Sophie avec qui j'avais chanté à Glynderbourne durant deux saisons, et Herta Töpper que j'avais connue à Berlin. En fait, nous faisions toutes les trois nos débuts au Met. Mais je tremblais de peur de rencontrer Lotte Lehmann ! Et je découvris une charmante vieille dame, aux cheveux tout blancs et aux yeux bleus, toute gentillesse et douceur. Les répétitions durèrent trois semaines assez éprouvantes, car j'allais au théâtre trois fois par jour et je devais recourir à Lou à chaque instant pour me traduire ce que voulait Lotte.

Pour l'interprétation, nous étions assez proches l'une de l'autre, sauf pour la fin du premier acte, où la Maréchale se trouve seule devant son miroir et se laisse aller à une profonde tristesse, sachant que la vieillesse est proche, pour demain, et que son amant va bientôt aller vers une femme plus jeune. Cette scène que je n'ai jamais pu jouer une seule fois sans pleurer, je la sentais jusqu'au fond de mes entrailles, je l'avais jouée déjà beaucoup et il m'était un peu difficile de changer.

Lotte Lehmann voulait que je l'interprète un peu différemment, que je ne me laisse pas aller mais au contraire me redresse de tout mon corps à la fin, pour faire comprendre au public que j'étais toujours la Maréchale, fière et hautaine. Et moi, je pensais, je sentais juste le contraire : cette femme, qui vient de se voir dans la glace et se trouve vieillie, qui vient de renvoyer tous ses gens pour rester seule, qui chante alors un monologue empreint de tristesse et de résignation sage, qui dit à son jeune amant, revenu tout frétillant, qu'il la quittera bientôt pour une plus jeune, plus belle, le tout sans grandiloquence mais calmement et fermement, cette femme qui finalement renvoie le jeune homme en lui laissant tout de même l'espoir de le revoir, plus tard, à la promenade sur le Prater, que veut-elle ? Elle veut tout simplement rester seule, se refermer sur sa tristesse, peut-être vérifier une fois encore dans son miroir... mais oui, la vieillesse est bien là qui la guette, bientôt. Oh ! bien sûr elle aura d'autres amants, ce n'est pas tout à fait la fin de sa vie, mais c'est la fin d'une aventure et cela est toujours triste. Alors pourquoi, puisqu'elle est seule enfin, ne se laisserait-elle pas aller à son désespoir du moment ? Elle sera de nouveau la grande et fière dame au troisième acte, oui, offrant sublimement son amant à la jeune Sophie, sortant dignement comme une femme de haut rang. Mais à la fin du premier acte, non !

D'ailleurs, il n'est que d'écouter la musique qui suit la dernière phrase de la Maréchale, ce sublime solo de violon, pour sentir cette immense tristesse.

Je discutai avec Lotte pied à pied ! Finalement, elle me dit très loyalement qu'elle me laisserait aller à mon goût jusqu'à la répétition générale à condition que je lui promette de changer si vraiment cela ne lui plaisait pas. Inutile de dire que cette répétition, je la chantai et la jouai de toute mon âme. Et à la fin, je vis une Lotte Lehmann ruisselante de larmes qui me serra dans ses bras en murmurant seulement : « Oui ! Oui ! Oui ! » Ce fut un moment d'intense émotion entre nous deux. Et tout le monde autour de nous pleurait de nous voir ainsi !

Et la Première arriva. Quel trac, mon Dieu, quelle peur ! Je savais que je jouais une grosse partie car New York, le Met, cela pouvait être le début d'une grande carrière aux États-Unis et ailleurs.

Dans toute la vie d'un artiste, d'un chanteur, il y a quelques soirées qui sont à marquer d'une pierre blanche, peut-être dix ou douze dans toute une carrière, où vous êtes en état de grâce, où vous faites tout ce que vous voulez avec votre voix, où vous êtes à la fois en vous et hors de vous. Ce soir de novembre fut une de mes grandes pierres blanches. Le succès fut immense pour tous, mais je dois dire que pour moi, l'inconnue, la débutante, ce fut un délire d'applaudissements. Je pleurai comme une bécasse et Lou aussi. Pourtant mon émotion fut à son comble quand Lehmann, pleurant aussi derrière le rideau et à qui M. Bing demandait de venir saluer avec nous tous, dit :

— Il y a une seule personne avec qui je veux aller saluer ce soir, c'est Crespin, car c'est la nouvelle Maréchale selon mon cœur.

Nous parûmes donc seules devant le grand rideau rouge sombre, moi dans ma grande robe à paniers et ma perruque blanche, Lotte dans sa robe du soir — je la revois comme si c'était hier — et en un instant le public fut debout, hurlant, trépignant son enthousiasme pour Lottchen, Lottie, sa Maréchale de toujours, et pour Crespin, la nouvelle venue, adoptée d'emblée. J'étais devenue une vraie fontaine et Lotte pleurait aussi pour moi, pour son public, pour notre public, pour sa Maréchale passée. Que d'émotions a-t-elle dû vivre dans ce moment-là, comme je la comprends mieux à présent où j'approche moi-même du grand tournant.

Pour l'heure, je ne pouvais que lui serrer la main en lui disant :

— Je vous aime ! Je vous aime !

Et elle me répondait en allemand !

— *Ich auch !* (Moi aussi !)

Je ne sais plus combien de fois nous retournâmes saluer toutes les deux.

M. Bing était aux anges, Michel Glotz, qui était le véritable instigateur de ces débuts au Met, venu à New York pour l'occasion avec sa mère et Thérèse, riait comme un fou, Ronald Wildford, mon imprésario d'alors, se défendait de pleurer et faisait semblant de chasser des mouches imaginaires de ses yeux ! Finalement, il pleura sans retenue aux autres représentations, mais en me reprochant de le mettre dans cet état !

Je ne sais plus bien comment se termina cette soirée. Il y eut un souper chez Ronald avec une foule de gens qui m'entouraient et me parlaient anglais à toute allure. Je ne pouvais que répondre : « Thank you ! Thank you ! »

Mais au milieu de cette marée de gens, je vis émerger une tête toute ronde, chauve, garnie du plus joli petit nez en trompette qui existe, d'une bouche en cœur, et d'une paire d'yeux pétillants, pleins de malice et de larmes pour le moment, le tout surplombant un mètre quatre-vingt-quinze de corps généreux qui se précipita à mes pieds en hurlant :

— Je le savais ! Je le savais ! Depuis que j'ai entendu votre première Maréchale en français, à l'Opéra de Paris, je savais que vous viendriez ici et que ce serait un succès !

C'était Terry Mc Ewen, qui était alors un des directeurs de la compagnie de disques Decca et qui est depuis ce jour un de mes plus chers amis. Terry ! Il faudrait te consacrer un livre pour dire ton intelligence, ton immense culture musicale et vocale, tes qualités humaines, ton esprit, tes rires, ta passion communicative de manger, de s'amuser, de danser, de faire le fou. Que de soirées mémorables nous avons passées ensemble, que de discusions, que d'enthousiasmes ! Terry, plus Prima

Donna que nous toutes, Terry et sa limousine noire avec Tony, son fidèle chauffeur, grand malabar italien au sourire troué mais irresistible, qui portait dans ses bras musclés même les plus lourdes d'entre nous, de la voiture au restaurant quand il y avait trop de neige ! Terry qui m'a ruiné tant de paires de chaussures du soir pour y boire du champagne après chacun de mes succès ! Terry, je pourrais parler de toi pendant des heures tellement je t'aime.

Je rentrai donc à l'hôtel grisée de champagne, de succès, de fatigue et naturellement je ne pus dormir. Lou et moi discutions encore à six heures du matin quand le téléphone sonna. C'était Michel :

— Tant pis si tu dors, mais écoute un peu ça !

Ils avaient tous attendu les journaux qui sortent au petit matin et étaient aussi excités qu'un boisseau de puces ! Ronald, Herbert, Michel et Terry s'arrachaient l'appareil pour nous lire les critiques, toutes meilleures les unes que les autres, et ce fut un moment de délire amical et collectif par téléphone.

Ronald hurlait :

— Combien avez-vous à votre compte en banque en France ?

— Mais je ne sais pas !

— Eh bien ! je vous garantis que d'ici deux ans, il aura quadruplé !

Herbert, pratique :

— Demain à onze heures pour deux interviews, ça va ?

— Non, non, c'est trop tôt. Après dix-huit heures par pitié !

Terry parlait business :

— J'ai une merveilleuse idée de disque pour vous : *Shéhérazade* et les *Nuits d'été.* Quand peut-on enregistrer ?

Je les suppliai de me laisser dormir un peu et finalement il me fallut bien deux jours pour me remettre de tout ce tourbillon. Mais quel beau souvenir !

Ce premier séjour à New York est un peu confus dans ma mémoire. Cette ville immense, tentaculaire, qui sait être si accueillante, où l'on peut aussi se sentir plus seul qu'un chien perdu, cette ville, que je connais mieux à présent et que j'adore, me faisait alors horriblement peur. J'étais paniquée de sortir seule, de ne pas comprendre l'anglais et je me terrai à l'hôtel la plupart du temps, apprenant peu à peu avec la télévision cette langue qui me devenait familière. Lou, qui se débrouillait mieux que moi, l'allemand l'aidant beaucoup, passait son temps dans les librairies, les musées et les charcuteries d'où il me rapportait toutes les choses qu'il trouvait savoureuses ! Aïe ! Aïe ! la ligne ! Mais j'étais heureuse dans mon coin, puisque j'avais Lou, *Le Chevalier à la Rose* et des bouquins. Aussi je fus très vite à l'étude d'un nouveau rôle et ce fut une drôle d'aventure.

Un jour, M. Bing me fit venir dans son bureau pour savoir si j'avais déjà chanté la Senta, du *Vaisseau fantôme* de Wagner. Non ! Il me fit alors une proposition : une seule représentation de cet opéra, en janvier, mais sans répétition d'orchestre ni Générale sur scène, puisque la série était déjà commencée. Bien sûr, un répétiteur était à ma disposition ainsi qu'un metteur en scène, autant que je voulais. J'avais un mois pour m'y préparer. J'étais un peu éberluée mais je demandai une semaine de réflexion et de travail avec le répétiteur, Maestro Behr en qui j'avais grande confiance. Si lui me disait que je pouvais le faire, je plongerais ! Et cinq jours après, je donnai ma réponse affirmative. Mais quel boulot ! Ce fut un vrai tour de force d'apprendre ce rôle musicalement, scéniquement, sans parler de l'allemand pour lequel Lou fit tourner la « moulinette » jour et nuit ! Mais j'y arrivai et j'obtins un très beau succès, sans critique malheureusement, car tous les journaux de New York étaient en grève pour des mois.

A propos de ce *Vaisseau fantôme*, j'ai un très émouvant souvenir. J'étais allée voir la production dans laquelle chantait Léonie Rysanek, cette belle artiste que j'admire tant. En entrant dans la salle du Met, tandis que je descendais avec Lou l'allée centrale pour rejoindre nos fauteuils, j'entendis toute la salle éclater en applaudissements et je cherchai de tous côtés quelle était la personnalité que le public saluait ainsi. Un vieux monsieur se leva et, devinant mon ignorance, me dit avec un grand sourire :

— Madame, c'est pour vous !

Rouge de confusion, très émue, les larmes venant, je dus saluer de droite et de gauche, n'ayant pas l'habitude de ce genre d'hommage en Europe — elle est vite venue ! C'est cela aussi le Met !

Je finis ma première saison et rentrai en France avec une offre nouvelle pour l'année suivante : une série de *Lohengrin* avec Première et Broadcast. Ces deux choses sont très importantes. Le fait de chanter la Première vous assure de faire toutes les répétitions et la Générale, d'être ainsi mieux préparée. Le Broadcast, c'est la fameuse représentation du samedi en matinée qui est retransmise par radio dans tous les États-Unis, jusqu'au Canada même, et vous apporte en quelques heures une immense publicité. Tout le monde se bat pour avoir cette matinée !

Donc, cette offre paraissait séduisante. Pourtant j'hésitais, sans raison apparemment valable puisque j'avais souvent chanté ce rôle. Mais mon instinct me soufflait qu'après le succès de la Maréchale, il était difficile de faire plus avec cette Elsa, intéressante certes mais un peu pâlichonne, qui ne me permettrait pas d'utiliser toutes mes ressources dramatiques. Au fond j'aurais voulu chanter, à l'opposé de l'héroïne de Strauss, toute de subtilité, de raffinement vocal et scénique, celle de Puccini, cette Tosca de chair et de sang. Mais *Tosca* n'était pas au répertoire et Bing insistait, Wilford disait que je ne pouvais pas refuser, Glotz aussi, Breslin était discret et Lou ne disait rien ! Poisson influençable, je me laissai persuader... et j'eus tort. Oh ! Ce ne fut pas une catastrophe, loin de là. Mais les critiques ne furent pas unanimes et ce fut la première fois — mais non la dernière ! — que je me disputai avec Ronald, l'accusant de m'avoir donné un mauvais conseil. Pauvre Ronald ! Je lui téléphonai un soir alors qu'il était au milieu d'un grand dîner au restaurant, criant, pleurant, expliquant, hoquetant et lui, exaspéré, sachant qu'au fond j'avais raison, il ne sut que raccrocher après avoir hurlé un retentissant : merde !

Deux heures après, il était à l'hôtel pour me demander pardon, saoul comme une grive et à genoux ! Nous avons tous les trois vidé une bouteille et on s'est consolé comme on a pu !

L'année suivante, le Met m'offrit une seule série du *Chevalier à la Rose,* sans rien d'autre et encore une fois j'hésitai à accepter car j'aurais voulu un autre ouvrage, d'autant plus que *Tosca* était au répertoire cette fois. Ronald fut d'accord pour refuser cette offre, ce que je fis. Et ce fut grâce à ce refus qu'Elisabeth Schwarzkopf, cette autre grande Maréchale, put faire ses débuts tardifs au Met. M. Bing n'avait jamais voulu l'inviter pour d'obscures raisons politiques — quelle bêtise de mêler l'art et la politique — mais, machiavélique, il lui mit dans les bras pour tout le premier acte, dans le rôle travesti du jeune Quinquin (petit surnom que donne la Maréchale à son jeune amant Octavian, chanté toujours par une femme), Lisa Della Casa, quand il savait fort bien que les deux chanteuses ne s'adressaient plus la parole ! Et il dut se frotter les mains de plaisir à cette idée et à celle de m'opposer à Elisabeth, puisqu'on s'accorde à dire que nous avons été les deux plus grandes Maréchale (chacune de nous ayant gravé ce rôle, Schwarzkopf avec Karajan et moi-même avec Solti).

Je ne sais quel fut le résultat de la première partie de sa machination, mais pour la seconde ce fut un échec total, car j'ai toujours entretenu avec Madame Schwarzkopf des rapports extrêmement sympathiques. Je l'ai toujours admirée, applaudie très souvent et je pense qu'il y a entre nous un respect mutuel. Elle était d'ailleurs venue m'entendre dans cet ouvrage au Met la première année et je dois raconter à ce propos une anecdote amusante.

Avant le troisième acte, ce soir-là, Lou, tout excité, était venu dans ma loge pour me dire qu'Elisabeth était dans la salle. Cela m'avait paniquée à l'extrême et rendue nerveuse, si bien qu'au début du célèbre trio où, dans la première phrase il y a un fameux *si* bémol aigu pianissimo, redouté de toutes, je le ratai en toute beauté ! Pourtant il m'était aisé de le chanter d'habitude et Lotte Lehmann a bien voulu écrire que c'était un des plus beaux qu'elle ait jamais entendus.

Bon, il était raté et j'étais vexée comme une punaise ! Elisabeth vint très gentiment me féliciter et comme je déplorais mon « accident », elle me fit remarquer très sagement que cela pouvait arriver à tout le monde. Mais l'été suivant, je reçus un télégramme succinct mais plein d'humour de Michel Glotz depuis Salzbourg :

« Dors tranquille. Elle l'a raté aussi ! »

Je ne parus donc pas cette année-là au Met mais je fis un récital au Carnegie Hall, je chantai à San Francisco, Chicago et fis une grande tournée de récitals dans tous les États-Unis. Et M. Bing, pourtant vexé de mon refus, voulait rétablir les ponts entre nous. L'année suivante devait avoir lieu un grand événement, le retour à New York de Maria Callas dans *Tosca*. Il y avait exactement quatorze représentations et, Maria n'en devant chanter que deux, M. Bing était assailli par toutes les chanteuses pouvant chanter ce rôle et ne savait plus où donner... du chapeau melon ! (Ce Viennois, devenu plus « british » que les Anglais, était célèbre pour son chapeau melon et son parapluie noir.) Finalement il décida de couper la poire... en sept ! C'est-à-dire deux soirées à chaque chanteuse. Il y eut donc sept Tosca cette saison-là :

Maria Callas, Renata Tebaldi, Léonie Rysanek, Birgit Nilsson, Dorothy Kirsten, Léontine Price, et Crespinette ! Mais, mais... il y avait le fameux Broadcast, autre casse-tête. A qui le donner, puisque Callas chantait la Première et ne serait plus là pour cette matinée ? Pour mettre tout le monde d'accord, Bing décida de le donner à la « petite dernière », c'est-à-dire moi ! C'est ainsi que je fis mon retour au Met, dans le rôle que je désirais, que je fis mon premier Broadcast de Tosca (j'en fis deux autres plus tard au cours de saisons ultérieures). Et croyez-moi, ce fut une rude bagarre, ces Tosca, car chacune d'entre nous s'applique à chanter de son mieux, surtout après Callas la grande. Et les deux « malheureux » ténors qui se partagèrent la série, Franco Corelli et Richard Tucker, furent mis à rude épreuve parmi toutes ces Tosca bien chantantes, agitées, frémissantes, ardentes. Quant aux différents Scarpia (j'eus pour ma part Gabriel Bacquier et Cornel, MacNeil), ils moururent tous sous des couteaux déchaînés !

Lors de cette scène du deuxième acte où Tosca en arrive à poignarder Scarpia, au cours de ma seconde représentation j'eus un moment de panique lorsque je constatai que le couteau fatidique n'était pas sur la table ! Et c'est ainsi que je tuai mon copain Bacquier... d'un coup de fourchette bien assené !

Cela me rappelle une autre anecdote au sujet de cette fatale scène. C'était à l'Opéra-Comique, lors des débuts d'Albert Lance dans le rôle de Mario, pour lequel tous les critiques étaient venus. Je pris le couteau en question, le dissimulai dans mon dos pour laisser René Bianco-Scarpia s'approcher et au moment de le frapper, je ne pus dégager le couteau qui s'était glissé — le coquin — dans une couture de ma robe et refusait d'en sortir malgré mes efforts désespérés, tandis que Bianco me suppliait tout bas :

— Frappe-moi ! Vas-y ! Ça va être trop tard !

Hurlant d'un ton pressant :

— *Muoro dannato ! Muori ! Muori*[1] !

Je le foudroyai... d'un tel regard qu'il tomba à la renverse et mourut seul, comme un grand. Et un critique écrivit le lendemain :

« C'est la première fois que j'ai vu un Scarpia mourir de peur ! »

Ainsi je continuai à chanter au vieux Met et au nouveau, beaucoup de *Tosca*, de *Bal masqué*, de *Walkyrie* — le rôle de Sieglinde — sous le règne de sir Rudolf.

M. Bing, c'était un personnage, une figure : il était très grand, très mince, affable et doux, apparemment, mais il avait une volonté de fer et une mémoire d'éléphant, surtout quand on lui résistait ! Et ma foi, sous mes airs de « poisson très influençable », je me montrai plutôt têtue avec lui et repoussai maintes fois ses offres comme, *Don Carlos, la Forza del Destino* et *Macbeth,* une de ses productions préférées.

Il avait un grand sens de l'humour et me le démontra une fois. Avant de venir chanter ma série de *Lohengrin,* j'avais donné une interview à un journal français, disparu maintenant, et à la question :

1. Meurs damné ! Meurs ! Meurs !

— Que pensez-vous de Rudolf Bing ?
j'avais répondu :

— Oh ! C'est mon dictateur préféré.

Nous eûmes lui et moi une discussion au sujet du costume du premier acte. Je voulais porter le mien, qui était flambant neuf et bleu pâle. Et lui voulait que je porte celui de la production, qui était blanc et vieux. A chacune de mes argumentations il répondait d'un air narquois :

— Je ne suis pas un dictateur mais...

Finalement je compris, le soir de la Première, qu'il avait dû lire cet article car il m'envoya, avec sa permission pour le costume, deux douzaines de roses et une carte ainsi libellée :

« Avec tous les vœux (et sans rancune) de votre " dictateur préféré " ! »

De la rancune, il en fit preuve pourtant lorsqu'il écrivit son livre : *Mes cinq mille nuits à l'Opéra*, où il mentionna le nom de tous les chanteurs qui apparurent sous son directorat, jusqu'aux plus petits et quasi inconnus, sauf le mien !

Peut-être n'avait-il pas apprécié que je lui chante, lors du grand gala qui eut lieu pour son départ du nouveau Met, une valse de Strauss qui disait :

Tu es très volage
Ton cœur léger aime le partage...
Je t'aime quand même
Éprise, conquise
Je viens à toi dès que ton regard me dit : Je veux !

Bah ! Sans rancune, sir Rudolf !

Le vieux Met ferma ses portes avec une extraordinaire soirée de gala où parurent tous les grands chanteurs du passé et du présent. Ce fut un événement fabuleux et très émouvant. Pour la première partie, tous les chanteurs déjà retirés étaient assis sur scène tandis que d'autres chantaient un air à tour de rôle. La seconde partie était constituée de fameux duos — je chantai celui de la *Gioconda* ; et la troisième de trios, quatuors, quintettes et de chœurs. Je me souviens que j'étais alors dans la salle, assise dans une loge à côté d'une célèbre chanteuse que la charité m'interdira de nommer. Et pendant le superbe trio du *Chevalier à la Rose,* elle se pencha vers moi pour me demander ce que c'était. Comme je répondais d'un air assez enthousiaste, elle me dit, avec un sourire de commisération :

— Vous chantez cet ouvrage ? Oh ! Poverina...

La nouvelle salle ouvrit ses portes en 1966 avec *Anthony and Cleopatra* de Sammuel Barber et une distribution américaine. Noblesse oblige ! J'y chantai plusieurs années : une série de *Vaisseau fantôme,* cette fois-ci avec répétitions, Première et Broadcast ! Des *Werther* avec Franco Corelli et Alain Lombard au pupitre, les *Contes d'Hoffmann* (mon opéra porte-malheur !), une autre série de *Chevalier à la Rose* que Karl Böhm dirigeait, avec qui je ne m'entendis pas du tout ! Je fis cette année-là, avec cet ouvrage, mon premier « Tour ». C'est la tournée que fait le Met dans toutes les grandes villes des États-Unis avec quatre ou cinq opéras, orchestre, chœurs, chanteurs, décors, habilleurs, maquilleurs, machinistes, électriciens, répétiteurs et tous les directeurs ! C'est une véritable expédition avec deux grands Jets, télévisions, radios et une énorme publicité. Cela peut être très amusant... ou pas du tout ! Ceux qui font ce « Tour » sont ou bien les grandes vedettes ou les doublures ! On y est tous plus proches les uns des autres, plus décontractés.

Je chantai aussi Brünnhilde de La *Walkyrie* que j'avais interprétée pour la première fois l'année précédente avec Herbert von Karajan pour l'ouverture du Festival de Pâques à Salzbourg. J'en reparlerai.

Et puis... et puis arriva la grande crise de ma vie, personnelle et professionnelle. Un grand chambardement qui me tint éloignée du Met — et de beaucoup d'autres choses — durant deux ou trois ans, jusqu'à cet automne 1974 où j'y revins avec un nouveau rôle, Carmen, qui fut une autre « pierre blanche » de ma carrière.

La Crise

Il y a dans le cœur d'une femme qui commence à aimer un immense besoin de souffrir.

Charles Nodier

Je suis, sous mes dehors vifs, une « plus que lente ». Lente dans mes décisions, dans mes opinions, lente dans mon rythme profond, vital. Devant naître au début février, je ne sortis de ma cachette que le vingt-trois, ruant de tous côtés et pas contente du tout, paraît-il ! On sait que toute naissance est un traumatisme profond, une souffrance physique réelle, agressés que nous sommes par le froid, la lumière, les cris, les tapes qu'on nous donne, par cet air qui emplit d'un seul coup douloureux nos poumons et leurs alvéoles repliés. Il semble que j'emplis les miens d'un grand cri rageur qui se poursuivit sans cesser durant un jour entier. Et comme j'étais — ô ironie ! — maigre comme un coucou et longue, longue, la sage-femme dit à ma mère :

— Oh ! Ce ne sera pas un colosse ! Mais elle a de la voix !

Si cette accoucheuse-pythonisse pouvait me voir, elle constaterait que sa première prédiction était bien erronée, mais elle serait satisfaite de la seconde !

Lente, je l'ai été durant toute mon enfance, mes études. Mes parents disaient que j'avais toujours la tête dans les nuages ! Je sais à présent que j'étais « en sommeil » et que je ne me suis éveillée qu'avec le chant. Et cette lenteur qui avait l'air d'être devenue ma seconde nature, mais qui était bien la vraie, fit que je ne me rendis pas compte que la crise qui éclata en 1968 couvait depuis 1964.

Il paraît que les unions se brisent au bout de trois, sept ou onze ans. Vrai ou pas, je commençai bel et bien à me « détacher » de Lou sans trop le savoir la septième année, et véritablement la onzième. Et il m'a fallu tout ce temps pour comprendre que je n'étais plus heureuse, que je n'aimais plus. Ce fut difficile à entendre, à admettre.

Pourtant tout avait si bien commencé. Sous le signe de la couleur rouge. Rouge victoire, Rouge Amour, Rouge comme la pelisse que j'étrennai cette année-là.

Cette pelisse rouge vif, je la portais la première fois que Lou m'a sortie, pour aller voir Jean Vilar dans *Henry IV* au T.N.P. ; et, émerveillée d'avoir découvert ce théâtre, sur le chemin du retour, je tapai d'un pied enthousiaste et nerveux dans les pierres de la rue Nollet où j'habitais. Je me revois, remontant les marches du théâtre, complètement hors de moi, faisant gonfler la fameuse pelisse sur mon ventre, dire à Lou :

— Oh ! comme j'aimerais être enceinte !

Et enceinte, je l'étais déjà sans le savoir.

Cet enfant, que je décidai de refuser, alors que je le désirais tant ainsi que Lou, cet enfant « manqué » et jamais revenu fut sans doute « le ver dans le fruit », mais sûrement pas la seule raison de notre échec.

Malgré mes presque trente ans, toujours un peu « en retard », j'étais comme une jeune fille, sans grande expérience, un peu trop éprise de pureté, d'imaginaire, de rêves, d'amour éternel. Et je l'avais trouvé, je le croyais si fortement que je disais toujours :

— Si Lou me quitte, je me tuerai !

Et c'est moi qui le quittai.

Nos onze ans de vie commune pourraient se résumer par quatre mots : Amours, Tendresses, Folies, Souffrances.

Nos premières années pourtant furent un ciel bleu sans nuages ou presque. Moi, je découvrais tout, avec avidité, passion, émerveillement, avec des peurs délicieuses, des étonnements choqués parfois. Mais ce « tout » me paraissait rond comme une pomme, rouge comme une tomate et fermé comme un œuf !

Les quatre étés à Bayreuth puis les quatre suivants dans la presqu'île de Giens furent heureux et relativement tranquilles, l'imagination fertile de Lou palliant toutes ses envies, tous ses phantasmes.

Mais Lou, subtil, habillant de mots, de trop de mots, ses mystères qui me fascinaient, Lou avait vécu avant moi, beaucoup. Tout ce qu'il avait pu faire, il l'avait fait, avec son goût du « trop loin », toujours, pour voir... Et surtout, il avait subi la guerre, avait été déporté comme jeune Alsacien, obligé de porter l'uniforme allemand, avait connu, dans un camp de concentration, la faim, la soif jusqu'à boire l'eau des cabinets, avait vu la Libération, grandiose et dangereuse. Et il était ressorti de là avec des appétits féroces, dans tous les domaines, comme un animal affamé, comme un taureau maintenu à l'ombre avant la corrida qui déboule dans l'arène ruisselante de chaud soleil éblouissant.

Éblouie, moi, je l'étais par tant de vie et de vies. Innocente, mais terriblement curieuse, comme une femelle, je le faisais parler, parler de tout et de toutes, de ce qui avait été « avant moi ». Et puis j'éclatais de jalousies, de souffrances, voulant savoir au lieu « d'entendre l'impérieux instinct féminin de tout donner, d'écouter et de se taire ». Mon Dieu ! Chanter le rôle d'Elsa la curieuse pendant tant d'années ne m'avait rien appris !

Il n'y avait pas seulement le Lou tendresse, celui qui tous les matins, avant de partir à ses cours, me glissait des petits billets un peu partout — je dois en avoir des milliers — ou qui écrivait à sa lointaine Tulipette de belles lettres d'amour ou d'érotisme, le Lou calme des dimanches qui me demandait si je voulais sortir, aller au restaurant, au cinéma, au théâtre et à qui je répondais invariablement :

— Non. Viens, on parle !

Ce Lou qui racontait à l'infini à son avide Lionne, Hölderlin qu'il avait traduit, Kleist dont il finissait l'adaptation de trois pièces, qui expliquait Jérôme Bosch, Klimt ou le jazz, Count Basie, Oscar Peterson, Dizzie Gillespie, Errol Garner, Satchmo, ou encore ce Lou patient comme un Chinois qui me faisait répéter inlassablement mes textes allemands.

Il y avait aussi le Lou aux jeux cruels, aux paroles sadiques, aux offres démoniaques qui tentaient parfois ma curiosité, me torturant souvent, crucifiant mon éternel besoin de pureté et le sien ; le Lou avec son imaginaire profondément féminin tourné vers la vie qui luttait contre un imaginaire masculin de la cruauté, de la violence ; le Lou qui, comme Fellini, a une « merveilleuse » obsession des femmes et qui, comme lui, peut les rendre belles ou avilies ; le Lou qui « marche » vers la mort consciemment, avec une intelligence trop drue, trop lucide, une intelligence parfois négative, déjà suicidaire ; le Lou revenu de la guerre vivant, qui, tel Don Juan qui assassine le Commandeur, a commencé à se tuer de mille façons, et qui, dans cette chute lente, si lente — car d'une fantaisie sexuelle tyrannique, il ne peut que tomber dans l'extrémisme —, a essayé, essaie et essaiera d'entraîner la femme qui est dans sa vie.

Et puis, il y avait le Lou souffrant en silence de ses complexes. Complexe d'infériorité, de timidité, complexe du mâle dont la femme est plus connue, gagne plus d'argent, complexe de sembler être toujours « Monsieur Crespin ».

Et ce Lou, je ne sus pas bien le comprendre, l'aider, toute préoccupée de moi-même, de ma carrière, tâcheronne presque forcée à l'égoïsme. Enfermée dans ma « Tour... de chant », je ne vis rien venir, je ne prévis pas... l'inévitable.

A ce Lou, je demande pardon, du fond du cœur.

La seule chose que je commençais de sentir, c'est que je ne pouvais plus, ne voulais plus supporter cette sexualité, cet érotisme forcenés qui me torturaient au-delà de la résistance, qui me faisaient hurler grâce. Oh ! alors venait l'amour le plus doux, le plus pur qui me berçait à l'infini et me faisait pleurer de bonheur. Et je ne comprenais pas bien pourquoi il me fallait subir ce « chemin de croix » pour en arriver là.

Malraux dit :

« L'érotisme, c'est l'humiliation en soi ou chez l'autre, peut-être chez les deux. »

Et Michelet :

« Pour se soumettre, il faut être libre, pour se donner, il faut être soi. »

Et moi, je n'étais pas encore assez moi pour cela. Il m'a fallu les longues années d'analyse pour savoir ce que j'étais réellement, ce que je voulais ou pas.

Ce que je voulais vraiment, pourtant, c'était un enfant et Lou aussi. Je me souviens que je touchais le ventre de chaque femme enceinte que je rencontrais, car on disait que c'était « contagieux » !

Finalement je suis allée voir mon gynécologue, le même Pierre Devraigne, qui me fit des examens, trouva que je n'avais rien d'anormal (Lou non plus, puisqu'il avait déjà un fils) mais qui essaya de me dissuader à cause de ma carrière, de mes trente-six ans. Puis, devant ma mine déconfite :

« Bon ! Faites-moi un enfant-pipette tous les deux, si vous y tenez tant ! Mais alors, cette année ou jamais. »

Totalement décidée, folle de joie, je rentrai à la maison et exposai le problème à Lou. Mais il fallait annuler notre voyage à Buenos Aires où je devais chanter *Les Troyens* dont Lou, par une sienne fantaisie, avait voulu faire la mise en scène. Il y avait déjà « tâté » pour des pièces de théâtre qu'il avait traduites : *Wozzeck, La Petite Catherine* de Heilbronn, etc. Il était très enthousiaste pour ces *Troyens* et moi un peu réticente, sachant combien un opéra est difficile à régler et surtout n'aimant guère ce qu'on appelle en anglais « package-arrangment », c'est-à-dire une chanteuse imposant son mari ou vice versa. (Il ne réussit d'ailleurs pas mal et fut réinvité là-bas pour *Norma.*)

Mon enthousiasme tomba comme un soufflé raté devant la réaction de Lou tergiversant, ne voulant pas annuler ce voyage, disant qu'on verrait l'année prochaine, etc.

Je me revois, debout au pied du lit où il était allongé, le regardant jusqu'au fond de ses yeux bleus fuyant les miens, et je sais maintenant qu'à ce moment-là j'ai compris, inconsciemment, tout au fond de moi, que nous n'aurions jamais d'enfant, que tout allait se casser.

Nous sommes allés à Buenos Aires. Et j'ai rencontré cette année-là celui qui devait plus tard m'aider à me séparer de mon mari, Victor-José, un ami de mon copain Charlie Pemberton, mais je ne le « vis » pas cette fois, encore tout occupée de Lou.

Et la vie continua. J'étais de plus en plus prise par une carrière devenue internationale, tyrannique. Je chantais beaucoup, voyageais, apprenais des rôles, des mélodies, travaillant énormément pour répondre à toutes les offres. En 1966, j'eus l'honneur d'ouvrir le Festival de Pâques de Salzbourg sous la direction d'Herbert von Karajan avec le rôle de Brünnhilde de *La Walkyrie,* que je chantai — et enregistrai — pour la première fois.

A l'automne suivant, toute la production de Salzbourg

étant engagée au Met, j'arrivai à New York fin octobre, car je devais y chanter aussi un récital au Hunter College. Et deux jours avant, je fus invitée au Carnegie Hall pour les débuts de Héléna Suliotis dans *Norma.* La soirée fut plus que « chaude » car deux autres grandes Norma étaient là, Zinka Milanov et Maria Callas. Le public saluait d'applaudissements chaque « entrée » d'artiste dans la salle, y compris moi qui n'avais rien à faire avec *Norma* ! Et à l'entracte, au bar, je vis Victor-José avec une nouvelle barbe qui lui seyait fort bien me sauter littéralement dessus en hurlant : « RRRégine ! RRRégine ! Lou ! Comment allez-vous ? » Je me crus tout d'un coup à Buenos Aires ! Je l'invitai bien sûr à mon concert avec sa tante Magda Andrade, peintre, qui devait faire une exposition de portraits à New York. Il me prièrent tous les deux à dîner et j'acceptai pour le lendemain de mon concert, déjà apeurée de ma solitude, Lou n'ayant pu faire qu'un aller-retour et ne devant revenir qu'un mois après pour les Walkyries.

Pendant ce mois où j'allais être un peu désœuvrée — Birgit Nilsson, qui devait chanter la Première, faisait toutes les répétitions ; moi, j'avais déjà chanté l'œuvre à Salzbourg — je sortis beaucoup avec Victor-José, en copains.

C'était un homme de trente-cinq ans, grand, mince, très beau, d'une intelligence vraiment supérieure, féru d'arts, de musique, qu'il connaissait fort bien, de spectacles. Il vivait de rentes que son père lui avait laissées et sortait tous les soirs. Grâce à lui et avec son aide, car il parlait couramment l'anglais et le français en plus de l'allemand, de l'italien, et de sa langue natale, l'espagnol, j'osais enfin aller au théâtre, au concert ou voir des comédies musicales que je commençais à adorer. Nous soupions après et parlions pendant de longues heures, de tout, de l'art, de l'opéra qu'il adorait et connaissait mieux que moi, de la musique, de sa vie, de la mienne.

Je l'invitai à m'accompagner le soir de la Première de la *Walkyrie,* à cette très brillante soirée de gala pour laquelle je portais, je m'en souviens, un bel ensemble long en soie brochée blanche garni de vison. Quand il vint me chercher à l'hôtel, je vis dans ses yeux une telle admiration qui ressemblait déjà à un autre sentiment que mon cœur en fut touché. Puis, comme je souffrais un peu durant le deuxième acte de voir Nilsson à ma place sur scène (j'expliquerai cette affaire car elle fut drôle), il le sentit, prit ma main et la garda tout le reste de la soirée dans la sienne. Chez Sardi's, où il m'emmena souper après, nous ne parlâmes de rien de spécial.

Moi qui ne « voyais » même pas un autre homme que Lou, j'étais pourtant troublée, surprise de ma réaction. Je ne compris que bien plus tard qu'il représentait le prétexte rêvé. En effet, que fallait-il pour que je quitte Lou, pour que j'aie le courage de le faire ? Que je devienne amoureuse d'un autre ! Et c'est ce que je fis, c'est ce que je crus (car en fait je n'aimai vraiment Victor-José qu'un an plus tard, quand je le connus mieux encore).

Pourtant notre flirt se changea très vite en un sentiment plus profond. Victor-José m'avoua qu'il était amoureux de moi, sans trop le savoir, depuis la première fois qu'il m'avait vue à Buenos Aires. Depuis ce premier soir où j'avais dîné avec lui et Charlie et je me souvenais bien de cette soirée, de ce retour en voiture où je sentais derrière moi une présence « lourde », qui me faisait un peu peur.

Bref, les pions étaient en place sur l'échiquier, mais je ne savais pas bien comment allait se dérouler le « jeu ».

Quand il revint à New York, Lou, avec son terrible instinct, sut tout de suite. Pourtant, il ne dit rien. Nous repartîmes en France en janvier 1967 et passâmes nos vacances à Saint-Tropez dans la villa de Karajan que je louais pour la deuxième fois.

J'étais inquiète, instable, souffrant de l'absence de Victor-José, lui téléphonant à New York dès que Lou partait, sur le scooter du Maestro, faire des courses, apparemment insouciant, peut-être heureux.

J'écoutais inlassablement Ray Charles chanter :

The sun died
The sun died with my love
When you left me you,
The summer died too [1].

Ou bien, traversant pieds nus le kikouyous, ce gazon marocain dru et frais, j'allais jusqu'à la barrière blanche contempler la mer, longuement, perdue dans mes réflexions :

Tu ne l'aimes plus ? Pourquoi ?

Vas-tu le quitter ? Mais comment, comment ?

Cela me semblait insoluble et j'avais peur, superstitieusement peur.

1. Le soleil est mort avec mon amour
Quand tu m'as laissé, toi,
L'été est mort aussi.

Pourtant l'été continuait avec la chanson de Brel qui répétait :

Nous étions deux amis et Fanette l'aimait
La plage était déserte et mentait sous juillet...

« St Trop' folies ! », « St Trop' sorties », trop vite acceptées pour ne plus être seule avec Lou, pour l'étourdissement, pour l'alcool, pour les cigarettes, nouvelles pour moi, qui me rappelaient Victor-José — des Winston, longues ! — et me grisaient un peu d'une fausse impression de liberté.

Je me souviens bien d'un retour au petit matin d'une de ces « fêtes navrantes », un bal masqué chez Eddie Barclay avec Régine — l'autre, comme dit chacune de nous ! — et toute une bande ; aube pâle où le vent avait laissé la mer en repos, où l'humidité dans les palmiers et le gazon ranimait les odeurs des tomates, du basilic, du serpolet dans le petit potager. Des gens parfaitement inconnus nous attendaient déjà. Il paraît que je les avais invités !

Toute précise encore à mes narines cette odeur de café frais que Lou était en train de faire, de pain grillé adouci de beurre fondant. Là-bas, au fond du jardin, une voix aiguë protestait qu'elle n'aimait pas le café mais préférait le vin ! Les filles s'éparpillaient, telles des fleurs en papier de couleur, riaient, tombaient en se bousculant sur ce tapis-gazon qui les étonnait, les émoustillait. Les hommes commençaient à bavarder doucement, entourant de leurs mains la chaleur des tasses de café. Et Lou, heureux, excité au milieu, me faisait des clins d'œil complices, tentant d'entraîner les filles vers les chambres.

Complètement détachée de tout, je le regardais et c'était

comme si une rafale de vent brusque avait brisé entre nous le « miroir qui promet sept ans de malheur ».

Faculté subite, accrue, de sentir, de souffrir ? Intolérance plus vive ? Obéissance à un dessein, à un destin imprécis, inconnu, impérieux pourtant ?

Toujours est-il que j'allai m'enfermer à clef dans ma chambre, sans pleurs, sachant que tout était dit, fini.

Mais, lente toujours, j'attendis Mai 68 et son fracas.

Nous étions à ce moment-là à Venise où je chantais un cycle de mélodies que Marius Constant avait écrit pour moi, sur des poèmes de Lou : *Par le Feu.* Nous devions rester quelques jours après le concert pour goûter Venise. Un soir, comme nous revenions avec des amis vers l'hôtel, je vis Lou, dans une autre voiture, pousser un peu loin un flirt dont il voulait sans doute me faire « profiter » plus tard. Dans la chambre, nous eûmes une autre longue dispute et cela constitua l'épiphénomène qui me fit basculer.

Le lendemain matin j'étais terriblement calme. Lou partit seul visiter des musées et nous devions nous retrouver au Harris Bar. Fameux Harris Bar où il m'attendit des heures car j'étais partie, via Milan, pour New York. Je lui téléphonai tout de même avant de m'embarquer et lui, comprenant que cette fois c'était grave, me fit toutes les promesses, tous les serments de me laisser en paix, pour que je revienne. Mais je m'inscrivais en faux contre ces serments d'ivrogne ! Et je partis, sans lui dire où j'allais exactement.

Je retrouvai Victor-José et allai passer avec lui un week-end à Fire Island chez Terry Mc Ewen. Là, je réalisai que j'avais quitté un enfer pour tomber dans un autre, plus horrible encore.

Depuis que nous nous étions rencontrés à New York en 1966, nous dormions souvent ensemble mais sans aucune sexualité véritable et je pensais sottement que Victor-José avait des remords, des complexes vis-à-vis de Lou qui était aussi son ami. Maintenant que j'avais vraiment rompu, je ne comprenais plus pourquoi il se dérobait, pourquoi il se réfugiait tous les soirs dans une bouteille entière de whisky. Depuis que je le connaissais, je l'avais vu boire comme un trou, fumer quatre ou cinq paquets de cigarettes par jour et si j'avais été un peu plus réceptive, un peu moins égoïstement repliée sur mes propres problèmes, j'aurais pu me demander pourquoi cet homme jeune, plein de qualités humaines et intellectuelles, se « suicidait » ainsi, j'aurais pu essayer de comprendre la cause de ses deux suicides ratés, la cause de ses études de médecine abandonnées en dernière année, la cause de son analyse arrêtée. Mais la « bénévolence » ne m'était pas très coutumière alors.

Je ne comprenais pas, je ne comprenais rien, je ne « voulais » pas comprendre. Et puis, en définitive, je me « punissais » ainsi d'avoir abandonné Lou. D'une sexualité encombrante j'étais tombée dans une sexualité inexistante. Et ce fut infernal.

Je revins à Paris mais me réfugiai au passage à Londres chez mes amies Edna et Vera, deux sœurs que je connaissais depuis des années, pour me reposer un peu avant d'affronter Lou.

Je savais par ma fidèle femme de chambre de l'époque,

Catherine, qu'il était à la maison, sans se laver ni sortir, buvant du matin au soir, lui qui avait horreur de l'alcool. Je souffrais horriblement de sa douleur. Je tentai de parler avec lui, de mettre les choses à plat mais il ne répondait rien, tantôt pleurant en silence, tantôt hurlant et m'agressant.

Dans les situations les plus dramatiques, il y a toujours un épisode comique. Un jour que Lou, complètement ivre, m'avait coincée dans la salle de bains et tentait de me frapper, j'appelai Catherine en hurlant de peur. Elle accourut et tout tranquillement ouvrit le robinet d'eau froide et dirigea le jet de la douche en pleine figure de Lou. Celui-ci, un peu dégrisé, tomba à genoux en me demandant pardon et dit à Catherine : « Merci, Maman. »

C'était grotesque et pitoyable. Comme fut pitoyable ce mois de juin que nous passâmes en vaines discussions, souffrant chacun de la perte de l'autre, éternel chassé-croisé des êtres dont les routes ont bifurqué.

Finalement j'arrivai à rompre, à partir seule à Saint-Tropez où Victor-José vint me rejoindre. Nous vécûmes pratiquement ensemble pendant plus d'un an car je fus beaucoup aux U.S.A., à New York cette année-là et au printemps suivant où je fis la tournée du Met. Nous sommes revenus à Saint-Tropez l'été suivant mais l'enfer continuait. J'étais vraiment une aveugle qui ne voulait pas voir.

Inutile de dire que durant ces années je vivais d'une façon chaotique, ne travaillant plus, ne dormant pratiquement plus, chantant par force presque. Ma voix et ma solide santé commençaient à s'en ressentir sérieusement.

J'aurais eu besoin d'aide, de conseils, mais à qui confier

ce lourd secret qui n'était pas seulement le mien ? Victor-José m'avait souvent parlé d'analyse, me disant que cela me ferait du bien, m'expliquant ce que c'était. En somme, l'histoire de la paille et de la poutre...

Nous partîmes à l'automne 1969 pour San Francisco où je devais ouvrir la saison avec *Tosca*. J'y arrivai avec une très forte grippe, n'ayant pas eu le temps ni le courage de retravailler après les vacances. Mal préparée, mal soignée, et mal conseillée par un laryngologue que m'avait recommandé le directeur de l'Opéra qui ne voulait pas rater l'ouverture de saison, je chantai quand même et me fit une petite hémorragie sur une corde vocale. L'autre laryngologue que je vis le lendemain me dit qu'il ne voulait même pas connaître le nom du charlatan qui m'avait laissée chanter dans cet état et m'interdit non seulement de chanter mais de parler pendant deux semaines. J'annulai donc mes autres *Tosca*, à la grande colère de Kurt Adler, le directeur, qui ne me pardonna jamais, et retournai à New York où je devais chanter une série de *Tosca* et de *Parsifal* en décembre. Je m'enfermai dans l'appartement qu'une amie, Sheila Nadler, me voyant dans ce piteux état, m'avait gentiment prêté, dans le même immeuble que Zinka Milanov avec qui j'avais travaillé souvent et qui fut avec moi d'une gentillesse touchante. Après mes deux semaines de repos vocal, je recommençai à travailler doucement avec Zinka. Mais le « ressort » était cassé, mon corps refusait tout effort, ma voix aussi et je sortais de mes leçons avec de terribles maux de tête.

Je tournais en rond, seule dans cet appartement, Victor-José ayant décidé de rester à San Francisco pour me laisser en paix, trop intelligent et sensible pour ne pas comprendre, souffrant terriblement lui aussi de nos deux souffrances, mais fuyant toujours les explications que je recherchais, que je réclamais.

Encore aujourd'hui, je me demande comment j'ai pu supporter tout cela sans fuir. D'aucuns diront que c'était de la pure bêtise. J'étais alors vraiment amoureuse et puis j'étais inconsciemment sûre de me perdre, puisque c'est probablement ce que je recherchais à ce moment-là...

Les répétitions de *Tosca* commencèrent et j'allai cahin-caha jusqu'à la Générale que je quittai en plein milieu, sous prétexte d'une réflexion du chef d'orchestre, cet odieux Molinari-Pradelli avec qui je m'étais déjà disputée une fois, comme beaucoup de mes camarades d'ailleurs ! M. Bing vint dans ma loge et je lui dis en pleurant que je voulais annuler ces *Tosca.* Il me prit par le bras et me regardant d'un long regard amical, il me dit :

— C'est vraiment votre décision ? Bien. Mais Madame Crespin, pensez qu'avant d'être une chanteuse vous êtes un être humain. Prenez soin de vous. Et revenez pour vos *Parsifal,* dans un mois.

Je devais vraiment avoir l'air malade sans que je le sache !

Je restai cloîtrée chez moi durant des jours, me répétant que je devenais folle, que je ne pourrais plus chanter, pensant même qu'il valait mieux en finir. Oui, moi, la solide, la tellurique, la courageuse, je regardais la rue, du haut de mes quatorze étages, longuement fascinée, dangereusement attirée... et j'eus peur. Ce jour-là, je téléphonai à Milanov, pour parler. Me consolant comme elle pouvait, croyant comme tout le monde que c'était seulement ma séparation d'avec Lou qui me mettait dans cet état, elle me conseilla de téléphoner à Christa Ludwig qui était passée par de tels moments lors de sa séparation d'avec son mari, Walter Berry, et qu'un « docteur » avait aidée. J'appelai donc Christa qui confirma et me donna le numéro de téléphone du Dr Lilly Engler. Je ne sais ce que cette analyste comprit, mais trois heures après j'étais dans son cabinet. (Elle m'a dit plus tard que ma voix était tellement cahotante qu'elle annula un rendez-vous pour me recevoir.)

Et là, je parlai, enfin ! Elle me prit en urgence tous les jours, comprit le problème avant moi mais l'ignora presque, ayant un seul but immédiat : que je chante mes quatre *Parsifal*. Car elle devina que si je ne rechantais pas tout de suite, je ne rechanterais probablement jamais. Et nous y arrivâmes ! Je dis bien : nous, car elle ne me quitta pas d'une seconde, empêchant même Victor-José, revenu, de me voir aux entractes tant elle savait que j'étais fragile. Mais durant toutes ces représentations, je tremblais, transpirais, j'avais de terribles maux de tête, d'insupportables picotements dans les bras, les mains, des éblouissements subits et fulgurants.

Quelques jours après, Lilly me dit que j'étais vraiment en danger, que je devais trouver un analyste à Paris avec qui je puisse parler français et surtout parler, parler, parler.

Je revins à Paris début décembre et trouvai, par l'intermédiaire d'un ami de Lou, un psychothérapeute chez qui je commençai non pas une analyse stricte, mais une thérapie.

De son côté, Victor-José, retourné chez sa mère à Buenos Aires, avait enfin consenti, sur mes instances, à recommencer une analyse sérieusement. Et son docteur, Roblès, voulant sauver un couple dont il pressentait qu'il pourrait exister, désirait me connaître, me voir avec Victor-José.

Tentée, j'hésitais beaucoup car mon analyste de New York m'avait dit que si j'y allais ce serait un vrai suicide.

Pourtant, j'y allai et je n'en suis pas morte ! Mais quelle difficulté, après avoir commencé en anglais, de continuer en espagnol ! J'y restai un mois, ce furent les plus mauvaises fêtes de fin d'année de ma vie. Nous allions trois fois par semaine « parler » ; mais, en fait, je ne compris pas bien, je n'étais moi-même pas encore assez éclairée pour cela. Avant mon départ, le Dr Roblès me dit que je pouvais lui écrire, lui poser *toutes* les questions, qu'il me répondrait franchement.

A l'aéroport, Victor-José et moi nous nous regardâmes longuement, intensément. Puis je lui dis :

— Peut-être... ?

— Oui, peut-être.

J'allais chez Patrick, mon analyste, régulièrement, découvrant peu à peu mon vrai moi, mes complexes, mes problèmes venus de l'enfance, de ma mère, mon conflit entre Crespin et Régine. Crespin qui mangeait tout, occupait toute la place et écrasait la pauvre Régine qui voulait vivre aussi, sans remords et librement. Il m'a fallu des mois pour que l'une et l'autre puissent cohabiter harmonieusement mais, « Gott sei dank », j'y suis arrivée !

Entre-temps, aidée par Patrick et comprenant peu à peu par moi-même, j'avais écrit au Docteur Roblès trois simples questions :

Impuissance ?

Une femme déjà dans sa vie ?

Homosexualité ?

tout en penchant fortement vers la première hypothèse.

Un matin, je me préparais à prendre l'avion pour Vienne afin d'y aller finir d'enregistrer un disque pour Decca quand Patrick me téléphona qu'il avait reçu la réponse de Buenos Aires et que nous en parlerions à mon retour. Mais j'insistai tellement qu'il me lut les réponses nettes de Roblès à mes questions :

— Absolument pas.

— Jamais.

— Extrêmement, rarement et avec horreur.

Eh bien ! dis-je à Patrick d'un ton guilleret, nous sommes fixés maintenant ! Puis je partis pour l'aéroport et Vienne, apparemment sans réaction.

Oh ! Crespin, la « plus que lente » ! Ce ne fut que le lendemain que je commençai à vomir nuit et jour, à me « vider » littéralement de tous côtés de ce que je croyais avoir bien digéré. Deux jours après, laissant un vague mot pour les « Decca Boys » je dus rentrer à Paris, vraiment malade. Je ne sais comment ils firent pour mettre bout à bout cet air de *La Damnation de Faust* que je laissai en plan et qui est mauvais, cet air que je ne peux écouter sans honte et sans remords. Bravo tout de même, Christofer Raeburn, pour ce disque miracle[1] !

Je remontai doucement la pente durant cette année mais ce fut dur. Je me souviens des vacances que je passais seule pour la première fois, dans une villa louée à une amie, Michèle ; je me revois, assise sur ma terrasse et pleurant. C'est déjà dur de pleurer seule, la nuit, mais en plein soleil, c'est affreux. Michèle me consolait comme elle pouvait, avec son bel enthousiasme et son rire communicatif. Et si des « différends », bien féminins et stupides, nous ont un peu séparées, je n'oublie pourtant pas son amitié d'alors — Merci, Mimiche !

De plus en plus vaillante, je continuai mon analyse, chantai mieux et allai même faire des récitals à Buenos Aires. Mais Victor-José était à ce moment-là à Caracas, sa ville natale, et je ne le vis pas. Je lui écrivais de temps à autre « les plus belles lettres du monde », disait-il avec son admiration exagérée ; mais il n'aimait pas écrire, ou rarement. C'est curieux qu'aucun de « mes hommes » à part Lou, n'ait eu la plume facile !

Et j'arrivai à l'automne de 1972 pour faire la réouverture de l'Opéra de Paris, en travaux depuis huit mois, avec la Sieglinde de la *Walkyrie*, dans une mise en scène de Wieland Wagner. Je crois pouvoir dire que ce furent douze représentations triomphales. Enfin j'étais heureuse de chanter, heureuse de vivre de nouveau, de m'acheter de nouvelles robes,

1. Il s'agit du disque d'airs d'opéra qui fait partie de l'album « Prima Donna de Paris ».

signe féminin infaillible ! J'avais minci et je me sentais bien dans ma peau.

Au mois de juin suivant, la même série devait se répéter : je l'attendais avec une belle impatience. Et un beau jour — je devrais dire un malheureux jour — qui me téléphone ? Victor-José, venu à Paris chez sa tante. Il voulait me voir, bien sûr, mais je ne désirais pas que ce soit chez moi ou chez Magda. Alors je lui offris une rencontre en terrain neutre, à l'Opéra pour la reprise de *Turandot.*

Ah ! Cette soirée eut tant de répercussions sur l'avenir ! Je lui donnai rendez-vous au contrôle des billets mais je passai d'abord par les coulisses pour embrasser mon copain Guy Chauvet avec qui j'ai chanté tant de fois. Je descendais donc le grand escalier : Victor-José, en bas, comme mû par un ressort, se retourna, toujours aussi beau et élégant. Mon cœur battit un peu plus vite mais je continuai à descendre calmement vers lui — cette descente en préfigurait une autre, bien plus grave —, et l'embrassai amicalement sur les deux joues.

En revenant vers la salle, après le premier entracte, il m'arrêta tout d'un coup par la main et me dit :

— Crespin, tu sais que je t'aime toujours ?

— Moi aussi !, dis-je le plus simplement du monde.

Après le deuxième acte, le public, ou plutôt une portion du public, là-haut, prit à partie la chanteuse qui n'était pas Nilsson, bien sûr, mais qui avait bien chanté. Révoltée, je ne sais ce qui me prit mais ce fut plus fort que moi, je hurlai : Imbéciles ! Lâches ! — applaudie par tout le reste du public. Ce fut un beau charivari ! Victor-José essaya, en vain, de me calmer. Puis il me dit, comme poussé par un pressentiment :

— Tu as raison. Mais je crois que tu viens de signer ton arrêt de mort.

Sa prémonition était juste, hélas ! Ils m'ont attendue, ceux de là-haut, patiemment. Et ils m'ont eue.

Mais ce soir-là, j'allai souper joyeusement avec Victor-José chez Lipp et nous finîmes la soirée au King Club en bavardant comme des pies. Nous avions tant de choses à nous raconter ! Quand il me raccompagna chez moi, je m'aperçus que j'avais oublié mes clefs — bel oubli à analyser ! je le fis plus tard — Victor-José me proposa alors d'aller dormir chez lui, puisque sa tante était à la campagne.

Et ce fut notre première belle nuit d'amour. La dernière aussi. Mais je ne le savais pas. J'étais heureuse et j'avais des ailes pour chanter mes Walkyries. Oh ! « ils » essayèrent déjà de me huer mais j'étais trop triomphante, c'était impossible.

Victor-José me rejoignit en vacances et nous partîmes pour la croisière du Renaissance pendant laquelle je devais faire un récital. Et « l'enfer » habituel recommença. Plus forte cependant, je voulais parler, je voulais qu'il me parle, je voulais lui dire que je pouvais comprendre son problème, que j'étais au courant. Mais tenue par le « secret professionnel » du Docteur Roblès, je ne pouvais commencer la première. Et Victor-José, torturé, me répondait toujours :

— Je ne sais pas de quoi tu parles.

Malheureux homme qui se débattait, qui refusait de toutes ses dernières forces cette homosexualité dont il ne voulait pas, homosexualité accidentelle d'enfance augmentée par une mère trop possessive. Cas bien banal pourtant, mais dont on sait qu'il est terriblement difficile, douloureux de sortir. Et puis, mon Dieu, pourquoi ne pas essayer de l'assumer, de vivre avec et d'être heureux ? Mais il ne voulait pas. Il m'aimait et pourtant il recommençait à fuir dans l'alcool chaque soir. Quel martyre a dû être le sien, pire que le mien encore.

Je devais chanter le cycle de mélodies de Schumann : *Frauen Liebe und Leben* (La Vie et l'Amour d'une femme). Comme la traduction en français des textes n'était pas arrivée, nous entreprîmes tous les deux de la faire. Je nous revois, assis dans un coin du bar, un calme après-midi. Tandis que nous transcrivions le début de la dernière mélodie où la femme, après la mort du mari, s'écrie : « Nun hast du mir den ersten schmerz getan » (maintenant, tu m'as donné le premier chagrin de ma vie...)

Victor-José releva la tête et me dit en pleurant :

— Je ne te donnerai jamais plus de chagrin, je le sais.

Rentrés à Paris, nous eûmes un dernier « orage », le soir de mon récital à l'Opéra. La nuit même je lui écrivis une lettre de rupture définitive. Mue par un dernier réflexe de pitié, afin de le laisser finir en paix son séjour à Paris, je l'envoyai à son analyste à Buenos Aires où il devait rentrer bientôt pour terminer — ô miracle ! — sa médecine et devenir analyste, ce qu'il avait toujours voulu être.

Mais, un des premiers jours de janvier, il mourut d'une crise cardiaque. Il avait quarante-deux ans.

Quand j'accourus, bouleversée, avenue d'Iéna, il gisait

par terre, son beau visage enfin calmé. Je me rappelai alors ses paroles sur le bateau.

Oui, mon bel Amour, maintenant tu m'as donné le « dernier » chagrin de ma vie.

De ce choc, je mis très longtemps à me remettre. Je me sentais, c'est horrible à dire, soulagée, comme délivrée de cette terrible pression. Mais la tristesse était en moi, tapie au fond de mon cœur. Une seule pensée, une photo me faisaient pleurer. Et puis, j'étais lasse, infiniment. Ces années de tourments dans mon âme avaient eu sur mon corps des effets psychosomatiques, mais bien réels, hélas ! Je passai pourtant des vacances agréables au soleil, près de la mer dont j'ai besoin chaque année et rentrai à Paris où m'attendait une série de *Parsifal* à l'Opéra. Une grippe tenace m'empêcha pourtant de m'y préparer bien. Et puis mon moral fléchissait car, durant la période des répétitions, je commençai à recevoir des coups de téléphone anonymes. Une voix d'homme ou de femme me disait simplement : « On vous attend ! » Ou bien : « On vous aura ! A bientôt ! » C'était horrible.

Je ne chantai pourtant pas mal le soir de la Première, mais, au beau milieu du deuxième acte, pendant un grand silence, une voix, là-haut, se mit à huer. C'était la première fois de ma vie et je restai pétrifiée. Tout le public réagit pourtant en ma faveur et quand j'allai saluer à la fin, il eut le dessus sur les « anabaptistes », comme je les surnommai.

J'annulai la seconde, car j'étais vraiment enrouée. Mon filleul Philippe étant au théâtre pour attendre des amis que je ne pouvais prévenir entendit sur le perron de l'Opéra des jeunes gens qui se disaient :

— On n'y va pas ce soir. « Elle » ne chante pas, on ne pourra pas crier !

Et l'un d'eux ajouta en partant :

— Vous savez qui j'ai « eu » hier soir ? Fiorenza Cossoto ! Elle était vraiment crucifiée !

Assez horrible, non ?

Je continuai à recevoir des appels anonymes et des lettres. Un jour même, on me livra trois pianos que j'avais soi-disant demandés d'urgence. Et les malheureux commerçants, entendant mon nom, s'étaient empressés de me « dépanner ». Une autre fois, trois grands traiteurs parisiens m'envoyèrent à tour de rôle un dîner entier « commandé » par moi ! C'était affreux et ridicule.

Je chantai mes autres *Parsifal* sans manifestation, mais je commençai sérieusement à avoir peur. J'essayai de me faire violence, j'allai à la radio et à la télévision pour me défendre, mais quand l'angoisse vous prend, elle vous tient bien.

Quand, à l'automne suivant, je chantai les *Contes d'Hoffmann*, je n'étais plus moi-même, ma gorge était serrée, je me sentais terriblement nerveuse, mes maux de tête revenaient (ces terribles migraines, enfin disparues). J'essayai de toute ma volonté de travailler, ma voix ne voulait pas répondre, mon corps se dérobait, paralysé par cette peur sourde, constante. J'étais comme un cheval qui refuse obstinément l'obstacle. La Première ne fut vraiment pas bonne. J'aurais dû l'annuler, mais mon honnêteté profonde s'y refusait. Il me restait encore un peu de combativité et je ne comprenais pas, je ne croyais pas, comme un taureau qui se redresse toujours obstinément, courageusement, que j'allais à la mise à mort. Et je fus huée de la belle façon. Ah ! dans ces moments-là, ils sont rares, les amis ! J'en fis la triste expérience, et ceux qui me restèrent me sont toujours très chers.

Je passai une nuit blanche, à réfléchir. J'étais dans mon salon, je me regardai bien en face dans un miroir et je me dis qu'il n'y avait pas trente-six solutions : ou je m'arrêtais de chanter définitivement, ou je me reprenais en main ; et, pour cela, il fallait tout annuler pendant six mois et retravailler sérieusement. Au matin, ma décision était prise. Je téléphonai à Rolf Lieberman qui m'invita aussitôt à déjeuner chez Maxim's. Nous parlâmes longuement, je lui exposai mon désir d'annuler, de retravailler et il me libéra très loyalement, me donna même plusieurs noms de professeurs de chant en Allemagne que j'allai voir.

Je choisis Rudolf Bautz à Cologne et j'allai le voir presque chaque semaine pour trois jours. Il en eut du mal à me calmer, à me « défroisser », à me redonner confiance ! Mais j'étais décidée, j'étais redevenue une bonne élève qui partait chaque fois avec son « petit cartable » et travaillait comme un ange. Peu à peu, mon souffle s'apaisa, se rendit utile à nouveau. La contraction du côté de mon diaphragme disparut. Je vocalisai à nouveau avec des muscles plus souples, avec un larynx décontracté, plus détendu. Je travaillai des phrases, des airs. Car j'avais enfin un but précis et exaltant cette fois : *Carmen* au Met, pour la première fois de ma vie. Je savais que ce serait « l'épreuve », que si je n'y arrivais pas, je cesserais pour toujours de chanter. Et je le fis, oui je le fis !

Allez, Crespinette, te voilà repartie pour un second souffle, pour une autre carrière !

Carmen, la superbe, que j'ai bêtement refusée pendant des années ! Je croyais vraiment que ce n'était pas pour ma voix, pour mon tempérament. Mais l'obstination d'Alain Lombard, cet ami fidèle, qui voulait faire l'enregistrement de cette œuvre avec moi, eut raison de mes réticences. Il m'offrit même une sorte de galop d'essai avec deux *Carmen,* en concert, à Miami où il était à la tête de l'orchestre symphonique, me promettant que si je ne m'y sentais pas bien, il ne m'en parlerait plus. Marché conclu !

Alain le malin ! Vous dirai-je assez merci pour votre intuition, votre persévérance ?

Carmen, je le connaissais déjà par cœur presque, pour l'avoir vu et entendu tant de fois. Mais lorsque je me mis sérieusement à l'étude, à ma grande surprise, j'y entrai comme dans un bon vieux vêtement dont les emmanchures vous sont familières, confortables. Je pris un énorme et délicat plaisir à le travailler, le fignoler, à me l'approprier totalement. Et je partis à Miami impatiente, si impatiente... ! Je devais y retrouver ma très chère Andréa Guiot, une des meilleures Micaëlla que j'aie entendues (c'est elle qui a gravé ce rôle aux côtés de Callas) et Gilbert Py, qui ne put venir mais fit plus tard l'enregistrement. Et nous commençâmes les répétitions dans la joie la plus totale.

Herbert vint de New York avec une idée derrière la tête mais, discret à son habitude, il attendit le concert. Quelques « espions » du Met, bien intentionnés, se joignirent à quelques fidèles fans, à mes amies Jean et Mary et à Terry Mc Ewen, déjà tout feu tout flamme.

Olé ! Quel succès ! Alain était rayonnant, Terry but encore du champagne dans mes chaussures et Herbert, fou de joie, me dit enfin que le Met voulait m'inviter à chanter ce rôle. Alors j'acceptai définitivement l'enregistrement, que nous fîmes pour la maison Erato, à Strasbourg où Alain était directeur de l'Opéra et de l'Orchestre philharmonique.

Je ne suis pas complètement satisfaite de cette *Carmen*. Elle est un peu trop sage, réservée ; il m'a manqué l'expérience préalable, si nécessaire, de la scène. Dommage !

Par un beau jour d'octobre j'arrivai à New York pour donner naissance sur la scène à ce nouvel « enfant » que j'adorais déjà tant et... pour devenir amoureuse d'un autre homme ! Décidément, la vie avait encore du bon !

Je me lançai avec un bel enthousiasme dans les répétitions, musicales et scéniques, seule d'abord, puis avec Bodo Igesz, le metteur en scène avec qui je m'entendis parfaitement.

Un après-midi, je travaillais la danse du deuxième acte. Fichtrement difficile de dansoter, de jouer des castagnettes sur un rythme précis, en chantonnant... bien en mesure, le tout sans s'essouffler et sans oublier Don José qui vous encourage, assis à califourchon sur sa chaise, ni le chef d'orchestre qui vous surveille de très loin d'une baguette attentive.

Le chef d'orchestre... il entra en trombe, cet après-midi-là, dans la salle de répétition, me fit un signe bref de ne pas m'interrompre et me regarda faire un long moment, sans rien dire, accoudé sur le piano. Et tout d'un coup, arrêtant la répétition d'un poing vigoureux, dans le silence étonné de tous, il s'exclama :

— Je n'ai pas vu quelque chose d'aussi sexy que cette femme !

Je restai interdite, bras en l'air, rougissant, me regardant dans le grand miroir d'en face.

Bof ! moi qui ne m'aimais guère d'habitude, je ne me trouvais pas trop mal dans ce costume court et ces collants noirs qui mettaient mes jambes en valeur. « Ouais, Carmencita-Regin... cita, t'étais pas mal ! »

Du haut de son mètre quatre-vingt-douze, il me fit un sourire gêné mais éclatant et me dit de sa voix charmeuse, de basse noble :

— Hi ! Mon nom est Henry Lewis. Je suis ravi de diriger votre *Carmen.* Je vous verrai demain pour une répétition musicale.

Puis, bredouillant une vague excuse pour sa remarque, il s'en alla aussi vite qu'il était venu.

Mazette ! Il était beau, ce Maestro ! Et pour ce qui est d'être sexy, il n'avait rien à m'envier !

Mais pour l'heure, j'avais d'autres chats à fouetter ! Je repris donc mes castagnettes et ma danse, toute préoccupée de ma *Carmen.* Je répétais matin et soir, avec un moral d'acier et une volonté de fer ; et le soir je dormais du sommeil du juste, fatiguée et heureuse. Je donnai aussi beaucoup d'interviews et le *Sunday Times* me consacra une page entière où je racontai sans détours ma remise en question, mon long et patient travail de chant et d'analyse pour remonter la pente, jour après jour. Je me rappelle avoir reçu, après cet article, de nombreuses lettres d'encouragement qui m'ont tant touchée. Bref, j'en voulais vraiment !

Je dois dire qu'à cette volonté déterminée s'ajouta l'aide attentive d'Henry. C'est un chef d'orchestre extrêmement méticuleux, patient, qui aime et sait faire travailler les chanteurs. Tout au long de ces répétitions, de ces déjeuners sur le pouce à la cafétéria du Met ou de ces dîners plus détendus, je fis mieux connaissance de cet homme finement intelligent, cultivé, aimant comme moi les longs bavardages, rire aux éclats d'une blague, d'un bon mot, passionné comme moi d'analyse que nous poursuivions chacun de notre côté, ce qui nous aida tant à comprendre les problèmes de l'autre. Mes blessures se cicatrisaient lentement, mais les siennes (la séparation avec sa femme, Marilyn Horne) étaient encore à vif. Moi, j'avais Gérard, mon « croque-à-l'os » (il est chirurgien orthopédiste !). Doux et tendre « Ouapiti » qui est resté et restera toujours mon meilleur ami. Henry avait, en plus de cette union difficilement finissante, en plus de sa fille Angela, ses propres problèmes d'être, d'origines. Notre coup de foudre mutuel balaya tout cela pour un moment, ces presque deux ans où nous avons été heureux ensemble. Mais la vie, nos métiers entre Paris et New York, érodèrent nos relations qui cependant sont restées très tendres. Notre sens de l'humour a bien réagi. Henry disait :

— Bien ma veine ! Je quitte une « bloody » Prima

Donna pour tomber amoureux d'une autre Prima Donna ! Et française, en plus !

Et moi :

— Tu sais, pour poser sa tête, le soir, ce n'est pas confortable, le téléphone !

Tout de même, il m'a rendue heureuse à nouveau : « Lorsque l'esprit est plein de joie, le corps se porte mieux » (Descartes). Je me portais comme un charme. Paris semblait loin, j'étais guérie ! Ah, l'« oubliance » est douce !

Il me faut dire que Bodo Igesz m'aida beaucoup dans la recherche scénique de cette Carmen, que nous fûmes vite d'accord sur tout. Je savais que je voulais faire de cette femme autre chose qu'une fille volage, insouciante, porteuse de volants et d'anneaux dorés. Je savais aussi que mon physique « dodu » ne me permettait pas d'en faire une gitane maigre et nerveuse. Bien sûr, avec Carmen, les hanches sont de la partie, comme dit Catherine Clément. Mais pas seulement, par pitié !

Elle n'est pas volage, Carmen, elle est libre. « Née de personne, surgie de rien, Carmen reste sans précédent, elle n'est pas quittée, c'est elle qui plaque » (André Tubeuf).

Elle est libre, elle aime la vie, la danse, la manzanilla, les bonbons, les pommes, les fleurs, les hommes, le danger. Superstitieuse mais fataliste, elle est d'une profonde unité, d'une nudité « chirurgicale ».

Elle est libre, oui, elle est nature, na-tu-rel-le comme dit César (pas celui de Rosalie, plutôt celui de Pagnol).

Libre, malgré l'usine, la contrebande, elle cavale à sa guise, ne s'attarde jamais, même dans ses paroles qui échappent à l'artifice emphatiquement textuel de l'opéra. Elle est vite, vive, d'un coup d'œil ou de fleur de cassis, elle a tout exprimé.

Carmen, comme le taureau dans l'arène, n'aime pas qu'on lui plante des banderilles, ou lui impose un joug, quel qu'il soit. Au quatrième acte, impatientée, comme un taureau, « elle va et vient nerveusement en un incessant mouvement de bête agressée » (André Tubeuf), sans la volonté de mort du taureau ; mais avec le même courage obstiné, elle attendra Don José, de face... comme un taureau.

Comme je hais ces mises en scène où on la fait tenter de s'échapper, où le couteau la frappe dans le dos ! Quelle erreur ! Dans l'arène, aucun ne tourne le dos à l'autre. L'œil dans l'œil ils s'affrontent ; et l'un tuera l'autre.

D'ailleurs, si elle a jeté son dévolu sur Escamillo, le torero, ce n'est pas par goût « du social », de sa célébrité, c'est peut-être parce que, comme elle, il vit, il va face à la mort ; et que, comme elle, il peut en mourir.

Elle, en tout cas, le sait, elle l'a lu dans les cartes. Elle ne fuira pas parce que trop fière, parce que suicidaire. Voilà le mot : Carmen est une suicidaire. Suicidaire sous ses rires, ses danses, ses moqueries, ses bravades, comme tous les trop gais.

Carmen, elle est noire et blanche. Comme j'aimais ces costumes, noir et blanc au premier acte, noir à peine teinté de rouge au second, tout noir au troisième et blanc immaculé au dernier.

Comme j'aimais cette mise en scène de Bodo, son idée qu'en provoquant le poignard de Don José, elle pouvait avoir une montée de désir, cette Carmen qui pourrait être — peut-être — une réplique de Don Juan, l'éternel insatisfait. Comme j'aimais « mon » idée de ne pas crier en jetant violemment la bague, mais de la laisser tomber simplement, à bout de bras, sur un « tiens » presque murmuré, en un geste « fatal », d'un « fatum » déjà scellé.

Je fus contente que tous les critiques, quelque peu surpris, déroutés peut-être, aient pourtant adhéré d'une plume unanime et élogieuse à « ma » Carmen. Et ce soir de nouvelle « pierre blanche », je savais que mon propre « fatum » était devenu positif. Je savais que je pouvais continuer à chanter pour quelques années, et terminer décemment une carrière conduite avec dignité.

Lenox Hill Hospital

Au Jardin des Oliviers,
Le Christ n'était plus maître de rien,
Il a eu peur de la Mort.
Bernanos

C'est une des plus belles, des plus douces phrases mises en musique par Poulenc dans son opéra *Dialogues des Carmélites*, lorsque la Seconde Prieure oppose une sagesse sereine et sûre à l'exaltation dangereuse de Mère Marie.

Et c'est la première pensée que j'ai eue, un matin de mars 1978, au Lennox-Hill Hospital de New York, quand on m'a annoncé, doucement mais fermement, qu'il fallait m'opérer d'un cancer.

Cette phrase, je l'avais chantée durant des années sans autre souci que de la bien faire, aussi douce, aussi *legatissimo* que possible, en appuyant seulement sur les mots : *Peur* et *Mort*, comme le voulait l'auteur.

Jusqu'à cet hiver 1977-1978, j'avais toujours chanté le

rôle de la Seconde Prieure, dans cette pièce de Bernanos. Il l'avait même écrit en pensant à ma voix, Francis, et je l'avais créé à l'Opéra de Paris en 1958.

Francis : je l'ai connu d'une façon tellement drôle. Il demandait à cor et à cri une Française qui puisse chanter un « *la* aigu exquisement piano ». Notre ami commun Michel Glotz lui glissa à l'oreille :

— Crespin ! Crespin ! Allez donc l'entendre dans *Otello*, vous verrez !

Et le voilà un soir dans ma loge après le spectacle, tout enthousiaste, tout sourire, qui me dit :

— Mais, la Mère Lidoine, c'est vous !

J'ouvris de grands yeux, sous ma perruque blonde, plus tout à fait Desdémone, pas encore Crespin. Il enchaîna :

— Bernanos, *Dialogues des Carmélites*, vous connaissez ?

— Oh ! oui ! Je viens de voir la pièce au théâtre Hébertot. Quelle beauté !

— Eh bien, je suis en train d'en faire un opéra.

— Ah non ! Pas de musique là-dessus, c'est impossible, impossible !

J'explosai littéralement, aussi ulcérée que si l'on m'avait frictionnée avec des feuilles de renoncule scélérate ! Tout autre que lui s'en serait allé sans plus de commentaires. Il éclata d'un rire énorme et me proposa immédiatement de venir souper avec lui et ses amis. J'acceptai, toute rouge de confusion pour mon immodestie et ma mauvaise éducation. Comment avais-je osé, moi, la quasi-inconnue, traiter ainsi le grand Poulenc ?

Durant tout le repas, il entreprit de me convaincre, de me parler, de m'expliquer, tantôt sérieux, tantôt badin. Il était d'excellente humeur, puisqu'il disait avoir trouvé son « *la* aigu exquisement piano ». Avec sa verve étincelante, il alla même jusqu'à me raconter des histoires graveleuses auxquelles je répliquai de mon mieux par d'autres, tout aussi libertines, son grand rire se mêlant aux nôtres. Ah ! ces histoires qu'il adorait et qui le faisaient s'écrier, chaque fois que j'arrivais à une répétition, pour la plus grande joie de toute la troupe :

— Crespinette, vous n'en avez pas une nouvelle ? !

Pour des années, je fus sa pourvoyeuse d'histoires. Il disait que je chantais bien, mais que je racontais les blagues encore mieux !

Bref, ce soir-là, je fus sous le charme ; et le lendemain, dans son salon. Malin, il me joua tout de suite l'air de la prison et la scène finale, chantant « mes » phrases de sa voix de fausset. Ce furent mes premières larmes pour cette scène de l'échafaud mais sûrement pas les dernières, car, comme tout le public, je n'ai jamais pu résister à cette scène-là, dans les coulisses, de toute façon déjà « morte » de la mort tranquille de la Seconde Prieure ou de celle, effroyable, de la Première.

Mme de Croissy ! Première Prieure de ce couvent, à Compiègne, durant la Révolution, femme exemplaire, de haut lignage, qui est carmélite depuis trente-deux ans, Mère supérieure depuis seize et qui pourtant, à la fin de sa vie, malade et vieillie, meurt dans d'horribles peurs, allant même jusqu'à blasphémer Dieu et hurler sa révolte, sa frayeur. Quel rôle ! Quelle scène ! Pendant des années, attendant ma propre entrée en scène au deuxième acte, je l'avais regardée, fascinée, presque envieuse. Un jour j'ai dit à Francis :

— Ce rôle que vous avez écrit pour moi, il est bien chantant, oui, doux et fort, mais l'autre, quelle beauté !

Il a posé sa grande patte sur mon épaule et m'a dit :

— Vous le chanterez un jour, dans quinze ans, vous verrez, et vous y serez superbe.

Et c'est bien ce qui est arrivé. Dix-sept ans après.

Le Metropolitan de New York projetait de monter cette œuvre et voulait que j'en fasse partie. J'eus un long déjeuner chez Sardi's avec John Dexter, le grand metteur en scène, James Levine, le directeur artistique et chef d'orchestre, et Fabrizio Melano, jeune metteur en scène plein de talent et ami de longue date. Jimmy Levine pensait que je voudrais chanter mon rôle habituel et John me voyait dans celui de Mère Marie. Et je ne voulais ni de l'un ni de l'autre !

Moi qui suis encline à penser que l'âme des disparus ne peut pas s'évaporer ainsi, complètement, et que, peut-être, il lui arrive de « flotter », parfois, autour de nous, je crois bien que celle de « Poupoune » (Poulenc) se baladait du côté de New York ce jour-là ! Toujours est-il que je proposai tout de go :

— Et pourquoi pas la Première Prieure ? C'est un peu grave pour moi mais peut-être que j'y arriverai. Et puis, ce rôle !...

Levine bondit, suivi des deux autres et la conversation s'enflamma aussitôt, des idées fusant de tous les côtés. Je promis une réponse dès que j'aurais mieux regardé la partition mais au fond de moi je sentais, je savais que j'allais le faire. Et je le fis ! Ce fut un rudement beau succès, je dois le dire. Et je n'ai plus arrêté de le chanter depuis.

Ah si Poulenc avait pu être là, mon Dieu ! Michel Glotz, qui le connaissait si bien, me dit après une représentation de New York :

— Comme il serait content, Francis !

Et cela me fit le plus grand plaisir.

Dans ce rôle, donc, j'entrai de plain-pied, aussi familièrement que si je l'avais toujours chanté. Et pourtant, c'était en anglais ! Le Met en avait décidé ainsi afin que le public comprenne mieux ces *Dialogues*, et il avait eu raison. J'ajouterai, pour la petite histoire, qu'étant la seule Française de la distribution, c'est moi, d'après tous les critiques, qu'on comprenait le mieux. Je n'étais pas peu fière !

Mais ce qui me fut le plus surprenant, c'est la façon dont je subis cette horrible mort de la Prieure. John Dexter avait fait une mise en scène admirable, toute de simplicité et de lumière, et m'avait tissé un léger canevas de quelques gestes, quelques idées, me laissant, comme une actrice, développer, trouver, m'installer. D'habitude, quand je prenais un rôle, il me fallait un certain temps d'incubation, de réflexion pour le chercher scéniquement, pour le faire mien.

Oh ! des morts, j'en avais joué déjà bien d'autres, mais différentes ; des morts de désespoir, d'agression, d'amour : la Desdémone verdienne un peu mollassonne qui se laisse presque étouffer, la meurtrière Tosca se jetant dans le vide, la Didon s'immolant par le feu et la Cassandre par le fer, la

Sieglinde mourant d'enfantement et la Marguerite de folie, la Carmen se suicidant sur le couteau de José.

Presque toutes ces morts étaient violentes, agressives, agissantes. Mais cette mort de la Prieure, tout aussi intense, plus que terrible, elle n'est pas voulue, pas acceptée, mais rejetée, et avec quelle horreur, et cette longue agonie qui dure vingt-cinq minutes de paroxysme entrecoupé de douceurs ou d'abattements, cela m'apparaissait, au début des études, terriblement difficile à mener à bien. Et puis, dès les premières répétitions en scène, Dexter, les yeux plissés, me surveillant, retouchant finement de-ci, de-là, je me surpris moi-même de ce que je faisais, de ce que j'osais faire sur cette dure couche étroite de carmélite.

Et cette dernière phrase que Mme de Croissy, le visage révulsé, hurle avant de retomber morte, cette phrase : « Peur... Peur... de la Mort », j'aurais pu tout aussi bien la hurler sur ce lit d'hôpital où j'étais entrée la veille, sans appréhension spéciale, puisque mes tests annuels étaient normaux, apparemment. Seuls ces saignements persistants dictaient au chirurgien une enquête un peu plus approfondie. Mais il n'y avait rien de sérieux dans ma tête. Aussi, refusant aides et attendrissements, j'y fus d'un pas presque léger. Je m'éveillai de la courte anesthésie sans réaction douloureuse, et réclamai à tue-tête mon petit déjeuner que je dégustai avec délice ! Si j'avais su que, pendant plusieurs semaines, mon habituel solide appétit allait refuser la demi-pomme de terre bouillie, entre autres choses proposées, je l'aurais savouré encore plus !

Installée aussi confortablement que possible sur ce lit

étroit et dur qui allait devenir, durant trois longues semaines, un monde presque clos de souffrances, de cris, de demi-sommeil, demi-rêve, d'espoir, de lutte, de concentration têtue et inconsciente, d'empoignade avec mon corps, mon âme, mon cœur, ce lit qui allait devenir presque un berceau d'où renaquit une seconde (ou troisième ?) Régine, je me délectais donc de mon thé et de mes tartines, lentement, en écoutant la vie intérieure et encore inconnue de cet immense hôpital. Je regardais, vaguement béate, encore un peu somnolente, les arbres maigres de la Soixante-dix-huitième rue qu'un vent tranchant comme une lame époussetait violemment. Je regardais le printemps bien frileusement réticent et, pensant ressortir ce même jour, je regrettais mon chaud manteau de fourrure qu'on m'avait déconseillé d'emporter. Quelle bouffonnerie d'aller dans un hôpital pour Dieu sait quoi et de penser qu'on va vous voler ! Pourquoi prête-t-on toujours l'oreille à ce genre de conseil ? Mais pourquoi pas ? Après tout, la veille, sachant que j'allais être endormie, n'avais-je pas rédigé un testament ? Et avec quelle joyeuseté véritable, avec quel plaisir de distribuer amicalement de droite et de gauche les quelques possessions qui étaient miennes ! J'avoue bien volontiers que j'y passai un doux moment de délectation non morose et que je réalisai combien c'est bon de donner à ceux qu'on aime.

Bref, quand mon chirurgien entra dans la chambre, je me sentais délicieusement bien. Lui me parut las, le regard fatigué sous ses paupières un peu lourdes. Il s'assit, me considérant avec sa gentillesse habituelle et me demanda :

— Comment vous sentez-vous ?

— Mais très bien, très bien. Et vous ?

— Mmm !... Pas si bien.

Et moi, bêtement :

— Mon Dieu ! Vous êtes malade ?

— Non, pas moi, vous !

— Moi ?

Et il commença une longue, patiente exposition de son investigation matinale qui expliquait ces saignements (non, rassurez-vous, je ne dirai plus rien de ce sang, de ces saignements qui ont coûté probablement le Prix Goncourt à Marie Cardinal qui en a tant parlé dans son beau livre : *Les Mots pour le dire*, et qui a bien fait. Tant pis pour « Eux » !).

Résultat : il s'agissait probablement d'un petit, minuscule début de cancer. Mais il fallait opérer et au plus vite.

Le plafond, pourtant assez haut, de ma chambre sembla descendre brusquement et dangereusement sur ma tête. Une sorte de stupeur, de peur dut sans doute apparaître sur mon visage, car le Docteur Barber me dit :

— Votre filleul, votre imprésario et sa femme sont là. Voulez-vous les voir tout de suite ?

Bêtement, ou comme un animal qu'on a frappé par surprise et qui veut fuir, je dis :

— Non, non. Il faut que je m'habille, car je dois partir.

Et lui, doucement :

— Pour aller où ? Dans un autre hôpital ? Croyez-moi, vous serez bien soignée ici. Et puis votre chemise n'est pas assez élégante pour une Prima Donna !

Je ris de la boutade et, soudain, tout simplement je lui dis :

— Bon, j'aimerais mieux pleurer d'abord !

— Bien. Allez-y. Nous sommes derrière la porte. Appelez-nous.

Et il sortit doucement, avec encore un chaud, un bon sourire.

« La solitude, ça n'existe pas », chante Bécaud. Oui ? Non ?

Ce ne furent pas de gros sanglots spectaculaires mais des larmes lentes, régulières, calmes presque, vraies. Je me sentais comme arrêtée dans un élan, comme forcée à l'immobilité, à la réflexion. C'était presque le mitan du jour et c'était le mitan de ma vie aussi. Et ce vers de Milocz tournoyait dans ma tête :

Solitude, ma mère, redites-moi ma vie.

Je n'avais jamais été vraiment malade avant, ni opérée, et je m'étais souvent posée la question :

— Voyons, Crespinette, comment réagirais-tu devant une maladie grave, devant la douleur, le danger ?

Je ne savais vraiment pas, je n'arrivais pas à bien imaginer.

Eh bien ! voilà, j'y étais !

Crespinette, comment vas-tu réagir ?

La peur, d'abord, viscérale, animale.

Pourtant, la peur, je croyais connaître. La peur de moi, des gens, du public, de chanter, de paraître, d'être aimée — ou pas ! —, la peur de ne pas réussir, de ne pas plaire, la peur du vide, de l'avion, des bestioles, des serpents, de la souffrance physique, des séances chez le dentiste. Toutes les peurs, toutes les angoisses, oui, je croyais les connaître.

Mais là, pendant quelques minutes ou une heure, je ne sais, j'ai su ce qu'était la peur, la vraie.

La solitude, ça n'existe pas ?

Oui, Bécaud, tu as raison, ça n'existe pas. Ça n'existait plus quand Philippe, mon filleul, Herbert et sa femme sont entrés, quand mes amis Jean et Mary, après mon coup de fil, furent là, dix minutes plus tard, quand le Docteur Gould, mon laryngologue, et sa fidèle Cathy sont arrivés. Et tous les autres, de Paris, de Londres et d'ailleurs au téléphone. Lou, bouleversé, pleurant et moi le réconfortant, Gérard qui voulait venir tout de suite, mon amie Duduche — Denise Dupleix — qui était plus morte de peur que moi et son Jean-Philippe (Lafont, pour les amateurs de beau chant) qui essayait de me réconforter, Isabellita, ma presque fille, qui retrouvait son bégaiement pourtant guéri, Patrick, mon analyste, qui se voulait tout calme, ma Janette affolée, ma secrétaire d'alors, Christiane, qui depuis est sortie si bêtement de ma vie — peut-être que si elle lit ces lignes, elle me téléphonera puisqu'elle est en vie et moi aussi.

La seule ombre à cette chaîne d'amour et d'amitié qui se souda en quelques heures, ce fut l'homme qui était dans ma vie à cette époque et qui ne trouva « le temps » de venir me voir qu'à sept heures du soir. Ce fut long, depuis onze heures du matin ! Cicatrice ? Oui, certes, mais si elle est encore douloureuse parfois, elle est moins grande que celle qui me reste au ventre ! Entre autres, j'aurai appris à mettre chaque douleur à sa vraie place !

« Non, rien de rien, non je ne regrette rien. » Après Bécaud, Piaf la douloureuse, la grandie.

Ce n'est pas du mélo facile sur fond d'accordéon mais la vérité, pure et dure. Pour la première fois de ma vie, vraiment, j'étais assez fière de moi.

Fière d'avoir pleuré seule. Fière d'avoir accueilli mes amis la tête forte. Fière d'avoir demandé à dormir pendant le jour précédant l'opération, pour présenter un corps aussi reposé et fort que possible. Fière que le chirurgien m'ait dit que j'avais lutté comme un bon soldat. Fière de ne pas avoir demandé la salvatrice piqûre anti-douleur avant les quatre heures recommandées. Fière d'avoir surmonté le moment de faiblesse quand ma géante d'infirmière, le deuxième jour, m'a dit d'un ton badin :

— Reggie, on va se lever aujourd'hui !

— Oh ! Non ! Je ne peux pas !

— Yes, you can !

And I did ! Je l'ai fait !

Fière de me balader dans les couloirs de l'hôpital, le cinquième jour, la perche du goutte-à-goutte d'un côté et ma poche à sonde de l'autre (Je devais avoir grande allure !) Fière de ne pas réveiller l'infirmière de nuit. Pour me retourner dans mon « lit cage », une demi-heure la première nuit, puis vingt-cinq minutes, puis vingt, puis quinze. « Ce « lit cage » où je m'agrippais à chaque mouvement, à chaque souffrance, chaque insomnie, « lit cage » où, bétassone comme une enfant, je demandais à Henry, qui me visitait enfin chaque soir, de me raconter une histoire, ce qu'il fit, un peu timidement d'abord puis avec tendresse, tandis que, avide, je l'écoutais, les yeux fermés dans ce « bateau lit » qui me rappelait Mannolini quand je souffrais trop, et que je regardais dans la nuit mon nom sur le bracelet plastique blanc à mon poignet : Régine Crespin. Treize lettres. « C'est un porte-bonheur », m'avait dit Germaine Lubin quand je l'ai connue. « Vous avez la chance et vous porterez chance. »

Avec elle, tant de voyantes me l'ont dit. Maintenant, je le crois, je le sais. Ce bracelet de plastique, lorsque je suis rentrée chez moi, un 1er Mai, je l'ai collé à l'intérieur d'un placard de ma salle de bains. Et quand cela ne va pas, quand « je crois » que rien ne va, que je suis triste, découragée, seule, déçue, quand j'ai peur, je tire doucement sur le petit étui pour dé à coudre que m'avait crocheté Mannolini et qui pend depuis toujours au bouton de ce placard. Je regarde alors mon petit bracelet et cela me fait sourire toute seule, doucement, un peu égoïstement, car c'est une affaire entre moi et moi.

Ah ! J'avais cru en vaincre, des peurs, en gagner, des batailles. J'en avais gagné vraiment beaucoup. J'en avais perdu quelques-unes aussi. Mais celle-là me rend fière plus que toutes les autres. Car ce fut « ma » bataille, seule au-delà de l'indicible, seule avec moi-même, une bataille « pour de vrai », comme disent les gosses.

Régine Crespin, si tant d'autres t'ont félicitée au cours de ta déjà longue carrière, Crespinette, cette fois, c'est moi qui te félicite.

L'Art du Chant

Mon métier et mon art, c'est vivre.
Montaigne

Les Chanteurs ! Ces Animaux fabuleux, ces Moutons à cinq pattes, ces Grands Fauves de fière allure, Seigneurs de la profession, ces Tigres assoiffés de gloire et de notes aiguës, ces Lionnes aux cachets somptueux, ces Grands Loups Solitaires en mal d'amour, de vie familiale, ces Dompteurs dans leur cage dorée, ces Équilibristes courageux, ces grandes Bêtes flamboyantes, apeurées !

Qu'est-ce qu'un chanteur d'opéra ? Qu'est-ce que le chant ? Qu'est-ce que la « technique » ?

Questions auxquelles j'aimerais essayer de donner quelques réponses, quelques éclaircissements car, pour un néophyte, cela peut paraître compliqué, incompréhensible, inexplicable.

Eh bien, oui, c'est vrai ! C'est compliqué, difficilement explicable, pas facile à comprendre, mystérieux, sibyllin.

Je voudrais pourtant entrouvrir une petite fenêtre sur ce travail « énorme et délicat » comme le Moyen Age qu'est l'art de chanter. Oh ! oui, énorme et délicat, et si simple pourtant.

Sans vouloir écrire une nouvelle méthode de chant — il y en a tant déjà —, je vais essayer d'expliquer.

D'abord, il paraît bien évident que tout le monde peut chanter, car nous possédons tous les mêmes organes qui permettent de le faire :

1. Deux cordes vocales ;
2. un larynx, qui est l'émetteur du son ;
3. deux poumons, qui constituent la soufflerie avec, pour pédale de base, le diaphragme ;
4. enfin, les résonateurs, faisant office de pavillons d'amplification :

   a) dans la partie supérieure, des cavités dures et indéformables : le palais dur, les fosses nasales, la boîte crânienne ;

   b) dans la partie inférieure, toutes les cavités élastiques et déformables, à parois souples : le rhino-pharynx, le larynx, la langue, le voile souple du palais.

Ce mécanisme étant le même chez tous les individus, on pourrait conclure aisément par ce syllogisme trop facile :

— Tout individu possède ces organes pour chanter.

— Je suis un individu.

— Donc, je chante.

Eh là ! pas si vite ! Oui, vous pouvez chanter, dans votre salle de bains, pour vos amis, ou pour vous-même ! Alors, allez-y gaiement, défoulez-vous, faites-vous plaisir, d'accord.

Mais dès que vous voulez vous adresser à plus de..., disons, cent personnes, halte ! Il faut passer par « ma barque », comme dirait Caron. Pas pour le pire, bien sûr. Enfin, ma barque, ou celle d'un autre professeur de chant. « Point d'argent, point de suisse » (*Les Plaideurs*, Racine). Ou, en clair, pas de technique, pas de chanteur.

Au départ, pour que cet « individu » puisse devenir « un chanteur », il faut qu'il réunisse un nombre de facteurs indispensables. A savoir, dans des conditions optimales :

1. La forme, la longueur, la force des cordes vocales ;
2. l'importance des cavités pharyngées, laryngées et palatales ;
3. l'importance de la face, des résonateurs faciaux et frontaux ;
4. sans oublier une bonne paire de poumons !

Le tout réagissant en accord et en fonction de la largeur de la trachée, de la puissance des poumons, du diaphragme, ce muscle large et mince accroché aux côtes, qui sépare la poitrine de l'abdomen, et doit être la vraie pédale souple et forte du souffle.

Donc, jeune fille ou jeune homme qui possédez toutes ces données de base, vous allez voir un professeur de chant pour essayer de développer ce que Dieu... ou le hasard vous a donné.

Et là va commencer pour vous cette longue marche, cette grande errance, cette recherche infinie d'un équilibre fragile, précaire, saisi une fois et perdu cent fois, entre vous et votre voix, cette coquine, qui telle une belle se dérobe, apparaît, facile et domptée, puis disparaît pour de longs mois, simple parfois, rebelle souvent, jamais tout à fait possédée, vous faisant courir, tel l'âne après le picotin, en une course effrénée, essoufflante, agaçante, stimulante, fascinante. Course qui faisait dire à Kirsten Flagstadt, la plus grande chanteuse wagnérienne, arrivée à l'âge de cinquante-quatre ans et qui chantait Isolde depuis vingt ans :

— Ah ! Si j'avais encore quatre ou cinq ans devant moi, je crois que je saurais vraiment chanter Isolde.

Merveilleuse réflexion de cette wagnérienne qui fut la plus grande parmi les grandes de ce siècle, et pourtant pas tout à fait satisfaite. Comme j'aime cela, moi, la perfectionniste à l'excès ! Et dire que ce fut à cause d'elle que je ne chantai jamais Isolde, cette Isolde à laquelle j'étais vouée dès ma naissance dans le chant, que j'aurais dû chanter et qui me fit tellement peur, tant j'avais dans l'oreille les accents profonds, suaves et forts, de cette illustre aînée.

Revenons à la technique. Jeune homme, jeune fille, vous allez vous trouver face à un professeur de chant, vers l'âge de seize ou dix-sept ans (pas avant surtout, ce serait bien trop tôt). On va commencer à vous apprendre à respirer, puisque la respiration est la base de notre machinerie.

Auparavant, il faudra bien vous mettre dans la tête que tout ce qu'on va vous dire, vous expliquer, vous ne le verrez, vous ne le toucherez jamais, que vous travaillerez par sensations, par empirisme. A l'inverse d'un violoniste ou d'un pianiste qui voit ses doigts et ses positions, son instrument —

instrument qui sera à sa disposition, toujours de la même manière —, le vôtre sera variable, capricieux selon que vous serez en bonne ou pauvre santé, selon que vous aurez mal dormi ou mal digéré, selon que vous serez triste ou allègre. Et il faudra faire avec ! Et le dompter, vous rendre disponible à l'heure de la leçon, même si elle est tôt le matin, où le corps n'est pas tout à fait réveillé. Ah ! ces enregistrements qui commencent à neuf heures du matin quelquefois et où, pour chanter le fameux trio du *Chevalier à la Rose*, j'ai dû me lever à six et aller faire du footing afin de réveiller mes muscles et mon corps ! Misère des chanteurs qui sont rarement « du matin » ! Sauf exception, tel Dietrich Fischer-Dieskau qui, paraît-il, enregistre le matin une mélodie en posant sa cigarette sur le pupitre et la reprend dès la fin, pour aller en cabine écouter la prise ! Vérité ou légende ? Je ne sais !

Jeunes gens, il faudra encore savoir que notre instrument est tout notre corps (donc en matière vivante et non de bois ou de métal comme un piano ou une flûte avec leur mécanique sûre), qu'il est donc éminemment fragile et délicat, animé de mille réflexes parfois incontrôlables, qu'il faut le nourrir de notre sensibilité, de nos fluides physiques et psychiques, de tout notre être intime, de notre âme, sans pudeur, avec une assiduité, un courage de Titan, et une patience infinie.

Musset disait :

« C'est cette voix du cœur qui seule au cœur arrive. Ne jamais l'oublier. »

Prêts. Alors, essayons !

Tenez-vous très droit sur vos jambes, la tête bien en prolongement du cou, sans raideur, bras et mains souples. Votre premier soin va être d'apprendre à respirer. Eh oui, vous croyez savoir respirer depuis toujours, en fait vous n'utilisez, comme tout le monde, qu'une faible partie de la puissance de vos poumons et si l'on vous dit :

— Respirez à fond,

vous allez vous gonfler d'air très rapidement, trop, en remontant bien les épaules ! Alors, on va vous apprendre tout le contraire. Il va falloir inspirer très, très lentement par le nez ou la bouche de préférence, lèvres entrouvertes. Votre ventre va sortir, doucement poussé par le diaphragme, la poitrine va se pousser en avant, se soulever, vos côtes basses, de chaque côté de la taille, vont s'écarter au maximum, votre dos même va sembler se gonfler et vous devrez avoir l'impression que votre thorax, votre ventre, votre dos sont emplis d'air, tel « le M. Bibendum » de la réclame des pneus ! Mais jamais, absolument jamais, vous ne devez laisser vos épaules remonter, ce qui risquerait de bloquer votre gorge et ses piliers latéraux. Tout votre corps doit toujours rester souple, décontracté.

Alors commence la première difficulté : exhaler tout ce souffle par la bouche très peu ouverte, un peu arrondie, le plus lentement, le plus longuement possible, régulièrement, sans à-coup, afin que, lorsque vous émettrez un son un peu plus tard, ce souffle, qui va faire vibrer vos deux cordes vocales, le fasse « en douceur », sans brusquerie.

Si pour Maître Jacques, c'est : « Point d'argent, point de

suisse », pour le chanteur, c'est : « Pas de souffle bien distribué, pas de bon chant ! »

Dans la bonne vieille école, on préconisait de mettre en face de la bouche, à environ trente centimètres, une bougie allumée dont la flamme ne devait pas vaciller. Mais à l'heure du Concorde, on va plus vite, trop vite, hélas ! Pas pour cet avion qui est extraordinaire, mais pour les chanteurs. On a dit que l'ère du Jet a tué les chanteurs. Là, il y a du vrai.

Petit à petit, on vous apprendra à savoir réserver ce souffle, à le conduire, à le distribuer à votre guise en vous aidant d'abord du diaphragme, ce muscle-pédale, des muscles abdominaux qu'un chanteur utilise assez bas et en dernier ressort, des côtes basses sur les côtés de la taille, enfin du dos et des muscles fessiers. Eh oui, quand on chante on utilise tout son corps bandé, mais en souplesse.

Une fois assimilée cette technique de base du souffle (que j'ai bien simplifiée), il va falloir faire intime connaissance avec votre bouche, et votre tête.

On vous demandera tout d'abord de bâiller, et d'observer ce qui se passe alors. Vous aurez aspiré l'air assez fortement cette fois et vous pourrez sentir que votre larynx bascule en avant et en bas (ceci se constate encore mieux chez les hommes dont la pomme d'Adam est visible). Dans cette position, votre mâchoire inférieure est complètement abaissée, détendue, les muscles de la face tendus, les narines dilatées, à l'intérieur de la bouche le voile du palais est collé aux parois supérieures de la voûte, le palais souple, qui fait suite au palais dur, est soulevé, toutes les cavités pharyngées et laryngées, la trachée, les piliers sont écartés au maximum mais pas crispés, car ce bâillement naturel est une complète relaxation des muscles et de tous les organes de l'appareil vocal. Bien sûr, d'autres muscles sur le devant du corps réagissent aussi, mais cela nous entraînerait trop loin.

Ce bâillement naturel établit automatiquement la fonction idéale et le rapport entre : diaphragme — larynx — résonateurs.

Il faut toutefois ne retenir de cette sensation de bâillement naturel que la première phase, celle où l'on inspire l'air, car lorsqu'on expire, tout retombe et la position idéale pour chanter n'est plus maintenue. Or c'est cette première position qu'il faudra essayer de garder en chantant, avec, bien sûr, certaines modifications selon qu'on va émettre des sons graves, moyens ou aigus.

Maintenant, sur ce souffle que vous exhalez, on va vous apprendre à mettre des voyelles, des mots, à faire des vocalises. Nous supposerons que vous avez fait un peu de solfège, que vous connaissez vos notes, *do, ré, mi, fa, sol, la, si,* les intervalles, etc. Sinon, vous irez d'abord en classe de solfège, heureusement obligatoire dans les conservatoires.

Ah ! ces vocalises, notre prière quotidienne à tous, chaque matin que Dieu fait ! Et cela, jusqu'à votre dernier souffle... de chanteur ! Une voix, cela se « chauffe », doucement, peu à peu. On n'imagine pas un boxeur, par exemple, allant à un grand combat le soir sans avoir auparavant fait un peu de saut à la corde, de la course à pied, flirté un peu avec son punching-ball. Eh bien c'est pareil pour nous, puisque à la base, nous sommes des « physiques », des athlètes presque. Nos vocalises, c'est la « barre » des danseurs. Les danseurs font leur « barre » tous les matins. Nous, nous faisons « notre voix ».

Donc, on vous apprendra, sur des gammes courtes ou longues, sur des arpèges, des combinaisons rythmiques variées, de plus en plus difficiles, à chanter toutes les voyelles, seules ou enchâssées dans des mots (ce que personnellement je préfère). On vous dira que les *i* et les *é* sont plus hauts, plus pointus en somme, les *è*, *o*, *ou* plus ronds, plus étalés, les *a*, plus difficiles car ils doivent contenir un peu de toutes les autres voyelles pour ne pas être trop plats, trop clairs ou trop sombres.

On vous apprendra à vous servir de vos résonateurs, à chanter dans « le masque », à chanter « dans le couvercle et non dans la boîte », comme disait Félia Litvine, le couvercle étant la mâchoire supérieure, et la boîte, la mâchoire inférieure.

On vous enseignera à mettre vos sons « derrière » le nez et pas « dans » le nez, car ce nez est une impasse d'où le son ne sort plus une fois qu'il y est entré, à lever votre luette avant l'émission du son, à ouvrir vos fosses nasales, à chercher la sensation des sons dans ce triangle dont la pointe est entre vos yeux et la base de chaque côté de vos narines, descendant jusqu'aux dents, à mettre vos notes graves sur les dents supérieures sans pourtant oublier leur connection avec le sternum, à ne pas trop bâiller dans le grave et dans le médium de la voix pour laisser un ultime bâillement se faire pour les notes aiguës.

Surtout, on vous dira l'importance de la langue. Enfin, je l'espère, car moi-même j'y attache un grand prix. Pour le grave, il faut en tenir la pointe contre les dents inférieures, pour le médium la reculer un peu plus bas et à partir du haut médium mettre la pointe sur le filet, sous les dents inférieures, la langue constituant ainsi un rempart au dos un peu renflé sur lequel s'appuie le son.

Cette langue est un sujet très controversé chez les chanteurs. Certes, il y a des exceptions tel Robert Massard qui a chanté pendant trente ans, chante encore, et de quelle belle façon, avec la langue complètement retournée pointe en l'air !

Mais continuons, si vous n'êtes pas déjà découragés. Car, comme dit Ramiro dans *L'Heure espagnole*, de Ravel :

« Ceci n'est qu'un commencement, un tout petit exercice d'entraînement. »

J'ai fait souvent assister des amis à des leçons que je prenais ou donnais. Et tous sortaient de là complètement étonnés, ahuris, fascinés, fatigués de tant de difficultés, de détails, d'hermétisme.

Eh oui, allez comprendre quand un professeur vous dit :

— Non, plus haut ce son, derrière le nez, juste là où vous ronflez !

— Trop en gorge, plus de tête !

— Chantez derrière vos yeux, sur un léger sourire. Ah ! non, ne montrez pas trop vos dents !

— Votre palais souple n'est pas assez soulevé.

— C'est trop plat, trop blanc, colorez-moi tout ça un peu.

— Trop dur, plus souple, plus léger ce son, et moins de souffle, sinon il sera trop boursouflé.

— Laissez vos côtes écartées jusqu'à la fin de la phrase qui est longue, et poussez un peu la poitrine en avant pour utiliser l'extrême fin du souffle. Pensez aussi à vous aider de votre dos, de vos fesses.

— Attention ! laissez votre langue s'appuyer souplement, sinon elle se durcira et le son aussi.

— Ne bâillez pas à fond avant le suraigu, mais alors là oui, ouvrez tout, imaginez que le son va taper tout en haut du crâne, vers l'arrière, et qu'il va passer sous le crâne, derrière le front, le nez, pour ressortir par la bouche, bien sûr.

— Projetez ce son, plus loin, sur le mur d'en face !

— Pensez qu'une note aiguë procède souvent de la précédente, alors placez bien cette dernière. Si cela vous aide, pour trouver cette note aiguë qui vient mal, faites une grande révérence juste quand elle arrive, avec un grand geste arrondi des bras.

— Pour le haut, pensez bas. Pour le bas, pensez haut.

J'en passe, et des meilleures ! car tout est utile pour faire comprendre : les mots, les gestes, les mimiques, détendre l'élève trop crispé, faire rire le trop sérieux, pousser le paresseux (ils sont rares, je dois dire), calmer l'impatient, « déshabiller » la trop pudique. Nous, les professeurs, nous sommes la mère, le père, l'ami, l'accoucheur, le psychanalyste, le mage, celui qui conseille, console, qui devrait tout savoir. Et je m'étonne encore de sortir de mes cinq ou six heures de cours fatiguée, anéantie de l'extérieur et de l'intérieur ? Mais le lendemain, tel un bon petit cheval, je repars de plus belle, tant c'est fascinant de former ces jeunes, de les voir grandir, se développer, comprendre et appliquer. Un beau jour (trop rarement, hélas), vous avez, au bout de quatre ou six ans, un chanteur ou une chanteuse devant vous, prêt à voler hors du nid. J'avoue que cela m'émeut toujours aux larmes de voir un des mes « enfants » ainsi. Et je ne veux pas penser alors, comme tous les parents, aux cent autres difficultés qui l'attendent !

« Ils se dém..ront ! »

⁂

Nous en étions donc à la technique du chant et son « charabia » que je n'ai fait qu'effleurer, car il serait trop long et peut-être fastidieux pour les non-initiés d'aller plus loin.

Si l'on admet que la technique est un peu maîtrisée, ensuite il y a l'interprétation. Je parle bien de l'interprétation vocale et musicale des airs, des mélodies et non pas de la mise en scène qui se fera plus tard, et en d'autres mains.

Car lorsqu'on sait un morceau par cœur, et bien en mesure, il faut l'interpréter. Ah ! ce carcan, ce corset de fer de la barre de mesure, où l'on doit compter ses temps en silence, sans en avoir l'air, se servir de ces silences mesurés, imposés, soit pour se reposer ou reprendre du souffle, soit comme expression, soit pour préparer la phrase suivante, ces silences dont il faut faire des complices. Je dis souvent à mes élèves :

— Ne prenez jamais de respirations honteuses ! Au

contraire, servez-vous-en, préparez avec elles le spectateur qui, vous voyant respirer, va peut-être s'avancer sur le bord de son fauteuil, plus attentif, curieux de ce que vous allez dire.

Donc, disais-je, chantant un air, il faut l'interpréter, cela va de soi, semble-t-il.

Voire ! Il faut savoir qu'un seul son peut être clair ou sombre, blanc, rond, doux ou fort, fin ou gros, léger ou plus appuyé, gai, triste, plaintif, agressif, enjôleur, coléreux, sensuel, etc.

Pour ma part, il m'est arrivé de traîner dans ma tête pendant des jours et des jours un seul son que j'entendais en silence mais que je n'arrivais pas à émettre comme je le désirais, avec tout son poids exact, toute sa couleur, et de le trouver tout à coup, parfois un an plus tard !

Que de fois me suis-je relevée la nuit pour regarder une partition, comme on se penche sur un enfant qui dort. Subitement tout devenait clair, évident. D'ailleurs, aussi paradoxal que cela puisse paraître, mon meilleur travail a toujours été celui que je fais sans chanter, dans ma tête, dans mon imagination, dans mon âme, la nuit.

Bon. J'ai encore « parenthésé ». Que voulez-vous, il s'agit de passion, de cette passion du chant qui a été toute ma vie, qui l'est encore. La passion, c'est envahissant, vous savez !

Alors, jeune homme ou jeune fille, avez-vous trouvé un peu ces sons, ces couleurs que vous recherchez patiemment longuement ? Et assimilé cette technique pure qu'il va falloir « presque » oublier pour passer à l'interprétation ? J'ai envie de vous citer la jolie réponse que donna le grand ténor Tito Schippa, auquel on demandait où il appuyait sa voix :

— Sur le cœur !

Oui, il va falloir laisser parler votre cœur, votre âme, sortir vos « tripes » sans crainte et sans pudeur.

Dans le chant, au théâtre, la pudeur, cela n'existe pas !

Il va falloir faire passer dans votre voix les fureurs d'Otello, le machiavélisme de Scarpia ou de Iago, les amours de Tosca, la félinité de Dalila, la rondeur de Falstaff, la duplicité de Rosine, les plaintes d'Elvire, la douloureuse résignation de la Maréchale, la misérable grandeur de Wotan, les fraîcheurs de Pamina, la féminité tellurique de Sieglinde, le bagout de Figaro, les mille facettes de Carmen, etc. Et tout cela, avec vos deux petites cordes vocales !

Et tout le reste, naturellement.

Il va falloir aussi employer un style vocal. Je dis bien vocal et non musical, ce qui est différent, selon que vous chanterez un récitatif de Mozart, de Monteverdi, de Gluck, de Rossini, où la parole et le rythme vont primer, alors que dans l'air qui suivra ce récitatif, votre voix produisant des sons bien liés, sera plus légère, plus fine pour Mozart ou Rossini, un peu plus étalée, peut-être plus large pour Gluck, Wagner ou Verdi.

Il faudra apprendre à colorer votre voix selon ce que vous chanterez. Et polir, répéter à l'infini vos airs, vos phrases, vos rôles, sans relâche, toute votre vie car vous devrez, selon le principe cicéronien :

« Docere, delectare, movere. » (Prouver, plaire, émouvoir.)

Enfin, vous avez fait vos « débuts », vous êtes entré dans la « Carrière » où vous aînés sont toujours là ! Plus ou moins bien chantants, mais occupant toutes les places. C'est dur, quelquefois, de faire la sienne !

Avec — ou sans — une voix « extraordinaire » il va vous falloir un courage de lion, une obstination de fourmi, une organisation interne d'abeille, une abnégation de pélican, une longue haleine de chameau, une réserve de bison, un culot de caniche, une mémoire d'éléphant, une vivacité d'aigle, une souplesse de chat, une peau de rhinocéros et une sagesse de hibou !

Il vous faudra apprendre l'italien, l'allemand, l'anglais (et peut-être, qui sait, bientôt, le chinois !).

Il vous aura fallu travailler avec un professeur de mise en scène, apprendre à vous mouvoir selon que vous serez un jeune premier, un père jaloux, un mari trompé, une femme amoureuse, une jeune coquette ou une duègne rouée, apprendre à vous maquiller de différentes façons, à porter perruques et costumes d'époque ou modernes, l'éventail ou la rapière ! Pour les opéras où il y a du texte « parlé » — cela arrive —, apprendre à parler juste et fort sans pourtant fatiguer votre voix. Apprendre encore à être crédible sur scène autant que faire se peut car, à l'inverse du comédien qui n'a que les mots et leur nudité et qui peut les habiller à sa guise, pour nous autres, chanteurs, la parole ne prime pas toujours. Pour la beauté du chant, les mots, les phrases sont souvent répétés, tant et trop de fois, les silences nous sont imposés par la musique et non par notre seule inspiration. Et surmontant tous les obstacles, une fois déblayée la technique, il nous faut dominer le tout de la façon la plus naturelle du monde.

Aussi, il y a cette inadéquation entre votre voix et votre tempérament. Savez-vous bien que vous n'aurez pas forcément la voix de votre physique, de votre vœu ?

Expliquons un moment aux profanes que les voix se classent en trois catégories générales : basse, moyenne, haute.

Pour les hommes : basse, baryton, ténor. Pour les femmes : contralto, mezzo-soprano, soprano.

Mais les subdivisions sont si nombreuses !

Basse-taille, basse-noble, basse-chantante, baryton d'opéra, baryton Verdi, baryton Martin[1], fort ténor, ténor lyrique, ténor léger, soprano dramatique, Falcon[1], lyrico spinto, soprano léger, colorature[2], colorature dramatique, grand mezzo, petit mezzo, Dugazon[1], etc.

Donc vous auriez envie de Tosca la dramatique et vous devez chanter les « cocottes » ? de *Lakmé*, vous voudriez les fureurs d'Otello, il faut vous « contenter » du gracieux Almaviva, vous vous sentez le mollet nerveux de Figaro, il vous faut faire vivre ce benêt de Don Ottavio, la grande Brünnhilde vous passionnerait, c'est la douce Mimi qui vous va !

Il faudra pourtant « faire avec » mais Dame Nature arrange assez bien les choses, en général. Quelle chance j'ai eue moi-même de chanter un répertoire que j'adorais. (D'ail-

1. Nom d'un chanteur ou d'une chanteuse d'un passé.
2. Vocalises rapides, auguës, piquées.

leurs, quand je n'aimais pas, je refusais ! Bien sottement Isolde à Wieland Wagner qui insistait, *Don Carlos* à Karajan qui n'a pas aimé, *La Forza del Destino* à M. Bing le rancunier !)

Enfin, étant devenu un chanteur, il vous faudra devenir un artiste !

Eh non, ce n'est pas toujours la même chose ! Nous avons une place un peu à part dans l'art et je prétends qu'à de rares exceptions près, nous sommes les seuls à n'avoir pas de vraie vocation, à la base.

En général, un peintre, un musicien, un architecte, un chirurgien, un physicien savent assez tôt ce qu'ils veulent faire plus tard. Nous, nous devenons « artistes » parce que nous découvrons vers dix-huit, vingt ans ou plus tard même, que nos deux cordes vocales fonctionnent bien, que nous pourrions être ténor ou soprano. Et une belle voix, c'est tellement rare que nous sommes poussés vers la scène presque par force, par passion aussi bien sûr, une passion vite dévorante. Le chant, c'est comme une drogue : quand on y a goûté, on ne peut plus s'en passer. Ce qui fait tant de malheureux, d'aigris, de soi-disant pas chanceux qui se raccrochent désespérément, et veulent « monter sur scène » envers et contre tous les conseils de sagesse.

J'admire profondément ceux qui, n'ayant pas « réussi », continuent néanmoins à chanter pour leur seul plaisir et leur équilibre. Ceux-là sont des sages. (Je dis souvent que la voix, c'est 30 % ; le travail, 30 % ; la tête et le cœur, 30 % ; la chance, 10 %.)

Alors, si un jeune garçon boucher ou une vendeuse —

loin de mon idée de mépriser leur métier — se découvrent une belle voix, ils vont essayer, travailler de toute leur force, réussir souvent à devenir Scarpia ou Desdémone, mais des artistes... pas forcément. Car à vingt ans, les dés sont jetés, on a fait des études ou non, on a reçu une certaine éducation ou pas, on est intelligent ou pas.

Alors, si on a un certain instinct, un peu d'intelligence et beaucoup d'humilité, un goût sûr, si on veut vraiment s'instruire, si on est curieux de tout, de livres, de théâtre, de peinture, de musique en général et pas seulement d'opéra, si on est en « alerte » constamment, les yeux ouverts sur les autres et sur tout, alors seulement on pourra devenir un artiste, peut-être.

Il ne s'agit pas de faire la « fine gueule » pourtant ! C'est toujours beau une belle voix qui émeut, qui fait vibrer, qui donne la chair de poule !

Madame Nilsson ne se défend pas d'avoir été une paysanne et, mille dieux, quelle voix, quelle carrière !

Il n'y a pas de « honte » à avoir été Zinka Milanov, Leonard Warren, Robert Merril, Di Stefano ou Simionato !

Et tout le monde ne peut devenir Elisabeth Schwarzkopf, Hans Hotter ou Dietrich Fisher-Dieskau.

Non, non, je n'ouvrirai pas l'éternelle comparaison Callas-Tebaldi ! Je leur laisserai plutôt la parole ! Tebaldi, à la question : « Que pensez-vous de Callas ? »

— Callas ? Connais pas !

Callas, à la question : « Quelle différence entre vous deux ? »

— Quelle différence y a-t-il entre le coca-cola et le champagne ?

Méchant ? Eh ! elles ont la dent dure, parfois, ces Dames.

Telle cette réflexion que fit Milanov quand on vint annoncer que Mme X, s'étant cassé une dent en tombant du château Saint-Ange, ne viendrait pas saluer :

— J'ai toujours dit que Tosca n'était pas pour elle !

Ou celle de Nilsson, amincie, à qui on demandait quel régime elle avait suivi :

— Simple. Tous les matins, je fais en courant vingt fois le tour de Caballé !

Ah ! Ces prima donna, ces « premières dames » de l'Opéra, adorées, idolâtrées, imitées, haïes, capricantes, capricieuses, paraît-il, femmes-déesses aux pieds d'argile sur la scène mais bien plantés sur la terre quand elles discutent de leur cachet, de leur place sur l'affiche ou dans les loges !

Tiens, je vais vous les raconter, ces prima donna décriées et enviées. Cela vous donnera une idée, jeune homme, jeune fille qui voulez faire du chant, de ce qu'est vraiment la vie d'un chanteur.

LA VIE ET L'AMOUR D'UNE FEMME

Aucun chemin de fleurs ne conduit à la gloire.
La Fontaine

Une prima donna, qu'est-ce que c'est ? Traduit directement de l'italien : première dame. D'après le Petit Robert : première et principale chanteuse d'un opéra. Pour les connaisseurs, c'est l'article, le « LA », La Stupenda ! La Assoluta ! La Unica ! La Divina ! La Diva ! La Callas !

Pour beaucoup, La Diva, c'est une dame, imposante, ou non, déesse un peu lointaine à l'odeur mythique qui doit vivre dans un palais, entourée de fleurs rares, d'adorateurs qui portent son chien ou son manteau jusqu'à la longue voiture qui attend toujours à la porte, une créature capricieuse qui se réveille et s'endort avec du champagne rosé. J'exagère ? Oh ! à peine...

Peut-être au temps du franc-or, c'était tout cela, une Diva. Mais de nos jours, comme cela doit être em...nuyeux de jouer à la prima donna ! Bien sûr que nous avons souvent des airs « fendants », des manteaux de fourrure contre les rhumes, des chiens pour nous tenir compagnie dans les chambres d'hôtel, des grands chapeaux, des perlouzes et des grosses bagues. Bien sûr que j'en porte, mais parce que cela me va et non pour paraître une Diva. Sans blague, vous me voyez avec un petit bibi posé sur mon physique « important » ? Être une prima donna à la scène, si on le peut, oui, mais jouer ce rôle dans la vie, non et non ! Je me refuse à ce que « l'organe crée la fonction ». Et si on me dit que j'ai l'air d'une Diva, je ne le fais pas exprès.

Une prima donna, vous savez ce que c'est ? Travail, plus boulot, plus travail et encore boulot. Ce métier, que nous avons la chance d'aimer, il ne faut pas oublier que c'est un travail, pas un amusement. Beaucoup de gens rêvent sur nous, nous idéalisent, mais la réalité, les règles de notre art sont objectives, nous devons exploiter certaines possibilités de l'être humain mieux que d'autres, et nos perpétuelles interrogations sont comme des réponses à des questions que les autres ne se posent pas. Et nos nuits, nos jours, nos rêves même en sont remplis.

Alors, les journées d'une prima donna, c'est bien autre chose.

D'abord, il y a plusieurs genres de journées : la plus vide, la plus courte et la plus longue, c'est celle des représentations où je ne peux ni ne veux rien faire, car je ne suis disponible à rien d'autre qu'à la préoccupation, la concentration sur la soirée. Alors, après avoir tâté un peu ma voix, l'avoir mise en service, je « savate » à travers l'appartement déserté par ma secrétaire, qui s'enferme dans son bureau pour faire le barrage au téléphone, et Janette qui se déguise en ombre bienveillante mais prudente. Je ne reviens à la normale que dans ma loge où je vais deux heures avant si c'est un opéra que je chante, ou au dernier moment si c'est un concert, juste le temps de sauter dans mon « bleu de chauffe », ma robe du soir !

Bien sûr qu'après la représentation, c'est parfois la fiesta si tout a bien marché. Je ne peux absolument pas rentrer tout de suite car la décompression est dure, lente à venir et la représentation me laisse une excitation difficile à endormir.

La journée la plus angoissante, c'est la veille, où l'on est de repos en général. Je me pose toujours mille questions, j'ai des doutes, des regrets, des envies de fuite. C'est déjà de la folie d'exister, mais de chanter !... Finalement je vais me coucher tôt avec un bon somnifère puisque, selon le dicton : à corps reposé, voix dorée !

Plus exaltantes sont celles du début des répétitions. Contrairement aux comédiens qui répètent souvent avec leur texte en main, nous, les chanteurs, on sait déjà notre rôle par cœur, on l'a travaillé pendant de longs jours avec un répétiteur, « mis en voix », selon notre jargon de cuisine. (Ces journées-là, en tête à tête avec le pianiste et soi-même, sont les plus égoïstes parce que solitaires, sans public et elles nous donnent un plaisir secret de recherches pour marier des mots précis à l'ineffable alchimie de la musique. Quels bonheurs nous avons là parfois !) Donc on entre « en répétition », on devient un peu insulaire, tout le reste est secondaire, même le courrier vous intéresse moins, on est replié sur son rôle comme sur un trésor pour en extraire le maximum, avec sa voix, son cœur, sa tête et... les autres. Les partenaires qui participent ou non, le metteur en scène qui peut vous apporter beaucoup ou rien, le chef d'orchestre qui peut vous aider... ou vous tuer ! Sans parler des journées « babéliennes » quand arrivent les cent dix musiciens, les quatre-vingts choristes, les figurants et qu'on piétine, chante, discute, se dispute parfois ou rigole de nervosité, de fatigues accumulées, d'insomnies pleines de questions, de révisions. De toutes ces journées, longues de dix heures à minuit, sort parfois une mayonnaise bien montée ou un soufflé raté. Mais un opéra, qui contient toutes les disciplines de musique, chant, danse, gestique, quand c'est réussi, c'est un spectacle complet contre lequel aucun autre ne peut lutter.

Les journées les plus fatigantes sont les essayages de costumes, de perruques, de chaussures où il faut parfois se bagarrer avec le décorateur, le convaincre de changer une coupe, un détail, ce rose cuisse-de-nymphe-émue (moi, ce n'est pas le vert que je déteste, c'est le bleu pâle !). Que de stations debout à ajouter aux autres !

Les plus folles ? Celles des pré-Générales et des Générales où la nervosité, l'ultime agitation, les changements de dernière heure mettent tout le monde sur le flanc ! Et, le soir de la Première, metteur en scène et décorateurs s'assoient dans la salle, presque tranquilles ; mais pour nous, tout commence alors... !

Il y a quand même les journées-détente chez le coiffeur, ou les plaisantes chez le couturier pour choisir mes robes du soir. En dehors du plaisir, j'y attache une grande importance car avant de nous écouter, on nous regarde entrer et c'est rassurant de se sentir, sinon élégante, du moins à l'aise, dans une couleur qui vous mette en valeur. Ah ! ces robes du soir qui s'entassent dans mes armoires ! Car si je chante à Paris un concert en février et un récital en juin, impossible de porter la même robe. Et surtout pas l'année suivante ! Prima donna oblige !

Il y a encore les journées-secrétaire, entièrement consacrées au téléphone, aux lettres — paperasserie qui nous submerge —, aux photos dédicacées, aux invitations — pas là, pas le temps, pas libre —, aux dates à accepter ou non, aux avions, aux hôtels, à la préparation des feuilles d'impôts — qui s'y retrouverait sans mon aide dans mon fouillis de papiers, factures, feuilles de paye ? —, aux rendez-vous, aux interviews à planifier, au tourneur de page à réclamer pour le récital, demain. A six heures, je déclare forfait et me mets en grève !

Il y a encore les journées-préparation-de-récital (concert de mélodies avec piano), cet art de l'infinitésimal où les emphases doivent rester légères, où il faut, avec soi-même et la complicité de son pianiste, faire naître ce monde où l'on doit être son maître d'œuvre, son propre metteur en scène, sans bouger, « nue » dans le creux du piano, où le commentaire psychanalytique, s'il n'est pas exprimé, doit avoir été digéré, où il ne faut pas donner raison à soi-même mais à l'auteur, cet univers où l'on n'explose pas comme à l'opéra mais où l'on implose. Travail énorme et délicat pour lequel je dis merci à mes complices habituels John Wustman l'Américain, Christian Ivaldi le Français, Geoffrey Parsons l'Anglais.

Il y a quand même les journées-luxe, de sorties,

de théâtre, de cinéma — je peux volontiers voir trois films d'affilée tellement j'en suis privée —, de dîners tranquilles avec des amis. Celles-là sont mes vraies récompenses.

Ah ! prima donna, ma sœur de luxes et de misères, ma surhumaine humaine, à toi, comme aux riches, on prête beaucoup, mais tout cet amour, ces gerbes qu'on t'offre sur scène te tiennent-ils chaud dans ton lit solitaire ? Ton succès, est-ce un mari, un ami, un enfant qui pleure ?

Qui sait la lassitude de ton dos, tes nerfs, tes mains, ta peau grise et défaite quand tu rentres, à New York ou Milan, sans même l'envie de regarder tes pensées dans la glace ou le livre ouvert qui bâille à ton chevet, ni le courage de mettre tes belles fleurs dans les vases — tu les laisses dans la baignoire avec un peu d'eau pourtant ? Qui devine que tu dors mal, et peu, après, car ton rôle t'a tellement investie que ta vraie vie est longue à revenir ?

Tu es capricieuse, dit-on. Mais si le partenaire n'est pas coopérant ou absent aux répétitions, si le journaliste pose la énième idiote question, si le photographe te prend sous ton plus mauvais angle, mais si tes admirateurs veulent forcer ta porte à l'entracte pour te voler ces quinze minutes de repos ou de changement de costumes, ceux-là même qui t'en veulent si tu refuses ou te conspuent si tu es enrhumée, en « méforme » ou triste, tu as bien quelque excuse, non ?

Tu gagnes de l'argent, ma sœur, mais n'en aie pas honte, tu ne l'as pas volé ! Tu es devenue un peu égoïste, tu ne doutes pas qu'il y a toujours pour toi des remises gracieuses, un petit régime de faveur, tu vas jusqu'à te servir, pour servir, de tous tes déchirements, toutes tes douleurs, mais comment autrement ?

Te souviens-tu de notre « grande » sœur Callas qui, pendant une soirée de Tebaldi, était allée changer de robe à l'entracte ? Que de ragots ! Mais sa fermeture-éclair avait craqué, qu'aurais-tu fait à sa place ? La même chose !

Te rappelles-tu cet enfant à qui ses parents « artistes » rapportaient de leurs longs voyages tant de jouets et qui posait toujours la même question angoissée : Quand repartez-vous ?

Oui, ma sœur, tu es courageuse et tu repars toujours parce que tu aimes ce métier-drogue qui te mange, et va te manquer un jour. Oh ! tu t'y prépares un peu, mais ce sera dur, tu sais, car toi qui as presque toujours joué les reines, les princesses, les êtres mythiques, tu n'as pas souvent, comme les acteurs, la possibilité de changer de répertoire en vieillissant, de jouer les moins jeunes ou les laides, les rigolotes qu'on te reproche même, car le public veut toujours te voir dans ces rôles qui ont fait ta gloire, ne veut pas te voir vieillir pour garder ta « jeunesse » et la sienne intactes.

As-tu seulement droit, ma sœur, après trente ans de bons et loyaux services à la musique, à une retraite sans mépris ? Bardot a pu s'arrêter de tourner sans que personne y trouve à redire. Mais de toi, dès que tu montres quelque signe de fatigue, de lassitude, on s'empresse de dire très vite, trop vite, « elle » est finie ! Cela te fait mal, n'est-ce pas, comme m'a fait mal la remarque de cette « amie » en mal de peinture, probablement malheureuse :

— Il vaut mieux commencer une carrière à cinquante ans plutôt que d'être finie à cet âge.

Ce jour-là, pour te venger, ma sœur, je n'ai pas eu mon habituel esprit d'escalier et je lui ai répondu du tac au tac :

— Je te souhaite de commencer ta carrière avec le panache qui finit la mienne.

Ah ! des amis, tu en as, ma sœur, quand tu es grande, flamboyante, quand ta vie s'étale dans les revues luxueuses ou les torchons. Et ce doit être vrai, puisque c'est « marqué » dans le journal ! Et quand tu es morte, plus seule qu'un chien, n'est-ce pas, Maria —, on commet beaucoup de livres en ton nom.

Que j'ai de tendresse, d'admiration, de compassion pour toi, ma sœur, qu'ils ne savent pas, ne veulent pas savoir n'être qu'une femme.

Buenos Aires, mis Amores !

J'ai des souvenirs de villes comme
on a des souvenirs d'amour.

Valéry Larbaud

Quand on prononce le nom du Téatro Colón, il n'est, je crois, pas un chanteur qui n'arbore un sourire d'enthousiasme. En tout cas, c'est ma réaction. J'adore ce grand théâtre de plus de quatre mille places, à l'acoustique superbe, copie de l'Opéra de Paris.

Pendant les nombreuses années où j'y suis allée, on y faisait un travail remarquable, durant trois ou quatre semaines de répétitions, avec les metteurs en scène, les chefs d'orchestre et les chanteurs les plus connus. Quant au public, c'est un des plus connaisseurs, des plus enthousiastes, des plus fidèles du monde entier. J'en connais beaucoup, des publics, mais celui-là a pris mon cœur pour toujours, et il le sait bien ! C'est une longue histoire d'amour entre nous qui commença en 1961. J'y fus invitée pour chanter cinq représentations de *Parsifal* et du *Chevalier à la Rose,* et ce premier séjour pourtant fut difficile, douloureux presque. J'y étais seule, je ne parlais pas encore l'espagnol ; à cette époque j'étais extrêmement sauvage, timide et renfermée. Je logeais dans un hôtel bien tristounet — ce n'était pas encore le fameux Edificio Charcas et ses appartements où tous les chanteurs descendent. En dehors des répétitions je ne voyais personne, souffrais du mal du pays et de l'absence de Lou qui devait me rejoindre un mois plus tard seulement. Le temps me paraissait long. Je me souviens d'une histoire cocasse qui m'arriva un dimanche après-midi où j'étais allée marcher au soleil, dans une ville quasi déserte, le long du Rio. Je ruminais des pensées moroses, imaginant que si une voiture m'écrasait, on m'emporterait à l'hôpital sans savoir qui j'étais et que je mourrais ainsi, loin de Lou, de Paris, de mon pays !...

Sottement désemparée, je m'assis sur un banc en pleurant, juste en face d'un arrêt d'autobus. Un des chauffeurs, attendant sa « pratique », assis à côté de moi, commença à me parler en espagnol ! Je répondis en italien — je le parlais couramment. Il me dit qu'il était justement italien, qu'il imaginait bien ce que je ressentais, seule, loin de chez moi et me demanda ce que je faisais là. Pensant qu'il allait me croire fofolle si je lui disais qui j'étais, que j'avais la chance de chanter au Colón, un peu confuse, j'inventais vaguement que j'étais « placée » chez des patrons italiens ! Comme c'était, pour lui, l'heure du départ, il m'offrit de faire un tour dans son autobus, et de me faire voir les bords du fleuve. Il me fit asseoir juste derrière lui, commentant tout ce qu'on voyait, faisant même des détours, malgré les protestations des autres voyageurs habitués à leur trajet. Et lui, debout, hurlait :

— Eh ben, quoi ? C'est une « payse » à moi et elle a le cafard ! On peut bien lui faire visiter un peu la ville, non ?

Et tout le car a applaudi ! J'ai eu des remords après à l'idée qu'il aurait pu venir à l'Opéra, me reconnaître et penser que je m'étais moquée de lui. Mais ce fut une charmante et originale façon de connaître cette belle ville et la gentillesse de ses habitants.

Je chantai donc avec grand succès mes *Parsifal* et mes *Chevalier à la Rose* et fus immédiatement réinvitée pour la saison suivante pour *Tosca* et *Pénélope*, ouvrage peu connu de Gabriel Fauré que le Colón eut le courage de monter pour moi. Là, commença le délire ! Surtout pour *Tosca*, qui est une œuvre plus populaire, pour laquelle le public se déchaîna. La matinée, qui, toujours, avait lieu un dimanche à dix-sept heures, fut une vraie folie : la police dut nous aider à sortir du théâtre, à signer les quelque trois ou quatre cents photos — oui ! oui ! — que les gens s'arrachaient ! Et là se forma ce que j'ai baptisé ma « Mafia », un groupe de jeunes gens et jeunes filles de seize à vingt ans qui sont devenus fous de Crespin ; et mes amis depuis. C'est d'ailleurs émouvant de les avoir connus tous si jeunes et de les retrouver maintenant médecins, avocats, hommes d'affaires, directrices d'école, psychologues, etc.

Ils étaient une vingtaine environ et le « capo della Mafia » était une jeune fille d'origine allemande, Barbara, qui m'attendait à l'hôtel pendant des heures avec un bouquet à la main, avec laquelle je correspondais plutôt par signes qu'en allemand — que je parlais mal —, ou en espagnol. Les plus anciens sont elle et Rodolfo, « mon petit amour » comme je l'appelle, avec son sourire délicieux et sa douceur ; puis sont arrivés Amalia, Marina et Rina, Pedro, devenu aussi un de mes meilleurs amis, Adolfo et Eduardo, deux frères plus charmants l'un que l'autre et beaux comme des dieux, Gustavo le libraire, Lalla, Antonio, etc. Le théâtre les appelait vraiment la « Mafia de Crespin » ! Ils m'ont même offert une fois une médaille avec, gravé : à R.C., sa Mafia !

Ce fut cette année-là, je crois après *Pénélope* — je les avais tous invités à souper dans un petit restaurant français où le patron, Tatave, jouait de l'accordéon —, qu'ils furent tous si surpris de m'entendre chanter des chansons populaires. En sortant j'avais pris Barbara et Rodolfo par la main : ce dernier promit alors de ne pas laver « cette main qu'ELLE avait touchée » pendant trois jours ! Et il le fit !

Oui, ils aiment d'autres chanteurs mais pour eux je suis : *Ella*, Elle !

Je revins en mai 1964 pour deux ouvrages nouveaux pour moi : *Les Troyens* de Berlioz, et *Iphigénie* de Gluck.

Les Troyens était un condensé des deux ouvrages : *La Prise de Troie* et *Les Troyens à Carthage.* Je chantais les deux rôles de Cassandre et Didon et comme je le dis fréquemment, moi qui me tue souvent en scène, j'eus là l'occasion de mourir deux fois dans la même soirée ! Deux rôles superbes, la Cassandre exaltée, visionnaire, désespérée, et la Didon, fière reine touchée par l'amour, qui passe par tous les sentiments avant d'arriver à s'immoler sur un bûcher après le départ d'Enée. Quelle scène, ces imprécations et mort de Didon !

Iphigénie était aussi un autre beau personnage pour moi, d'une expression retenue avec une très belle ligne de chant. Louis Erlo avait fait une superbe mise en scène. Les échos furent tels que l'Opéra de Paris le monta dans cette production ; ainsi que *Les Troyens* plus tard, dans une mise en scène de Margherita Walmann.

Mais la grande folie fut lorsque je revins en 1965 pour cinq *Damnation de Faust* de Berlioz, en forme de concert, sous la direction de Jean Fournet, cinq *Werther* et cinq *Tosca* qui devinrent six, je raconterai comment !

D'abord, quand je débarquai de l'avion, tous mes « mafiosi », sur la terrasse de l'aéroport, entonnèrent en chœur : Gloire, gloire à Didon ! Gloire, gloire à Crespin ! Puis quand je pénétrai dans le bâtiment, une pluie de fleurs tomba sur ma tête et dans mes bras ! Les douaniers, éberlués, me laissèrent passer en applaudissant, mais sans trop savoir pourquoi !

Enfin, quand j'eus embrassé tout le monde et que je partis dans la voiture du directeur, le très sympathique Juan Montero, avec sa femme Elsa, deux voitures emplies à ras bord de mes mafiosi nous ouvrirent le chemin, roulant côte à côte car ils avaient tendu entre les deux un immense drap sur lequel ils avaient peint :

« Vive Crespin !
Vive la France ! »

Ce sont des choses que je ne peux oublier.

Lors du premier concert de *La Damnation*, quand j'entrais en scène pour la seconde partie comme le veut le rôle, ils applaudirent pendant plus de dix minutes, suivis par tout le public. Et moi, dans ma robe rouge, je tremblais littéralement en pensant : Mon Dieu ! Pourvu que je chante bien ! Mon Dieu ! Faites que je leur donne autant qu'ils me donnent !

Je les voyais presque tous, assis dans les premiers rangs et je commençai ma première phrase :

« Que l'air est étouffant !

J'ai peur comme une enfant... »

Ce soir-là, je ne chantai pas mal, je dois dire ! Et je me souviendrai toujours de ces chœurs du Colón aux voix splendides. Quelle beauté !

Le personnage de *Werther*, Charlotte, toute de douceur, de tendresse, de retenue, fut un très bon succès, mais le comble arriva avec les *Tosca.* Le rôle de Tosca est un des plus complets car c'est une femme-femme, qui montre tour à tour : amour, féminité, douceur, jalousie, joie, peur, agressivité, répulsion ; une femme qui va jusqu'au bout, jusqu'au meurtre pour sauver son amant des griffes de Scarpia. Et puis, vocalement, c'est très beau à chanter, même si difficile. Alors, électrisée par ce public chaleureux, vous pensez si j'y allai de tout mon cœur !

Et un beau jour Juan Montero me fit appeler pour me demander si je voulais bien chanter une représentation hors abonnement avec le grand ténor italien Giuseppe Di Stefano — Pippo — qui devait faire ses débuts tardifs au Colón dans le *Bal masqué*, mais préférait finalement commencer par une *Tosca.* On avait donc ajouté une matinée un dimanche à cinq heures mais... mais je devais chanter la dernière de ma série le samedi soir, c'est-à-dire la veille, et il est assez rare qu'un chanteur accepte de chanter deux jours de suite, surtout un rôle comme Tosca qui est écrasant vocalement et physiquement. J'essayai de me faire remplacer le samedi soir mais Juan refusa catégoriquement, arguant que ses abonnés du samedi mettraient le feu au théâtre si je n'étais pas là ! Un peu effrayée, je lui proposai de demander l'avis d'un fameux laryngologue de mes amis, le vieux Docteur Forschner chez qui je courus. Oh ! il en avait vu d'autres, Léo, et il me dit :

— Ma Belle, tu vas chanter, sinon c'est moi qui t'y conduirai et avec mon pied quelque part ! Viens me voir dimanche à midi, je te ferai une piqûre de fortifiants musculaires et tu m'en diras des nouvelles !

Forte de... la menace de ce pied amical, je m'exécutai donc. Et ma foi, je chantai même mieux le dimanche que le samedi, allez comprendre ! Mais ce fut bien la représentation la plus mouvementée de ma vie. Le pauvre Di Stefano était à la fin de sa carrière et sa voix était loin d'être ce qu'elle avait été, toute de velours et de charme. Et le malheureux s'en rendait compte, souffrant le martyre et moi avec lui. Le public, le connaissant bien par ses disques, lui fit une ovation à son entrée en scène et applaudit volontiers son air du premier acte mais, la voix se dégradant petit à petit, l'air du troisième acte ne fut pas très bien. Pourtant le public respectueux et poli, comprenant que l'artiste était en difficulté, ne manifesta pas. Mais l'incident se produisit à la fin.

Durant toute la représentation, j'avais essayé de mon mieux de le soutenir, de l'encourager et j'avais vraiment souffert avec lui, pour lui.

Il est de coutume, après le deuxième acte, que Scarpia aille saluer une fois, seul, puisqu'il n'apparaît plus au troisième acte. Il arrive parfois que le ténor et la soprano fassent de même.

Comme Di Stefano ne voulait pas y aller seul, je décidai que je n'irais pas non plus, puisque nous avions le dernier acte ensemble, et que je prendrais mon « rideau » après, comme lui.

Et voilà qu'à la fin, nous commencions à saluer ensemble, puis avec le chef d'orchestre, devant le rideau, quand Di Stefano me murmura quelque chose que la décence m'empêche de répéter mais qui peut se traduire ainsi :

— Tu m'as bien eu, au second acte, tu m'as empêché d'aller saluer seul !

Mon sang ne fit qu'un tour ! Absolument stupéfaite, vraiment blessée, je lâchai sa main brutalement et quittai le devant de la scène, seule. Derrière le rideau, il recommença à me faire des reproches ; et moi, arrachant ma perruque, je refusai de retourner saluer avec lui et m'enfuis dans ma loge en pleurant.

Mais le public, qui ne comprenait rien, ou croyait que Di Stefano m'avait tordu la main, continua à me réclamer, et finit par hurler en cadence :

— Crespin ! Crespin ! Crespin !

J'étais déjà déshabillée qu'il réclamait toujours. Montero, dans ma loge, littéralement à genoux, me suppliait de revenir. Je décidai d'aller saluer si Di Stefano revenait aussi. Le pauvre Montero courait d'une loge à l'autre : comme celles des hommes étaient situées de l'autre côté de la scène, cela prit un certain temps ! Finalement, tout le monde étant d'accord, je renfilai robe et perruque, revins sur scène pour trouver un Di Stefano en col roulé noir qui, dès qu'il me vit, fit demi-tour et refusa définitivement d'aller saluer. Je ne savais plus que faire. Et puis je vis la tête de Juan Montero, toujours à genoux, disant tout bas :

— Ils vont me casser le théâtre ! Dios mio !

Alors, je décidai de retourner saluer mais j'entraînai avec moi un Montero redevenu tout souriant et qui finit par me laisser seule devant le rideau. Le public, qui attendait sans comprendre et croyait surtout qu'on avait fait quelque chose à sa « Chérie », se déchaîna : aussi je dus revenir je ne sais combien de fois. Finalement, les gens envahirent la scène, les coulisses, car ils avaient appris ce qui s'était passé. Cela dura jusqu'à la sortie du théâtre, où six hommes durent me protéger de cette foule enthousiaste (le malheureux Pippo parvint à sortir par une porte du sous-sol !). Je réussis à monter dans la voiture de mes amis Erize et je vis alors une chose stupéfiante. Des gens soulevèrent la Peugeot et la transportèrent au coin de la rue en hurlant :

— Viva Régine ! Viva la Diva !

Quelques années plus tard, j'entendis Di Stefano effectuer son retour à la Scala de Milan dans *Carmen.* Touchée par sa prestation, j'allai jusqu'à sa loge le féliciter. Il était entouré d'une grande foule qu'il fendit vivement pour venir me serrer dans ses bras et m'embrasser. J'avoue avoir été très heureuse de son geste, et de la fin de cette stupide fâcherie.

Je retournai à Buenos Aires plusieurs fois encore, en 1969 pour d'autres *Parsifal,* un concert avec orchestre et un récital au Colón, où je créai un cycle de mélodies qu'avait écrit pour moi un compositeur argentin, Carlos Pemberton, mon cher ami Charlie ; puis en 1971 pour d'autres récitals, en 1974 pour des concerts et des récitals.

Mais si vous croyez qu'en bonne Marseillaise que je suis, j'ai légèrement exagéré dans tout ce que je viens de raconter, que j'ai peut-être... « galéjé », attendez donc de savoir ce qui est arrivé en 1976 !

J'étais engagée pour deux concerts avec orchestre, au Teatro Coliséo. Et la télévision m'invita pour une grande émission d'une heure. Durant l'interview, on me demanda pourquoi je ne chantais pas les *Carmen* que le Colón allait donner, d'autant que je venais d'obtenir un tel succès dans ce rôle à New York, et je répondis que tout simplement on ne m'avait pas invitée. Comme mon interlocuteur me disait que c'était peut-être une question de « gros sous », le théâtre traversant une crise financière assez grave, je répliquai que moi, j'aurais bien fait cadeau d'une représentation gratuite au Colón, tant j'aimais ce théâtre et son public !

Le lendemain, j'étais en train de répéter avec l'orchestre pour mes concerts quand on vint me dire que le maire voulait me voir. Très étonnée, je vis s'avancer un homme souriant qui me dit tout de suite :

— Puis-je vous prendre au mot ?

J'écarquillai les yeux et il ajouta :

— Oui, cette *Carmen*, quand voulez-vous la chanter ?

J'éclatai de rire et, cochon qui s'en dédit, je pris rendez-vous pour en discuter.

L'organisateur de mes concerts, Monsieur Jorge Lieberman, se mit d'accord avec le maire pour que je chante deux représentations, la première où je serais payée par lui et

Karajan le Magnifique (cl. Lauterwasser)

Brünnhilde (cl. Lauterwasser et cl. Ellinger)

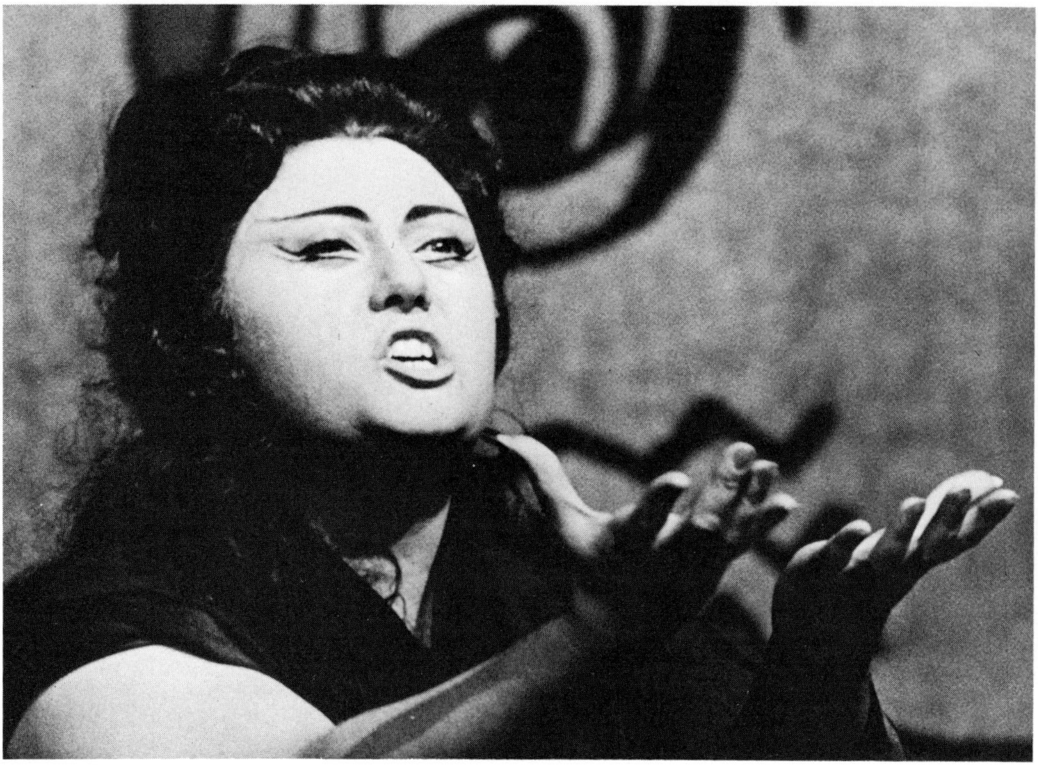

Didon, *Les Troyens* (cl. Pic)

Après un concert de La Callas (cl. L'Aurore)

Rudolf Bing, mon dictateur préféré

Terry, je t'aime

Lotte Lehmann (cl. Margaret Norton)

Un concert à Paris
(cl. Colette Masson)

(cl. Colette Masson)

Fregoli ? Chi lo sà...

Vous me reconnaissez ?... Bien sûr !

Dialogues des Carmélites
(première et seconde prieure)

seconde prieure avec Denise Duval (cl. Bernand)

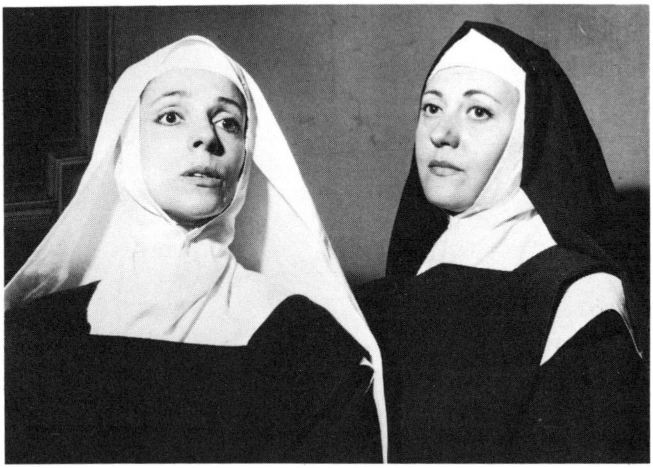

(cl. Colette Masson)

“Si je pouvais arracher ce masque avec mes ongles” *Bernanos* (cl. Beth Bergman)

La maréchale, *Der Rosenkavalier*

La grande Duchesse (cl. M. Stuck)

Santuzza,
Cavalliera Rusticana

Régine, au régime! (cl. Promorey)

Sieglinde, *Die Walküre*

Iphigénie

Charlotte, *Werther* (cl. Beth Bergman)

Kundry, *Parsifal* (cl. Festspiele Bayreuth/Lauterwasser)

Tosca

Régine... Cita avec Placido Domingo (cl. J. Hefferman)

Je ne suis pas ce que l'on pense... (cl. J. Aubin)

Mes "Carmen"
(cl. Beth Bergman)

Régine, ou Crespin ?
(droits réservés)

la seconde, que j'offrais gratuitement. En fait, je ne fus payée pour cette *Carmen* et mes concerts qu'avec des chèques... sans provision, le Lieberman en question étant un malhonnête homme !

La nouvelle se répandit comme une traînée de poudre et la queue se forma autour du théâtre pour les places. Certains passèrent là une nuit et un jour ! Bien sûr, j'obtins des places, les deux soirées, pour tous mes mafiosi, très excités. Je commençai les répétitions, on me fit de somptueux costumes et je chantai la Première devant une salle comble, très « officielle », qui m'accueillit chaleureusement.

Mais la seconde, celle que j'offrais au public, fut une de mes plus belles « pierres blanches ». Je ne sais combien de gens étaient entrés en surnombre, ils semblaient accrochés partout ! L'atmosphère était surexcitée, chaude et je me donnais sans compter. A la fin, ce fut un réel délire. Nous avons commencé à saluer à minuit, à une heure du matin cela continuait toujours. J'étais allée saluer seule je ne sais combien de fois mais, au premier rideau, une véritable pluie de fleurs était tombée sur moi. Vraiment une pluie de fleurs qui a recouvert toute l'avant-scène (mes Mafiosi m'ont avoué après qu'ils avaient pour leur part acheté cent douzaines de fleurs !). Je riais, je pleurais, je ne savais plus où j'en étais. Et puis monta un raz de marée de cris répétés :

— Telón ! Telón ! Telón !

Ne comprenant pas, je demandai ce que cela signifiait : le public voulait qu'on relève le rideau, que je sois seule au milieu de la scène vidée depuis longtemps de ses décors, hommage qu'ils n'avaient accordé qu'à une seule femme, la danseuse Plissetskaïa. Est-ce que je consentais ?

Si je consentais ? Ah ! oui, de tout mon cœur, de toute mon âme !

Alors, quand je me retrouvai seule sur cette immense scène nue, avec, à mes pieds, cette mer de fleurs où j'aurais voulu m'étendre, me rouler, devant cette salle entière debout, hurlant mon nom, applaudissant, criant, tapant des pieds, je me mis à pleurer à gros sanglots, à la fois comblée et crucifiée par tant d'amour, car pour une seconde cette salle m'avait fait penser à la « mienne », l'Opéra de Paris, où l'on m'avait si cruellement traitée deux ans auparavant, à mon pays, la France...

Alors, on comprendra pourquoi Buenos Aires, c'est « Mis Amores », mes Amours !

Micro, mon cher cauchemar

Mourir en laissant une œuvre,
ce n'est pas mourir autant.
Roger Martin du Gard

Oui, enregistrer fut toujours pour moi une torture, une peur multipliée par mille !

La peur du public, c'est sain, ça émoustille, ça fouette, ça stimule. Le public, il est là, vivant, calme ou enrhumé, retenant son souffle ou dépliant un bonbon, à l'écoute ou somnolent, mais il respire, il vit, réagit aux bonnes comme aux mauvaises choses ! Avec lui on a des coups de foudre communs, mais comment tomber amoureuse d'un microphone ?

Un micro, d'abord, c'est laid ! C'est une « chose » froide, impersonnelle, en acier, suspendue au-dessus de votre tête ou se tenant bêtement sur un pied juste en face de votre nez. Et cela vous nargue, comme AL, l'ordinateur à l'œil vert du film de Stanley Kubrick *2001, Odyssée de l'Espace* qui lui, au moins, conversait volontiers.

Non, celui-ci, il attend, il vous attend, impitoyable, insensible et ultra-sensible pourtant ; et quand il parle, c'est pour répéter textuellement ce que vous avez dit ! Ce salaud-là, vous croyez qu'il corrigerait gentiment un son un peu bas ou aigrelet, une double croche manquante, un mot allemand incorrectement prononcé ?

Mon œil ! comme dirait Al :

— Moi, je ne fume pas, je ne bois pas... et je ne cause pas, je t'imite ! Débrouille-toi toute seule. Et encore, fais gaffe, si tu gueules trop fort, je me ferme !

Antipathique, ce mec, non ? Moi, il y a des jours où je l'ai haï de toute mon âme !

Par peur, bien sûr. Parce que ce qu'il me renvoyait me semblait, au début, être la voix d'une autre, pas la mienne ! Parce que je n'étais jamais satisfaite, que je voulais toujours recommencer, sans cesse améliorer, éternelle perfectionniste que je suis.

Au lieu de penser à la beauté de la musique, du chant, je ne voyais que lui, qui allait me passer à la postérité aussi sec et pour toujours.

Il m'en a fallu du temps pour m'apprivoiser, m'habituer et finir par ne plus lui adresser la parole. Qu'il aille au diable Vauvert, lui et son impassibilité apparente !

Moi, je prenais un cachet d'aspirine et à sa place, je voyais un gentil public ou l'homme que j'aimais ! Toi, l'ennemi, tu fais ton boulot, moi, le mien et les « croches seront bien gardées ».

Oh ! Pour mon premier disque, je ne l'ai pas tellement remarqué, car j'étais totalement inconsciente du danger qu'il représentait, parce que j'étais amoureuse... et somnolente !

Pourtant, quand j'allais écouter les prises en cabine, je me disais : C'est ma voix, ça ? Bizarre, bizarre, comme disait Jouvet. Mais Otto Ackerman, le chef d'orchestre et Michel

Glotz, le chef d'enregistrement, veillaient sur la pauvre innocente que j'étais ! Et il ne fut pas mal, ce disque !

Le second que je fis pour la firme Vega fut le premier cauchemar. Il me semblait que l'orchestre était tonitruant (ce qui était vrai) et qu'on ne m'entendait pas du tout (pas tout à fait vrai !). J'ai fini par hurler autant que je pouvais tout au long des séances : c'était une lutte à mort entre moi et « lui » !

Quand j'ai eu le disque, j'ai tout détesté en bloc et je l'ai mis de côté pour des années, jusqu'à cet été 1979 où mon ami Pedro, de Buenos Aires, « m'imposa » deux fois par jour l'air de *La Reine de Sabba*, malgré mes cris de protestation ! Et chaque jour, il ajoutait subrepticement un autre air jusqu'à ce que je dise, finalement vaincue :

— Dis donc, il n'était pas si mal, ce disque !

Voilà mon éternel dilemme ! Et c'est pour cela que je n'aime pas écouter mes disques... Ou bien je n'entends que les défauts et je voudrais tout recommencer encore une fois, ou bien je m'aime !

J'ai ensuite, je crois, enregistré deux disques avec Georges Prêtre, la *Voix de Wagner* et la *Voix de Verdi* ; et peu à peu j'ai commencé à apprendre le « métier du disque ».

J'ai appris à savoir me reculer, tout en restant de face, sur une note aiguë et forte, à tourner légèrement la tête pour un certain effet, à me rapprocher du micro pour mettre en valeur un souffle, une respiration, à ne pas faire de bruit, à ne porter ni bracelets qui heurtent le pupitre ni colliers qui bougent quand on respire !

J'ai appris à m'adapter à une salle, selon qu'elle est

bonne, trop plate, ou trop résonnante ; aux équipes des sacro-saints techniciens qui savent en général leur métier sur le bout des doigts, mais sont très chatouilleux ! Il faut arriver à connaître leurs réactions, à leur faire confiance, ils savent bien avant vous quelle prise a été la meilleure. Car finalement, c'est l'homme de la technique qui est le plus fort ! S'il ne vous aime pas, si vous l'embêtez, aïe !

Ma foi, ils m'ont toujours « eue à la bonne », même s'ils me voyaient arriver avec un peu de crainte car les grandes voix sont les plus difficiles à enregistrer fidèlement.

Les « Decca Boys », comme je les avais baptisés, disaient toujours en riant :

— Ah ! Voilà le canon français ! Fermez tout !

Pourtant, ce sont eux qui m'ont le mieux « mise en boîte », ainsi que Fan-Fan qui rigole et Vava le sérieux, de chez Pathé-Marconi.

Oui, je savais que si Michel Glotz à l'oreille d'acier disait :

— C'est très bien, mes enfants ! », on allait refaire une prise illico presto. Mais s'il disait :

— Bon ! Qu'est-ce qu'on fait maintenant ? », c'était « dans la boîte ».

Je savais que si Christopher Raeburn, de Decca (j'ai fait son premier disque comme « producer » : des extraits du *Chevalier à la Rose*), promenait son bouc et son œil malicieux sans un mot, c'était à refaire. Mais s'il vous disait :

— It was superb, my deaaar ! » c'était dans la poche.

Si Monsieur Garcin, chez Erato, gardait son œil de myope et sa barbe de Méphisto collés à la partition, beuh !

Mais si lui et sa douce femme, silencieuse, attentive, rigolaient, ça y était ! Mais parfois Jean-Pierre Brossman, cette autre oreille d'acier, me faisait une moue dubitative en cachette. Alors, j'en redemandais !

Mon grand « amour », c'était John Culshaw qui enregistra tant de disques pour Decca-Londres et dont le dernier fut la *Tétralogie* avec Solti. Il avait un œil « frisé », une grande connaissance des chanteurs et un sens de l'humour bien anglais. Je le trouvais « irrésistible ». Mais lui, il n'aimait que les serpents !

Chez Deutsche Grammophon, on était sérieux comme des papes — des pas rigolos —, mais quel boulot !

Il faut aussi apprendre à faire ces « prises », ces petits bouts d'enregistrement de cinq ou dix minutes maximum qui ne sont jamais dans l'ordre normal où se déroule habituellement une partition. Vous pouvez fort bien commencer par la fin du troisième acte ou le duo du deuxième. Et vous devez vous mettre « en situation » tout de suite, comme au cinéma. Pas toujours facile !

Il y a, surtout, la fatigue physique, la tension nerveuse, car à chaque prise, vous pensez que ça peut être la bonne. Alors, vous y allez de tout votre cœur, de toute votre voix. Et crac ! Il y avait un bruit à l'orchestre, ou un avion qui passait, ou les cloches imperturbables de l'église d'à côté ! Ou bien c'est un partenaire qui se trompe, ou vous-même ; et on recommence...

Seuls les « vieux routiers » ne se donnent à fond qu'à la quatrième ou cinquième prise. Cela s'apprend aussi.

A la fatigue vocale et nerveuse s'ajoute la fatigue bête

des jambes. Car on est toujours debout, tendu. Et puis, la cabine d'écoute est quelquefois très loin ou très haute. Il faut marcher, monter ou descendre un nombre incalculable de fois.

Là, on s'assoit un court moment pour l'écoute de la prise, mais toujours crispé, la peur au ventre que ce ne soit pas bien. Il faut écouter avec attention, vite noter les erreurs, corriger dans sa tête des détails d'interprétation pour l'essai suivant, discuter avec le producteur, les techniciens, convaincre ou se laisser convaincre !

A cette nervosité de l'enregistrement, tous les chanteurs ne réagissent sans doute pas comme moi, mais on a tous cette peur de non-réussite, ces superstitions qui suscitent des signes de croix, des bonbons pour la « toussille » nerveuse, des écharpes pour souffler dedans et ainsi humidifier le nez, des furtifs baisers à une médaille, des maris silencieux ou angoissés par osmose, des femmes « chiatiques » que les techniciens finissent par mettre à la porte ! Je sais que Tebaldi tricotait, Schwarzkopf se faisait enfermer dans une sorte de cabine téléphonique sans porte pour s'isoler, Horne fait de la tapisserie (et son sympathique pianiste Martin Katz aussi !), Bacquier fait le pitre, de trac, Corelli se bourrait de pilules, Nilsson caracole en disant toujours qu'on ne l'entend pas assez (avec sa « trompette » de voix !).

Moi, c'est le chiffre cinq, ma superstition. Au début, je n'osais pas trop le dire mais à l'annonce de la prise numéro quinze ou cinquante-trois, je m'arrangeais pour faire du bruit, toussoter ou carrément me tromper !

Finalement, ils l'ont tous su ; et, dans toutes les maisons

de disques, quand on entendait une voix imperturbable annoncer, après la prise quarante-neuf :

— Attention ! Silence ! Numéro soixante ! — on savait que Crespin enregistrait !

Il y a aussi le fameux « planning » où il faut discuter à mort pour ne pas enregistrer un air difficile le matin ou en fin de séance. Moi, après le coup de Solti qui avait mis le Trio du *Chevalier à la Rose* à onze heures du matin et où, bonne pomme, je me suis retrouvée, la voix fumante dans le petit matin froid, en train de faire du footing à sept heures pour réveiller mon corps et mes muscles, j'ai fini par mettre sur contrat que je n'enregistrerais plus avant midi et pas deux fois par jour. Car les séances étant de trois ou quatre heures, on en a ras-la-frange après !

Il y a aussi les chefs d'orchestre, devenus depuis quelques années des Super-Divas, avec lesquels il faut compter, travailler en bonne entente, composer parfois pour obtenir ce que l'on veut.

Le premier « grand » avec qui j'ai enregistré était Ernest Ansermet pour le seul de mes disques que j'aime vraiment, « *Shéhérazade* et les *Nuits d'été* », que j'ai « porté » tout un été dans ma tête, dans la presqu'île de Giens. C'était un homme aimable. Était-il un mathématicien qui faisait de la musique ou un musicien qui raffolait des math ?

Toujours est-il que le jour où j'enregistrai le fameux *Spectre de la Rose*, après quatre ou cinq prises, il me demanda si je voulais bien refaire la fin de la mélodie, où la Rose, enfin morte sur le sein d'une jeune fille, murmure dans un souffle :

« Ci-gît une rose que tous les rois vont jalouser. »

Je me prêtai de bonne grâce à son vœu et je chantai cette fameuse phrase exactement huit fois !

A chaque voyage pour aller l'écouter, je me grattais littéralement le cerveau pour trouver une interprétation nouvelle qui satisfasse enfin le Maestro. Finalement, à bout d'imagination et... de souffle, je lui demandai ce qui n'allait pas :

— C'est bien, c'est très bien même, mais, voyez-vous, quand vous dites « jalouser » à la fin, il y a toujours du souffle qui passe sur la voix.

Oh ! Bonne Mère ! Moi qui m'étais concocté ce « souffle » nuit et jour pour le rendre expressif et mourant à souhait, je restai un moment sans voix ! Patiemment, je lui expliquai ma démarche, mon idée. Et lui, tout joyeux :

— Mais c'est excellent ! Alors, on va prendre la première prise parce que c'était la meilleure !

Ah ! Papa Ansermet, nous avons fait quand même un merveilleux disque !

Quant à Georg Solti, c'est une main de fer dans un gant de velours. Mais comme j'ai bien travaillé avec lui ! Les répétitions, qu'il exige longues, sont éreintantes : il ne vous laisse rien passer, et il a raison !

Je me souviens qu'au cours de l'enregistrement de *La Walkyrie*, sur une page recto-verso de la partition, j'avais marqué dix-neuf choses à me rappeler : un demi-soupir ici, une double croche là, un mot allemand à corriger, un tempo à respecter, etc. Et le tout en chantant le mieux possible, avec élan et enthousiasme, un œil sur la partition, l'autre sur

Solti ! Au bout de la cinquième prise, il me dit avec un grand sourire :

— Bon, sur dix-neuf, vous en avez fait dix-huit ! Oublions ce quart de soupir dont vous avez fait un demi. Ce sera la version Crespin !

Ouf !

Gentil sir Georg, comme nous avons souffert, vous et moi, pour le *Rosenkavalier* où je dus m'absenter huit jours, à cause d'une grippe, et où, à mon retour, Yvonne Minton, malade à son tour, était repartie.

Pour ne pas perdre ces précieuses et coûteuses séances d'orchestre — time is money — vous aviez enregistré notre duo et mon monologue sans Octavian ni Marchallin ; et, chacune à notre tour, sans plus jamais nous rencontrer, nous avons enregistré sur votre « bande », les casques sur les oreilles. Pas très pratique pour un chanteur qui doit entendre un peu ce qu'il chante, quand même ! Vous étiez là aussi, chef d'orchestre sans orchestre, casqué comme moi, attentif, vigilant. Comme je vous ai béni d'avoir tant répété avant, de vous être souvenu de toutes mes respirations, mes inflexions, mes *rallentendi*, mon interprétation ! Vous vous êtes déclaré satisfait ; mais moi, quand j'ai reçu les « Tests » à Buenos Aires, quand je les ai posés sur l'électrophone, je tremblais littéralement de peur car c'était un pari dangereux. Pari gagné, sir Georg !

Avec Jojo — le talentueux Georges Prêtre — jamais de problèmes ! Il s'occupe de son orchestre ; et nous, de nous. Et puis, il aime rire et moi aussi. Alors cela va comme sur des roulettes.

Alain Lombard, bête de race, adore tellement les chanteurs et leur voix, quand elle est belle, qu'il s'en oublierait presque lui-même ! Souvent de bonne humeur, avec un grand rire d'enfant et un esprit pétillant, il a parfois ses « humeurs peccantes ». Tel ce dernier jour de l'enregistrement de *Carmen* où j'étais allée écouter pour la vingtième fois — j'exagère à peine — ce « Tiens », dernier mot de Carmen, qui ne me satisfaisait jamais (je ne l'aime toujours pas) et où, à mon retour, je trouvai la salle vide ! Lui et l'orchestre avaient plié bagage, me laissant seule sur le tas, éberluée et pas contente !

Avec Alain, vite et bien, ça va ensemble. C'est un véritable cerveau électronique, un ordinateur, un Monsieur I.B.M. comme je l'appelle affectueusement. Avec lui, faut pas « pédaler dans la choucroute » ! Mais quel merveilleux chef ! Et quel ami fidèle. Je lui ai « envoyé l'ascenseur » une fois (pour ses débuts aux États-Unis à Carnegie Hall, un *Hérodiade* pétaradant !) ; mais il me l'a renvoyé au centuple.

Et puis, il y a Michel Plasson — Plassounet pour les aminches — avec qui j'ai fait le seul enregistrement où je ne suis pas morte de trac : *La Grande-Duchesse de Gerolstein.* Que de fous rires entre Michel dégoulinant de transpiration comme un boxeur, Mady Mesplé et Alain Vanzo qui me disaient, juste avant une prise, avec le plus bel accent toulousain :

— Attentiong ! Tu vas avoir tes nerrffs ! » et Monsieur Kadar, le producteur de C.B.S., qui, pour nous détendre, nous chantait *Carmen* en hongrois !

Nous, on ne pouvait pas rire dans le micro ; mais Plasson, lui, tout en dirigeant, s'en payait une bonne tranche !

Quel homme délicieux, Michel, si plein de talent, de fougue, avec des colères si subites et si aiguës qui finissaient par le faire rire avec nous.

Mille pardons à tous ceux que j'ai dû oublier, non par manque d'admiration mais par mauvaise mémoire.

Quant au Seigneur de tous, à mes sens, Karajan le Magnifique, je vais vous en parler longuement.

Karajan le Magnifique

La première fois que je chantai avec Herbert von Karajan, ce fut à Vienne, pour le festival d'automne.

Vienne, j'y avais chanté déjà plusieurs fois : *Otello, Tosca*, le *Bal masqué* avec Tullio Serafin qui dirigeait là pour la première fois — un émerveillement, ce Maestro, pépé tranquille au béret basque entre les mains duquel Verdi renaissait presque — le *Rosenkavalier* aussi. Là, les journaux avaient annoncé que la Française qui chantait bien allait venir interpréter la Maréchale en allemand, et à Vienne ! Pour du culot, j'en avais à leurs yeux. Et le lendemain, dans un des lits moelleux de l'hôtel Sacher, je dégustai, avec un petit déjeuner bien mérité, des éloges tels que je rougissais toute seule de plaisir. Une belle victoire dans le fief même de la Maréchale.

D'ailleurs, moi, il m'a toujours fallu aller me « battre sur le terrain ennemi ! ». Aller chanter Wagner en allemand à Bayreuth, Berlin, Vienne ou Salzbourg ; Verdi et Puccini en italien à Milan, Rome, Venise ou Naples. Mais « elles » ne venaient jamais se mesurer sur mon terrain français ! Callas,

Tebaldi, Schwarzkopf ou Nilsson n'ont jamais chanté un opéra français à Paris. Alors, mes succès, après tout, c'étaient des doubles victoires, na !

Donc, Karajan, je l'avais vu diriger maintes fois des opéras, des concerts, mais je ne l'avais jamais eu en face de moi ! Et voilà qu'il m'invite à chanter Sieglinde sous sa direction. Folle de joie, pensant que nous allions beaucoup répéter puisqu'il ne me connaissait pas, j'arrive, avec dix jours d'avance, fin prête mais mourante. Vous pensez, Karajan, à Vienne !... Et comme sœur Anne, je ne vis rien venir pendant neuf jours.

La veille, il me convoque dans son bureau, se met au piano et me dit dans son impeccable français :

— Vous savez bien votre rôle ?

— Oh, oui. Maître !

— Un passage particulier que vous voulez voir ?

— Heu !...

— Bon, alors à demain soir !

Ma répétition avait duré trois minutes. Bien sûr, il savait que j'avais déjà chanté ce rôle dans cette même production, à Vienne, l'année d'avant, et il me faisait confiance.

J'entrai en scène pas trop apeurée ; et, pour dire ma première phrase, je le regardai. Là s'est produit alors un phénomène inexplicable. Jusqu'à la fin de la représentation, au lieu de jouer, comme d'habitude, ce rôle que j'adorais, je n'ai pas pu détacher mon regard de lui ! J'étais comme un oiseau fasciné, paralysé. Et non seulement je ne bougeais pas, mais encore je me trompais tout le temps, ne comprenant rien à son fameux « premier temps », cette première battue du début de la mesure. Il enfonçait sa baguette vers le bas et normalement l'orchestre aurait dû attaquer. Mais non, les cent vingt musiciens de l'orchestre de Vienne partaient comme un seul homme... un quart de seconde après ! Aussi, je me trouvais décalée, je le sentais, je ralentissais pour les attendre ou me précipitais, me croyant en retard. Une vraie « cagade », quoi ! Il n'était pas content, le Maestro, mais pas content du tout ! Je ne le revis plus de la soirée ; et je partis, la queue entre les jambes, malheureuse, mécontente de moi et pensant que je ne rechanterais jamais avec lui.

Miracle ! Il me réinvita l'année suivante pour cette même Sieglinde. Et sans aucune répétition, cette fois !

Moi, comme je m'étais copieusement engueulée pendant un an, j'avais mon plan ! Je m'étais dit *in petto* : « Mon vieux, cette fois-ci, tu ne m'auras pas ! » J'entrai en scène, j'oubliai Vienne, Karajan lui-même et me plongeai à corps perdu et enthousiaste dans « ma » Sieglinde chérie. Je me laissai porter par la musique, par cet orchestre et son chef, superbes, je chantai et jouai de toute mon âme et... je ne fis pas une erreur !

A la fin, le Maestro me fit appeler.

— Dites-moi ça va mieux le rôle, hein ?

Sans me rendre bien compte de ce que je lui disais, je rétorquai :

— Évidemment, je ne vous ai pas regardé !

Il resta un moment interloqué, puis, comme je lui expliquais tous mes problèmes passés, il partit d'un grand éclat de rire, et me dit :

— A l'année prochaine !

Il m'offrit aussi de chanter *Don Carlos* dans sa nouvelle production. Comme, à cette époque, je n'aimais pas tellement le rôle, tout à fait inconsciente, je refusai tranquillement. Par imprésario interposé, il me relança deux fois et finalement me téléphona lui-même :

— Écoutez, Crespin, je suis dans une cabine téléphonique, je suis pressé, c'est oui ou non ?

Malheureuse mais têtue, je lui exposai mes raisons : c'était un rôle où on ne pouvait guère jouer *(sic)* mais où il fallait se contenter de promener de beaux costumes toute la soirée *(re-sic)*, où il fallait attendre le cinquième acte pour chanter un bel air, certes, mais quand tout le monde était fatigué d'entendre de beaux airs depuis trois heures *(re-re-sic)*.

Il raccrocha avec un sec :

— Ma chère, vous êtes folle. Au revoir.

Il me bouda quelques années et il eut bien raison, j'étais vraiment folle !

Et puis, Michel Glotz, devenu mon imprésario, me téléphona un beau jour pour me dire que Karajan avait un grand projet : ouvrir un festival de Pâques à Salzbourg, et remonter toute la *Tétralogie* de Wagner. Il ferait un ouvrage par an, avec l'enregistrement pour Deutsche Grammophon, et commencerait par la *Walkyrie.* Devançant Michel avec mon impatience habituelle, je hurlai d'enthousiasme.

— Oh ! oui, Sieglinde !

Michel me calma, m'expliqua que le Maestro voulait une voix plus légère pour ce rôle, qu'il voulait surtout une voix chaude, féminine pour Brünnhilde, me demandait de regarder le rôle et d'y réfléchir (cette idée, je l'ai su plus tard, venait surtout de Michel).

Un peu surprise, regrettant ma « chérie », je me plongeai dans le travail.

Ce qui me faisait le plus peur, en dehors des fameux cris guerriers du début où Nilsson était insurpassable, c'était la largeur de voix qu'il fallait, me semblait-il, pour chanter ce rôle. J'étais un peu hésitante, tentée pourtant par ce personnage que j'avais entendu tant de fois chanté par les héroïques guerrières, fortes-amères : Nilsson la plus que vaillante, Astrid Varnay la torche brûlante, Martha Mödl la bouleversante humaine, Flagstad « la » voix aux ampleurs d'orgue. Comment pourrais-je lutter, moi dont on s'accordait à dire que les principaux atouts vocaux étaient d'abord le charme, la sensualité, la noblesse, la sensibilité à fleur de mots, le lyrisme fier ? Allais-je oser ? Il me semblait vaguement que je devais, que je pourrais faire autre chose de cette fille héroïque, désobéissante, un peu inhumaine en apparence.

Tout le monde a dit que j'avais une énorme et grande voix, mais je ne me suis jamais bien rendu compte de cela. Bien sûr, ma « petite voix en pointe d'aiguille » s'était fichtrement développée, mais Brünnhilde, diable !

Tentée, tentée !... Et puis quoi, n'étais-je pas la « Lionne », après tout, depuis Bayreuth où j'avais déjà relevé — et gagné — un défi ? Pourquoi pas celui-là encore ?

Lorsque je sus le rôle, Karajan débarqua un jour chez moi à Paris, la tête entourée de bandes Velpeau car il s'était fait mal aux tympans en caracolant dans son avion ! (C'est peut-être pour ça que j'ai toujours refusé avec vigueur d'y monter ! Un essai dans sa Ferrari m'avait amplement suffi !) Il se mit au piano et m'expliqua avec fougue, patience et amour, ce qu'il voulait faire.

Il voyait un *Ring* plus humain, avec des personnages telluriques, moins démesurés, plus proches. Il me dit ce qu'il attendait de moi, de ma voix : une malléabilité certes héroïque mais plus féminine, une compassion non pas divine mais humaine, douloureuse, une jeunesse intacte sans dureté ni dramatisme trop « wagnérien », plus une intériorité intense qu'une intensité.

C'était une vision hardie, neuve, qui m'enthousiasma tout de suite, même si, alors, je n'en compris pas bien toute l'importance. D'ailleurs peu de gens, même à Salzbourg, virent vraiment le chemin révolutionnaire qu'avait ouvert Karajan. Comme tous les précurseurs, il était en avance ! Dix ans plus tard, Patrice Chéreau fera à Bayreuth un triomphe de cette révolution commencée par Karajan. Mais ceci est une autre histoire.

Karajan parti, je commençai à m'enflammer, à jubiler. Et le lendemain je reçus le contrat (ma parole, il devait l'avoir dans sa poche !) : d'abord l'enregistrement à Berlin en novembre, car il devait être sorti pour Pâques 1967, à l'ouverture du festival, puis les représentations pour deux années consécutives.

Je me dois de préciser que je ne voulais ni chanter les autres Brünnhilde de la *Tétralogie*, ni mettre celle-ci à mon répertoire. Il s'agissait bien d'une « exception » faite à cause de Karajan, et seulement avec lui. Je connaissais l'acoustique admirable du « Neue Festspielhaus » de Salzbourg, je savais la transparence raffinée que le Maître donnerait à la Philharmonique de Berlin qui, pour la première fois, allait descendre dans la fosse avec son « Père » à vie. J'avais un an pour me préparer à ce magnifique doublé et je me mis au travail avec fougue. Avec aussi mon cher répétiteur Henri Lauth qui connaissait Wagner mieux que Wagner lui-même ou presque ! Et la « moulinette » de Lou repartit de plus belle.

J'arrivai à Berlin par un pluvieux, venteux jour de novembre pour répéter d'abord, enregistrer ensuite, avec Jon Vickers, mon Siegmund préféré, Thomas Steward, Daddy-Wotan, comme je le baptisai, Gundula Janowitz, qui illumina cet enregistrement de sa gaieté communicative d'enfant — que de fous rires, malgré les « gros yeux » pas vraiment fâchés de Karajan — et Joséphine Veasy, Fricka, Martti Talvela, Hunding, que je ne vis presque jamais !

Le travail avec un Karajan exigeant, stimulant, inventif, patient, inspiré, fut une vraie joie pour nous tous. Et puis arriva le Berliner Philharmonik, cet orchestre de luxe, vedette parmi les vedettes. Lors de la première répétition, j'observai passionnément ces deux monstres sacrés face à face. Karajan savait où il voulait emmener son orchestre qui déchiffrait la partition. Déchiffrer ! quelle beauté sonore déjà, du presque parfait. Quelle complicité entre les deux ! Le front du Maestro reculait souvent, signe de satisfaction chez lui.

L'enregistrement commença dans une grande église hors de la ville et chacun mit tout son cœur à rendre les précieuses indications du Maestro le plus éloquentes possible. Un jour, vers midi — encore un matin ! — Karajan me dit qu'on allait répéter les Hojotoho, ces fameux cris de guerre par quoi débute le rôle. Un peu émue, mais pas trop peureuse — c'était une répétition ! —, je montai donc à côté des orgues, à des kilomètres de distance me semblait-il ; et, entendant « ronfler » cet orchestre puissant et moelleux, je pris feu moi aussi et lançai mes cris avec tout l'enthousiasme dont j'étais capable, trois ou quatre fois d'affilée. Puis j'allai dans la cabine pour écouter, prête à enregistrer ; et Karajan, l'œil bleu tout vif, me dit alors :

— Ça y est ! On les a !

Éberluée, muette, je jetai un coup d'œil discret aux techniciens qui approuvèrent en silence. Il m'avait eue d'une courte tête de surprise, Herbertchen ! Mais s'il était content, moi itou !

Pendant toute cette période, j'appris à connaître mieux cet homme qu'on peut croire difficile — il l'est ! —, distant, secret, orgueilleux. Moi, je connus là un homme charmant, raffiné, cultivé à l'extrême, plein d'humour, avec qui je parlais de yoga, de Bayreuth, de livres, de Paris. Je garderai toujours en mémoire ce dîner où il nous convia, Lou et moi, et où nous passâmes, tous trois, une soirée délicieuse, calme, chaude.

Puis vint Pâques, Salzbourg, les répétitions en scène, avec les inquiétudes, les doutes, les recherches pour avoir les pieds sur terre et la tête dans les nuages, les essayages — George Wakewitch appelé en dernière minute à la rescousse pour refaire tous les costumes. Je revois encore Lou, le soir de la Première, me poursuivant avec un pot de peinture et un pinceau pour remettre des traînées d'or sur le devant de ma robe et Karajan, lui demandant, poliment mais fermement, de me foutre la paix ! Mouvementée, exaltante période ! Beaux décors bleu sombre de Schneider-Siemsens, fabuleux équipements de cette immense salle, jeux de lumière raffinés, sonorités inouïes de cet orchestre en bas !

Seul maître d'œuvre et ne pouvant être partout, Karajan ne put réaliser, la première année, tout ce qu'il avait imaginé. Et moi, je dus un peu me débrouiller toute seule, inventer, improviser sur le tas, piocher dans ma « petite valise » personnelle remplie de toutes les propositions que j'avais pu y enregistrer, y programmer en désordre, pour faire naître et vivre cette jeune, douloureuse, forte et douce fille de Wotan, non sclérosée pour moi, neuve, donc difficile à mettre au monde. Je crois que j'y arrivai un peu mieux la seconde année. Ah ! comme j'envie, avec admiration, Gwyneth Jones d'avoir eu Patrice Chéreau à Bayreuth !

De cette « Première », en dehors du trac habituel, de la joie, des festivités après, il me reste deux souvenirs précis, l'un douloureux, l'autre amusant.

D'abord, lorsque j'entrai en scène, en courant, je me tordis violemment la cheville et les cris héroïques et jubilants du début étaient presque des cris de douleur tellement je souffrais. Heureusement que les douleurs s'effacent lorsqu'on est sur un plateau. Heureusement aussi, je ressortais aussitôt après et je pus ainsi me faire bander solidement le pied. Moi qui me plaignais que mes bottes étaient trop grandes, je les bénis ce soir-là !

Le second incident faillit être dramatique, il est

devenu cocasse. Au deuxième acte, après un duo avec Wotan, plutôt un long monologue du père que la fille écoute avec confiance et amour, non révoltée encore, Brünnhilde sort et ne revient que vingt bonnes minutes plus tard pour voir ces deux enfants de l'amour — Sieglinde et Siegmund — qui fuient perdus, éperdus. Donc, je retournai dans ma loge pour attendre, mais l'habilleuse, voyant ma porte entrouverte et me croyant en scène, la referma soigneusement à clef à mon insu. Et quand j'entendis le haut-parleur me réclamer — Fraü Crespin, auf die bühne, bitte [1] —, je trouvai porte close, et bien close. J'appelai, tempêtai, criai jusqu'à ce qu'un machiniste, passant par là, comprenne mon problème et force la maudite porte. Je filai, « tel un zèbre lancé d'une main sûre » et arrivai comme une bombe sur la scène, très sombre à ce moment-là, pour voir la petite plate-forme sur laquelle je devais m'élever... déjà rendue à hauteur de ma taille ! Impossible d'y monter ! En une seconde de cauchemar, j'entrevis la plate-forme dans les airs sans Brünnhilde, moi chantant le duo avec Siegmund en coulisse et Karajan qui allait, peut-être ... me frapper !

Par bonheur mon sauveur de machiniste avait suivi aussi vélocement que moi. Avec un collègue, il m'empoigna sans façon et me mit là où j'aurais dû être depuis longtemps. Nous étions très en retard ; et je n'eus que le temps de respirer à fond pour commencer à chanter le plus calmement du monde.

1. Madame Crespin, en scène, s'il vous plaît.

— *Siegmund! Sieh auf mich*[1] !

On dit qu'il y a un bon Dieu pour les artistes, je suis sûre qu'il était avec moi à Salzbourg ce soir-là ! A la fin de l'acte, lorsque Karajan me dit que je n'avais jamais mieux chanté ce duo et que je lui expliquai le drame manqué, ce fut lui qui partit en trombe vers ma loge, moi sur ses talons, pour trouver la malheureuse habilleuse... à genoux dans un coin du couloir, tremblant littéralement de peur ! Je ne sais pas bien ce qu'il lui dit, tant il parlait vite, mais elle me confectionna une petite poche sous mon costume pour y mettre dorénavant la clef de ma loge !

L'automne suivant, toute la production devait aller à New York où Monsieur Bing, arguant qu'il ne pouvait fâcher Madame Nilsson, l'imposa à Karajan. Moi, j'étais tout à fait prête à comprendre et à m'incliner devant mon aînée. Karajan pas ! Il tenait à sa distribution d'origine et obtint que je chante une représentation sur les quatre prévues. (Eh oui ! mon cher André Tubeuf, je l'ai chantée à New York aussi !)

Donc nous devions être toutes les deux à New York pendant les longues semaines de répétitions et de représentations. Mais Birgit, qui, déjà n'était pas contente de n'avoir pas été choisie à Salzbourg et qui ne portait pas Karajan dans son cœur, exigea d'être payée pour toutes les représentations, même celle qu'elle ne devait pas chanter. Alors la moutarde monta au nez du Maestro, et au mien par ricochet ! Il exigea, et moi aussi, que je sois payée de même.

1. Siegmund ! Regarde-moi !

Ainsi fut fait et c'est probablement la seule fois que le Met s'offrit deux Brünnhilde par soirée, et où je fus rétribuée pour ne rien faire !

Mais Karajan fut plus rancunier que moi (c'est un sentiment que j'ignore vraiment) et concocta une petite vengeance bien à lui. Birgit, n'ayant pas vu la production, dut assurer toutes les répétitions et moi, j'étais libre comme l'air. Je me proposai de faire un tour à la Générale et d'assister à la Première. Mais un jour le Maestro me téléphona de venir au Met le lendemain après-midi. J'arrivai à deux heures pile, intriguée ; et Karajan, malicieux, avec des airs de chattemite, me dit :

— Allez donc vous asseoir dans la salle. J'ai pensé que la répétition vous amuserait un peu.

J'obtempérai sans comprendre. Quelques minutes après, tout s'illumina. Par tous les haut-parleurs, afin que les chanteurs sur scène ne se fatiguent pas — mon œil ! —, il fit passer, à tout berzingue, son enregistrement, avec... ma voix ! La malheureuse Birgit, désemparée, ulcérée — on le comprendrait à moins —, tempêta, clama qu'elle ne pouvait répéter ainsi sur la voix d'une autre. Et Karajan, imperturbable, conclut :

— Mais non, mais non, reposez-vous, Birgit ! Vous savez tellement bien ce rôle, vous chanterez à la Première !

Mille dieux ! elle chanta à la Première et fit une entrée si fracassante que le public, après les cris de guerre, lui fit une belle ovation. Bravo, Birgit !

Ce bravo, elle me le rendit de bon cœur un autre soir. Je réussis sans le vouloir à faire ce qu'elle aurait tant souhaité : chanter, dans la même saison et le même théâtre, Sieglinde un soir, Brünnhilde un autre. En effet, Janovitz fut malade pour la matinée du samedi et comme Nilsson était affichée dans Brünnhilde ce jour-là, ce fut moi qui remplaçai Gundula dans Sieglinde. Je dois dire que si Birgit obtint un triomphe le fameux soir de la Première, j'en fis autant cet après-midi-là. Après la fameuse phrase du troisième acte : « O ! Herstes Wunder ! », la salle croula et Birgit me dit un « Bravo, Crespin ! » si enthousiaste que les spectateurs des premiers rangs l'entendirent aussi. Merci, Birgit !

Hélas, quand vint mon tour de chanter Brünnhilde, Karajan, malade, dut annuler. J'étais tellement déçue que je voulus en faire autant, mais il me demanda expressément de chanter. Comment lui résister ?

Après le second festival de Salzbourg, je dis définitivement adieu à ce rôle sans regrets réels. Chose curieuse, quand je chantais Sieglinde, j'allais volontiers en coulisse écouter celle qui chantait Brünnhilde ; mais, quand je chantais cette dernière, je ne pouvais — littéralement — pas écouter une autre Sieglinde. La jalousie ne m'effleurait jamais, mais c'était viscéral, je devais même fermer le haut-parleur dans ma loge ! Je pensais — sottement — que le rôle de Sieglinde était à moi, et à moi seule !

Maintenant que les années ont passé, que la sagesse est venue, je sais que j'ai été une belle Sieglinde, et que d'autres l'ont chanté et le chanteront aussi bien. La vie va, heureusement.

MÔA

Car JE est un autre.
Rimbaud

La vie va..., mais qui suis-je réellement ? JE ? MÔA ? je dis : JEU, comme s'il s'agissait de reconstituer un puzzle. Mais à vous de jouer, maintenant ! MÔA (Ah ! ces Divas...), je crois avoir une idée. Et je vais vous souffler un peu.

D'abord j'adore les chiens.

Le premier animal que j'ai eu, il me serait bien difficile de le décrire car il n'existait... que dans mon imagination d'enfant de quatre ans ! Je l'avais créé de toutes pièces, pour moi seule, et je l'avais baptisé : « William. » Quand j'étais à table, il était sous la nappe, à mes pieds, comme il se doit pour un chien bien élevé et je lui donnais des petits morceaux de nourriture à la dérobée, parlant tout bas, au grand étonnement de ma grand-mère qui, retrouvant tous ces débris sous la table, disait :

— Je me demande ce qu'elle a cette petite, à parler seule tout le temps.

Pour les promenades, j'avais William à côté de moi attaché à une laisse imaginaire, tel ce New-Yorkais rencontré une fois qui se baladait avec une laisse et un collier bleu clouté d'argent mais sans chien au bout et qui, quelque trente ans après, m'a rassurée sur mon imagination enfantine. Je fus la seule à ne pas rire de lui, et même à le regarder avec un sourire complice.

William a vécu son existence imaginaire pendant presque un an, sans que personne ne se doute de rien. Et il a disparu comme il était venu, en rêve.

Je réclamais à cor et à cri un chien, mais personne n'en voulait à la maison. Mannolini, qui pourtant adorait les bêtes, disait que c'était un énorme esclavage (bien sûr, mais cela vaut tellement la peine). Elle n'admettait que ses poules, ses lapins et ses pigeons à la campagne. Toutes bêtes que je détestais. Parce qu'elle les tuait un jour, saignant les lapins et étouffant les pigeons sans vergogne, et moi je courais me cacher pour ne rien voir, en hurlant qu'elle était un assassin ! Cela lui donnait peut-être un peu mauvaise conscience, mais elle reprenait du poil de la bête, si j'ose dire, quand j'avalais avec délice le pigeon rôti ou le lapin en sauce.

Surtout je détestais tout ce qui peut voler depuis qu'un jour un perroquet avait voulu se poser sur ma tête. J'étais toute petiote et nous étions, pour le goûter, chez une amie de ma grand-mère, Madame Paccini, une vieille chouette toute maigre et déplumée qui avait fini par ressembler à Zizou, sa bestiole, qu'elle adorait. Aussi, quand j'avais hurlé de peur, bien près de la syncope, elle s'était hérissée comme une poule batailleuse, disant que je faisais bien des histoires pour ce brave Zizou qui parlait mieux que moi, et elle avait décrété que :

— Qui n'aime pas les bêtes, n'aime pas les gens.

Et que je ne serais pas généreuse.

Oh ! Malheur ! Mannolini était partie, l'œil mauvais, et ce fut là, je crains, la fin de leurs relations. D'autant que la nuit suivante, m'éveillant d'un cauchemar, je hurlai :

— Flafla, flafla, en fixant le haut de la grosse armoire vernie et pansue, ornée à son front d'un semblant d'oiseau sombre.

Depuis cette affaire, tout ce qui volait, même un gentil papillon ou une mite apparemment innocente, me donnait — Ô ! dérision ! — la chair de poule, au sens propre du terme.

Je me revois encore à Bayreuth où les papillons de nuit, crédules et innocents, venaient se cogner au faux soleil des lampes et où, debout sur le lit, hystérique presque, je hurlais à Lou :

— Tue-le ! Tue-le !

Bien sûr, ces peurs ont cessé avec mon analyse (sauf celle des orages qui me fait encore m'enfermer dans ma chambre, boules Quiès dans les oreilles, et oreillers sur les yeux, pour ne rien entendre ni voir. Ai-je un peu honte ? A peine !).

Ma mère me racontait qu'avant ma naissance, elle avait

eu une passion pour un chat angora nommé Patou dont elle avait dû se séparer car il me jalousait et avait essayé de m'attaquer dans mon berceau. Deux raisons sans doute qui font que je n'aime pas les chats.

Comme l'araignée de la grande Colette descendait sur son fil pour boire dans un bol de chocolat qui tiédissait toute la nuit sur une veilleuse à huile, Patou, lui, se contorsionnait comme un artiste de cirque pour tremper sa patte dans la bouteille de lait, la retirait avec une précision habile, la suçait longuement et recommençait l'opération jusqu'à plus soif. J'ai dû attendre de longues années avant d'avoir des chiens à moi. Pourtant, dès que nous avons habité Nîmes, mes parents ont eu des chiens et des chats.

Bibi, le second angora de ma mère, soyeuse boule de poils blancs et roux, dont la bavette superbe cachait, quand il était assis, tout juste le bout de ses pattes, était si beau qu'il le savait sûrement et ne s'occupait tout le jour que de sa fourrure et de ma mère, la seule qu'il aimait vraiment. Moi, c'est bien simple, il ne me voyait pas. Bibi Chat ! Comme j'aurais voulu que tu m'aimes pourtant.

La seule fois où il m'a manifesté quelques sentiments, c'est le soir où nous sommes allés le récupérer dans l'appartement bombardé, à la Libération, et où il a ignoré même ma mère pour me sauter dans les bras en ronronnant. Je n'étais pas peu fière !

Le chien de mon père, Vernis, était tout à fait extraordinaire. C'était un fox-terrier à poils durs, tout en muscles, entièrement blanc avec une seule tache noire parfaitement ronde autour de l'œil droit, ce qui lui donnait un air goguenard.

Un sacré filou ce Vernis ! Le matin, après son petit déjeuner, il s'asseyait sur le pas de la porte du magasin, humant l'air de droite et de gauche puis, ayant bien marqué son territoire en compissant la devanture, il partait d'un air important d'homme d'affaires pour sa tournée matinale. Ses visites, reconstituées, étaient d'abord pour le boucher et le boulanger — Tiens, donc ! —, puis pour le tailleur arménien de la place du Château dont le chien loup, Olaf, était son meilleur copain. Ensuite on perdait sa trace jusqu'à midi tapant quand il retrouvait mon père au petit café où celui-ci allait siroter son pastis. Ils rentraient ensemble à la maison mais à cette heure-là, lui si aimable d'habitude, il ne considérait de ses yeux bicolores que Maria, la bonne, qui allait lui donner sa pâtée. Puis, imitant mon père, il faisait une courte sieste.

L'après-midi il restait au magasin couché sur les pieds de ma mère, cajolé par tous et par toutes, ou parfois décidait brusquement de repartir en virée.

Mon père allait presque tous les après-midi jouer au bridge, au poker, aux courses de chevaux... ou ailleurs. Mais Vernis savait toujours où il était vers sept heures et demie. Comment ? Ce fut toujours là un mystère. Il essayait de le persuader de rentrer à la maison de la voix ou de la patte. S'il entendait la phrase connue :

— Pas l'heure !

Il n'insistait pas trop et rentrait seul, grattait à la porte de Maria, obtenait une seconde pâtée et, le ventre rond, attendait mon père, ses oreilles attentives guettant le bruit de la clef. Quelle fête il lui faisait alors ! Il riait ! Je vous jure qu'il riait de toutes ses dents. Il aimait ma mère bien sûr, Maria aussi, ignorait superbement Bibi qui le lui rendait bien, et me considérait comme un mal nécessaire car je l'entraînais de force dans mon lit pour le câliner et lui n'aimait pas ça du tout ! Les seules fois où je pouvais le cajoler, c'était en voiture. Il était avec moi derrière, malade comme un cochon. Alors là, je pouvais gratter ses oreilles, son ventre, ses pattes ; et il se laissait faire.

C'est sans doute à cause de lui que j'ai tant voulu avoir un chien à moi seule, pour l'aimer. Le premier fut Gino, un caniche moyen, noir — je suis toujours fidèle aux caniches depuis —, que je gardai quelques années et dont je fus obligée de me séparer au profit de Magui quand je commençai à voyager trop longtemps, surtout aux États-Unis et en Amérique du Sud.

C'était un chien aimant, aimable, toujours de bonne humeur, sauf quand je faisais mes vocalises le matin. Il s'asseyait à mes pieds, me considérait d'un air bizarre et, après cinq minutes, renversait la tête en arrière et hurlait à la mort ! Pauvres voisins ! Je trouvai la solution un jour en le prenant dans mes bras et il s'arrêta net de hurler. Ainsi, désormais, je dus faire mes exercices avec Gino dans les bras.

Un jour que j'étais assise avec des amis, la radio diffusa un air que j'avais enregistré et nous vîmes ce chien aller de l'appareil à moi et vice versa, tout étonné apparemment que ma bouche soit fermée ! Finalement, il sauta dans mes bras, croyant sans doute que l'heure des vocalises recommençait !

Lou avait très peur des chiens (souvenir d'enfance) et ne les aimait guère. Quand je l'ai connu, j'ai vu Gino lui faire véritablement la cour ! Il posait ses deux pattes sur les épaules de Lou assis, le regardait droit dans les yeux et gloussait, claquait de la langue, déglutissait, ayant l'air de lui dire dans son « langage chien » :

— Pourquoi tu ne m'aimes pas puisque je t'aime moi ?

Finalement, c'est le chien qui a gagné.

Quelques années plus tard, quand je me séparai de Lou, j'étais si malheureuse que je me rachetai un autre caniche : Ulysse. C'était un grand royal, lui, qui atteignit ses trente-deux kilos à l'âge adulte et me coûta une petite fortune en avion. Il était beau comme un empereur, d'une forme parfaite et suscitait des exclamations dans la rue :

— Qu'il est beau ce chien ! qu'il est beau !

Lui, se redressait positivement et continuait d'avancer en dansant.

J'avais à ce moment-là une femme de chambre, Catherine, qui était tombée éperdument amoureuse de lui, si bien que, lorsqu'elle est partie de chez moi, tous mes amis se sont écriés :

— Comment, Catherine quitte Ulysse ?

Elle lui avait inculqué une détestable manie. Quand elle lui donnait son repas, elle jouait à le lui retirer en disant :

— Ah ! C'est ma soupe, c'est ma soupe !

Et l'autre grognait comme un lion enragé, évidemment. Cette comédie dura pendant des années jusqu'au jour où mon filleul Philippe, en train de dîner et qu'Ulysse importunait, se précipita à terre avec son assiette en grognant comme le chien et en criant :

— Ah non ! C'est ma soupe-soupe, c'est ma soupe à moi !

Le chien resta interloqué et, croyez-moi si vous voulez, ne refit jamais sa petite comédie.

Ulysse avait la passion des pierres qu'il rapportait inlassablement. Pendant les vacances, à tous les amis qui venaient nous visiter, il apportait une pierre qu'il posait sur leurs genoux et attendait jusqu'à ce que, séduits par son regard mordoré, ils s'exécutent et la lui lancent. Alors, l'habitude était prise et chacun en arrivant lui disait :

— Allez, Ulysse, la pierre !

Et la corrida recommençait.

Mon Ulyssou, il est mort en 1978 à New York, heurté par un taxi et presque par ma faute. C'est encore si douloureux pour moi que je ne veux pas raconter. Je me souviens que je chantais, quatre jours après, *Carmen* au Metropolitan. Quand j'arrivai personne ne me dit rien, même pas Rosy, mon habilleuse, qui adorait son « good boy ». Mais à la fin de la représentation, elle vint en pleurant déposer un bouquet de fleurs de la part de tous les petits employés du Met. Cela m'a émue plus que tout.

Maintenant j'ai un autre caniche, noir, moyen, Pistou, le plus rigolo des chiens. Je n'ai jamais vu un farceur pareil. Il n'arrête pas de me faire des niches, de cacher mes affaires. Janette, ma fidèle femme de chambre, qu'il considère comme une « succursale » bien-aimée, lui a appris à porter mon courrier le matin, aussi je suis réveillée en cinq sec par les lichettes et les enveloppes éparpillées. Quand j'ai des amis à table, il apporte lui-même les bouteilles de vin dans un petit panier tout orné de rubans, et cela pour le plaisir de tous.

La Pistoche, il a une spécialité bien à lui. Il chante ! Je jure que c'est vrai. Il chante sur différents tons, modulant dans l'aigu pour la joie de me retrouver ou de sortir, descendant dans le grave quand il a quelque revendication à faire, susurrant *pianissimo* quand je lui fais des calinous en lui grattant l'intérieur de la cuisse, suprême volupté.

Il a un cœur toujours prêt à éclater, il dort très fort et vit de même. Il est coquet de sa langue rose et fendue qu'il exhibe volontiers. Il me suit fanatiquement car il aime la compagnie, les chiens, les chats, les mouches, les amandes grillées, le poulet, même le chou-fleur, mais il passe au large des enfants, méfiant là !

Quand il porte son collier, il a un air d'huissier joyeux mais je le préfère tout nu.

Oui, oui, je sais que je suis gâteuse avec mes chiens, mais que de joies ils m'ont données ! Aussi j'espère avoir toujours un ami à quatre pattes.

Ensuite, ce que je suis pour les uns — ... aux autres je n'ai pas demandé.

Pour Magui, ma première amie :

Entière, courageuse, insupportable, intelligente, gaie, fidèle, tendre, gourmande, équilibrée, emmerdante, irrésistible.

Môa : Je suis impulsive. Je n'ai pas de logique formelle, je ne sais pas raisonner droit mais plutôt en spirale. Je me laisse tantôt gouverner par le cœur ou l'esprit. Tel un poisson, je nage au creux ou à la crête des vagues. Il peut m'arriver de pontifier, pas de pérorer. Mon instinct me fait éviter les pièges où je pourrais tomber par crédulité ou insouciance. J'ai souvent de la joie. Je m'arrange toujours pour me mettre au pied du mur. Je suis candide. J'ai une sensibilité restée vive, neuve. Je ne sollicite pas l'approbation mais je crains le blâme. Je suis optimiste et pessimiste. Je sais vivre intensément ou ne rien faire pendant des jours. Je suis joueuse. Je n'ai pas de confiance en moi, en mon étoile sûrement. Je ne déteste pas la nostalgie. J'aime l'idée du troisième œil.

Pour Denise Duplex, ma Duduche, et Jean-Philippe Lafont :

Elle : bonne, vulnérable, généreuse, humble, drôle, attentive, exigeante, grande.

Lui : attachante, déconcertante, tolérante, irritante, excitante, charmeuse, épicurienne, indispensable.

Môa : Je déteste Pythagore. J'aime l'infini et émouvoir.

Je n'ai pas une grande assurance mais je ne doute pas de la pureté de mes sentiments. La nuit, entre amis et alcool, c'est comme un sérum de vérité. J'ai toujours eu une belle insouciance tout en ayant peur du lendemain. Je ne suis pas révoltée, j'aime rire. Je suis une marginale obéissante. Je n'ai rien prévu mais j'ai beaucoup réfléchi et il m'est arrivé plein de choses.

Pour Dany, ma copine :

Grande dame, impressionnante, froide peut-être, Diva, quoi ! Tendre, trop sensible, rigolote, forte dans la solitude, une sacrée bonne femme.

Môa : J'aime qu'on m'aime et l'idée qu'on parlera de moi un petit peu après ma mort. Je n'étais pas une virtuose, mais j'avais de l'imagination. J'ai rencontré deux ou trois fois l'âme sœur, mais il ne me déplaît pas tant d'être une solitaire. J'ai de la conviction. Mes mensonges sont sans défaut mais pas ma mémoire, je ne les cultive pas.

Je rate souvent l'essentiel à cause d'un détail. Je crois au sixième sens, au supraconscient. Je suis sans religion depuis longtemps, mais je crois en beaucoup de choses. Je n'ai pas de philosophie. Je me suis égarée souvent, mais je ne me suis pas perdue.

Pour Gérard, mon « croque-à-l'os » de chirurgien :

Mains de princesse orientale, teint de pêche, bouche rieuse, port altier, regard qui pénètre l'âme. Femme !

Vulnérable, conquérante ou fuyante, Poisson !

Beauté de la voix, de l'âme, des yeux, du cœur, Sirène ! Avec son chant s'en va notre jeunesse, l'au-delà ouvre ses bras.

Môa : J'aime la connaissance, les funambules, la parapsychologie, les signes. J'aime les mots que je ne comprends pas : paroxyton, par exemple, ou millénium. Comme Carmen, j'aime les bonbons, les fleurs, l'amour, mais je ne suis pas volage. J'aimerais être initiée. Je n'ai pas de règle d'or, de concision. J'improvise. Je suis capable de dépassement ou d'apathie.

Pour Gladys, mon amie, « L'Americana » :

En treize mots :

Réjouissante
Emmerdante
Généreuse
Impatiente
Naïve
Exigeante

Capricieuse
Réprobatrice
Élégante
Solitaire
Piquante
Intelligente
Non pareille.

Môa : Coléreuse, moi ? Eh oui !, je suis coléreuse comme

Raimu, mais je suis une fausse calme. Je ne déteste pas mes imperfections, les ovations. Je ne suis qu'une femme. J'ai bonne conscience, mais des regrets.

J'ai les yeux de la foi et je m'incline volontiers devant le savoir. Je n'ai pas de muscles et m'en moque. J'aime toutes les musiques, sauf la japonaise qui m'agace les dents.

Pour mes élèves :

Garçons : suave, sensuelle, chaleureuse, intimidante, un rien victorienne.

Filles : généreuse, patiente, exaspérante, attachante, Diva impressionnante.

Môa : Les pierres dures me fascinent, comme les chouettes et les livres. Nietzsche ? Connais pas ! J'ai de l'imagination. On dit que mes mains sont belles ; moi, j'aime contempler mes pieds ! C'est mieux que le nombril. Je suis intriguée par l'île de Pâques. Je n'aime pas le sel, mais je suis sans rancune. Mon rêve : jouer de la guitare. J'ai eu un pêcheur pour amant.

Colette, je l'adore et les chapeaux aussi. Je ne voudrais pas avoir connu Chanel. Les coussins, j'en mets partout, même entre mes jambes pour dormir. Une petite feuille verte prise dans une toile d'araignée me fait rêver. Je ne suis pas habile de mes doigts mais je pourrais. La rigueur de John Le Carré m'enchante, je suis triste que Jean-Louis Bory se soit tué.

Pour Nicole, ma collaboratrice au Conservatoire :

Imposante, convaincante, expressive, capricieuse, un tantinet sybarite, grande dame.

Môa : Les petits maux m'ennuient mais les grands me stimulent. Je déteste ne pas me souvenir de mes rêves. D'où vient le vent ? J'aimerais savoir. Un feu de bois dans une cheminée peut m'occuper pendant deux heures.

Les oiseaux me font un peu peur, mais je peux regarder mon chien dormir très attentivement. Je voudrais bien avoir un fils, mais j'ai Philippe, mon filleul, c'est encore mieux. Mes élèves, ils m'agacent parfois mais je les aime.

Pour Anne-Marie, ma secrétaire :

Fascinante-terrifiante, amorale-indulgente, généreuse-méfiante, gourmande-séductrice, combative-consciente, Monstre Sacré avec humour.

Môa : Le soleil, quel pied ! Je n'ai plus peur de l'avion. Ma fontanelle n'est peut-être pas complètement ossifiée, mais qu'y faire ? Je ne suis pas sectaire. Une éthique ? Beuh ! Exister, pour moi, ce n'est pas que chanter, heureusement.

J'ai beaucoup d'énergie, mais je suis fondamentalement paresseuse. Les cloches me rendent triste plutôt. Il faut de la foi pour recréer. Je préfère le sens figuré au sens propre.

Je ne comprendrais sûrement pas les pensées de Mao et n'essaierai pas. J'ai le cafard à la montagne mais à la mer les doigts de pieds en éventail.

Pour Janette, ma femme de chambre :

Gourmande-repentante, calme-explosive, émerveillée-prévoyante, paresseuse-drôle, tenace-silencieuse, passionnée-affable, soupe au lait-prudente, amoureuse-folichonne, silencieuse-heureuse.

Môa : Cruelle, jamais. Méchante, pas vraiment. Agressive, souvent. Jalouse ? Oui, de Simone Signoret à cause de Montand, ce Marseillais qui a su si bien vieillir. Finalement, l'amitié, c'est mieux que l'amour, presque. Mais boire du champagne avec celui que j'aime, mmm ! Oh ! avec tout le monde. La Fête, je suis pour.

Je crois aux présages, pas aux systèmes. Je pose un et je retiens tout. Complexe, moi ? Pensez-vous ! J'ai beaucoup aimé chanter *La Marseillaise.* La chair de poule, je l'ai souvent. J'ai horreur du froid. Quand aurai-je le temps de me balader faubourg Saint-Honoré, ou d'aller m'asseoir place Furstenberg, la nuit ?

Pour Philippe, mon filleul :

Tu es Reine et tu es Marraine. Je t'aime, un point c'est tout.

Môa : Les églises, c'est calme, j'aime bien m'y asseoir un moment. Je suis souvent partante pour aider les autres. L'incognito, non, je ne le souhaite pas. Le plus bel âge de la vie, ce n'est pas vingt ans, c'est plus tard. Vous prenez un cercle que vous caressez longuement, il finira par devenir vicieux. Cela pourrait être d'Averty. C'est de Ionesco.

Que c'est bon, les bis à la fin d'un concert ! J'y mets tout mon cœur. Si cela était possible, je ne sais pas si je prêterais ma voix à quelqu'un.

Pour Isabelle, ma presque fille :

Elle aime, elle déteste : les intelligents les médiocres, les caniches les serpents, sortir de scène entrer en scène, le bœuf en gelée la brandade de morue, psychanalyser ses amis qu'on lui parle au réveil, les chefs d'orchestre les photographes, donner somptueusement qu'on lui doive des sous, Opium Césarine son second prénom.

En somme elle est unique.

Môa : Je me connais un peu, beaucoup, passionnément, à la folie, pas du tout. Les vieilles pierres ne m'attirent pas particulièrement. Boris Vian, oui, oui, oui ! J'ai eu la passion de la voiture, cela m'a bien passé. Mon péché mignon ? Les grosses bagues et les fourrures mais je résiste un peu. Piaf, quelles tripes ! Mais Gladys Knight aussi. Je raffole des marches militaires depuis mon enfance. La France, quand j'y reviens, cela me fait cogner le cœur. Je suis toujours captivée par la passion.

La désolation pour moi, ce sont les yeux tristes des enfants qui ont faim. Pourquoi les hommes n'ont-ils pas appris la paix ? Rien n'est irréalisable, comme la mort. Un rosaire, c'est beau comme une clef de *sol.* Après avoir chanté, je ne suis pas calme. Quand je priais, j'aimais bien remercier au lieu de toujours demander. La Camargue, c'est vraiment superbe ; et le rythme, dans la musique et la vie, primordial.

Pour Lou, poisson à moustaches :

Les mille et une nuits de la voix humaine. Attention Sirène. Mais où finit Régine où commence Crespin. Dans son chant le secret divin. Drôle de boulot que tout ça, faire son cinéma à l'Opéra. Diva, diva quand tu nous tiens. Ève croquant la pomme et les sous. Clef de *sol* dans le ciel clef des champs dans ma vie. Crespinissima. Chaque chose prise à son temps est musique. Et je ne vous dis pas le reste. *Post-scriptum :* pour en savoir plus, écoutez ses disques.

Môa : Je trouve Gesualdo sublime. Je suis toujours mal à l'aise dans une cave ou un wagon-lit. Je ne suis pas académique, ni porteuse de message. L'aura, cela existe, je le sais, un Russe l'a photographiée. MON désordre ne me dérange pas. J'ai beaucoup de reconnaissance. Je n'aimerais pas être esthète. Je crois que je suis pure. J'ai eu beaucoup de privilèges, je n'en ai pas profité. Le corps humain, c'est la plus belle merveille pour moi. Quel dommage que le temps nous soit compté.

Je suis plutôt idéaliste, exaltée parfois. La lune, les astres, l'infini me fascinent. Où va notre âme après ? Je suis très coquette, mais pas stoïcienne. Le déjà vu existe, cela m'est arrivé. J'ai la passion des perruques. Pourquoi ne reviendrais-je pas le siècle prochain ? Il faut se détourner des courtisans et de leurs flatteries. Quelle chance d'avoir eu un métier que j'aime. Je ne fréquente pas les chats. Je connais deux « Divas » qui ont le sens de l'humour : Janes Rhodes et Martina Arroyo. J'ai failli tourner un film avec De Funès et Gérard Oury : *Le Crocodile !* Quoi de meilleur qu'un plat de pâtes ? La poêle Tefal, cette belle invention pour faire du régime !

Pour Henry, un autre « Divo » :
C'est une Femme-Diva, c'est une Diva-Femme.

Môa : Il me semble que je ne hais rien. Ah si, les serpents et les escargots à l'ail. Jeune, je vivais dans le fictif, et il est devenu réel : le théâtre. Par coquetterie, ou timidité, j'adorais les lunettes. Maintenant j'en porte pour lire, seule. Mon cancer, je me le suis peut-être forgé pour me provoquer en duel : Régine vainqueur aux points, Crespin à l'honneur. Match nul !

J'aime bien concocter quelque chose, un rôle par exemple. Le mot cristal est beau, mais la mer c'est grand. Pourquoi une femme ne ferait-elle pas l'amour à son bonhomme, plutôt que toujours le contraire ? L'Élysée, la Maison-Blanche, j'y suis allée : bof ! J'ai une énorme admiration pour Robert Hirsch, mais l'amour de ma vie c'est Jacques Brel. Le facteur Cheval m'intrigue, les Nymphéas me comblent. Je serais une belle hypocrite si je disais que je ne suis pas heureuse et fière de ce que j'ai fait.

Et si c'était à refaire, je recommencerais.

Rideau.

La Diva

Demain ne sera pas comme hier, il sera nouveau et il dépendra de nous.
Il est moins à découvrir qu'à inventer.
Gaston Berger.

Ce livre s'achève, ce livre où je vous ai tout dit — ou presque — de mon enfance, ma vie, ma carrière, mes amours, mes joies, mes peines. Peut-être suis-je différente de ce que vous attendiez, mais j'espère que vous me connaissez un peu mieux.

Pourtant il y a quelque chose que je ne vous ai pas raconté, mes rêves ! Pas ceux que je fais la nuit, puisqu'ils sont rebelles à ma mémoire réticente. Non, ceux que je fais bien éveillée, avec une imagination joyeuse et débordante.

Le plus important, celui que j'enjolive, que je polis depuis des années, que je sais par cœur, c'est celui de ma maison de vacances, de la maison que j'aimerais avoir, que j'aurai peut-être un jour... Je l'ai même dessinée, cette maison, moi dont la plume est plus que gauche. Venez avec moi, allons la visiter...

D'abord, elle sera absolument au bord de la Méditerranée. Cette *Mare nostrum*, c'est la mienne, celle près de laquelle je suis née et que j'aime par-dessus tout, car elle est belle, apparemment insouciante et douce, sachant pourtant devenir coquette ou cruelle. Dans quel pays ? Qu'importe ! Mais je ne veux pas qu'elle ait les pieds dans l'eau, non, elle la dominera d'une centaine de mètres, à pic, pour la surveiller. Le terrain sera un peu pentu, pour varier les plans.

Commençons par descendre un lacis de marches blanches qui serpentent parmi des pins, ce qui nous permettra à chaque détour, peut-être à travers quelque trouée dans les murs, de découvrir peu à peu des vues différentes. Entendez-vous déjà striduler les cigales obstinées et les grillons jouer de la mandoline ? C'est l'été, il fait chaud, mais une brise apaisante venue de la mer nous rafraîchit. Peut-être allons-nous trouver, au milieu de tous ces pins, fantaisistes et libres, quelques-uns d'entre eux qui font depuis un siècle une ronde parfaite. Le barbecue sera là, rond lui aussi, accueillant ; puis à tour de rôle, nous pourrons monter sur la ronde table de ciment carrelée de vif ; et du centre, fixer le ciel pour faire un vœu. Non ! Ne dites pas le vôtre, sinon il ne se réalisera pas.

Descendons encore dans ce jardin où s'élanceront des lauriers roses ou blancs et des dahlias pimpants ; où des hibiscus rouges, roses et jaunes s'ouvriront à l'aube pour se refermer à jamais chaque soir ; où de grands pots de terre brique déborderont luxurieusement de plantes vertes surmontées de clochettes ardentes ; où le lierre embrassera trop le tronc des pins.

La voici, blanche, étendue, calme, avec ses grandes portes de vieux bois ouvertes et repliées, surmontée d'une douce glycine mauve qui semble tendre les bras. Et voici, à travers d'autres portes coulissantes, en face, soudain, en pleine figure, la mer ! Quel choc, cette immensité bleue, si changeante ! Comme cela est beau ! Mais ne sortons pas tout de suite sur la terrasse, pas si vite ! Il y a ce salon immense, profond et large, blanc du sol au plafond, comme toutes les pièces alentour.

D'un côté, sur la gauche, peut-être, il sera rectangulaire avec, courant le long des deux murs, des banquettes-divans de toile blanche jonchées de coussins de couleurs vives. Quatre ou cinq grands fauteuils bas, en cuir blanc et souple, enfermeront, dans ce rectangle, une très moderne table basse de verre épais, posée sur de grandes peaux de vaches... innocentes et marron. Aux murs, imaginons quelque dessin, un miroir biseauté, une bibliothèque cimentée où s'aligneront les livres, beaucoup de livres, et, sûrement, les baffles d'une belle chaîne stéréo pour une musique douce ou dansante, du piano-jazz, Brel ou Maria Tanase la Roumaine, une mélodie de Mahler chantée par Janet Baker, ou pour Ravel. Mais pas d'opéra, non ; ou alors une fois, si vous insistez vraiment.

Si nous buvions un verre, dans un coin, et bavardions, doucement, entre amis ? Moi, j'adore la vodka-orange bien glacée avec des amandes grillées ; ou alors du champagne, ma folie ! Et vous ? Confortablement assis, avec des coussins pour nos reins et nos coudes, regardons maintenant de l'autre côté.

Pour séparer la pièce, au milieu, derrière, peut-être, un coffre ancien où j'enfermerai la guitare dont je voudrais tant savoir jouer, un muret bas va s'envoler contre le mur du fond, vers une loggia qui permettra d'avoir un plafond plus haut de ce côté. J'aime bien ces décrochements qui irrégularisent une pièce : cette loggia sera un autre petit salon, ou une chambre d'amis. Oh oui, faisons une chambre avec des lits de bois rouge (on mettra des draps rouges et blancs), des petites tables rouges, un miroir rouge aussi, et un joli rocking-chair vermeil pour se bercer. Puis, par-delà des rideaux de toile beige clair, montons une marche : nous découvrirons alors une salle de bains où la baignoire, à même le sol, sera couchée au pied d'une grande baie vitrée d'où l'on pourra regarder des montagnes au loin, ou un petit port, qui sait ?

La grande porte coulissante de bois chaud refermée, redescendons de ce côté du salon qui va être tout arrondi. Pourquoi ? Parce qu'une grande cheminée ronde, de cuivre clouté, suspendue au plafond, va s'abaisser comme une grande cloche sur un foyer autour duquel s'enroulera une vaste table de marbre blanc, flanquée de banquettes blanches, assouplies encore de coussins multicolores et moelleux. On pourra s'y asseoir. Pas pour une orgie romaine — beurk ! — mais pour dîner entre amis ; ou, l'hiver, pelotonnés, s'y regarder à travers le feu. Sur le mur du côté de la mer, trois ou quatre rectangles aux bords arrondis de différentes tailles ouvriront leurs larges yeux de vitre épaisse sur l'eau, les pins ou les montagnes ; et je crois que, avec un bon café odorant, nous resterons longtemps, fascinés, à contempler ces tableaux qui changent au gré de l'heure ou des saisons.

Bon ! Remontons les petites marches qui ouvriront par trois fois ce rond-dînette, et continuons. Je sais que vous avez envie de sortir sur la terrasse, mais gardons cela pour la fin ; allons voir ma chambre, mon petit domaine. Eh oui, elle est ronde elle aussi, vous l'aviez sans doute deviné ! Ronde, et blanche, avec un immense lit d'au moins... deux mètres quarante. Oui, oui, j'aime les lits immenses où l'on peut trouver des places fraîches quand il fait trop chaud la nuit (... et pas pour ce que vous pensez ! enfin, pas seulement !).

Dans ce lit, j'adorerai faire la sieste aussi, vers cinq heures, quand on revient gorgé de soleil et douché de frais ; et contempler ce plafond parfaitement rond, où, à travers les persiennes closes, la lumière, dansante et capricieuse, dessinera des formes, des objets : un chat, une bicyclette, un chapeau, des yeux, un profil, une moustache, des chiffres.

Les tables de nuit, comme sorties du mur, seront trouées d'alvéoles où je mettrai les trois ou quatre livres qui se partageront mes soirées, les pilules à dormir, les boules Quiès, les revues, ou ces chouettes de toutes espèces que je collectionne depuis quelques années.

Le dessus de lit, en blanc coton crocheté, s'ajourera sur un dessous rose vif et mes draps seront toujours roses. Il y aura aussi, puisque c'est ma couleur fétiche, plein de coussins dérivant du rose.

La salle de bains, ronde aussi, séparée de la chambre par un « dressing-room » aux placards nombreux, sera carrelée de rose tendre ; et la douche, une petite pièce fermée où je pourrai m'ébrouer en toute quiétude.

Allez, zou ! On va sortir sur la terrasse car je vous crois impatients. On pourra passer par la porte-fenêtre de ma chambre, si vous voulez. Vous préférez par le salon ? D'accord.

Whaow ! Quelle vue ! Quelle beauté, ces montagnes qui vont doucement finir vers la mer, et que des vents millénaires et patients auront sculptées en forme d'animal préhistorique, couché sur ses pattes de devant. Ce sera, peut-être, une dragonne assagie et méditative, qui aura vu beaucoup...

Comme elle est belle ma terrasse blanche, dont les fines barrières de bois roux qui s'encastrent dans des piliers blancs ne laissent rien ignorer du grand large, où, de loin en loin, de grands bateaux mènent au rêve. En contrebas, les petites barques des pêcheurs tangueront en cadence et les voiliers, grands ou petits, vous fascineront au passage. Vous surveillerez aussi les skieurs intrépides, et entendrez leurs cris de joie ou de défaite. Mais tous ces bruits se perdront cependant dans cette immensité calme.

On pique une tête dans la piscine ? Moi pas, car j'ai peur ! Alors je descendrai tout bêtement les petites marches — pas d'échelle, je déteste — et je nagerai volontiers un crawl anarchique ou une brasse coulée sur le côté droit, longuement. On jouera à celui qui garde le plus longtemps la tête sous l'eau, mais vous allez perdre car j'ai beaucoup de souffle !

Et puis, bienheureusement fatigués, nous nous allongerons sur des divans habillés de tissu éponge rouge, orange, bleu ; ou bien nous rêvasserons dans l'un des grands fauteuils d'osier, à l'ombre du porche qui précède la terrasse.

Vos chambres, deux ou trois, seront dans un petit pavillon à part, pour votre indépendance et mon calme ! Vous préférez faire la sieste dehors ? Alors, si deux pins y consentent, vous irez vous étendre dans un hamac, du côté du barbecue, et vous faire balancer par les mains du vent.

Il ne faudra surtout pas manquer le coucher du soleil, c'est trop important, l'été. Nous le surveillerons longuement, tantôt boule rouge qui éclate et incendie tout le ciel, tantôt se cachant pudiquement dans une pâle brume pour aller conter fleurette à la mer, ou qui, ostensiblement, s'étale, imitant alors ces cartes postales que nous détestons tous. Mais chaque soir, telle une prima donna, il fera son show, et nous arrachera des cris d'admiration ; ou nous fera lui murmurer, quand enfin il nous quittera : à demain !

Et puis, il faudra aller faire les courses au petit port, envahi au mois d'août, et si tranquille l'hiver. Ah ! J'ai oublié de vous faire visiter la cuisine, à côté du coin salle à manger. Elle sera grande, garnie de placards de bois clair et de carreaux marron et beige. On s'y donnera rendez-vous pour la petite faim de quatre heures : je vous y ferai des œufs brouillés, avec des toasts craquants et une tomate crue. Il faut quand même se garder de la place pour le dîner, car ce sera la grande affaire de la journée, ce dîner en commun. Et ce sera sans doute vous qui l'imaginerez car, moi, à part les steacks tartares, le gaspacho ou les pâtes au basilic, je ne sais pas faire grand-chose. Mais je sais bien manger !

Ensuite, on ira sur la terrasse tout illuminée, pour jouer au yam (attention, je suis très forte à ce jeu !), faire un scrabble, un master-mind, un jacquet ou jouer aux Mille Bornes. Et hurler comme des enfants mal élevés, en buvant cet éternel vin rosé des vacances, léger mais trompeur et qui donne mal à la tête le lendemain.

Enfin, on guettera la nouvelle lune, qu'il ne faut pas voir à travers une vitre, sinon vous serez malheureux pendant vingt-huit jours. Moi, je ne suis pas superstitieuse, car cela porte malheur...

Mais les soirs de pleine lune, après un barbecue, ivres d'alcool, d'amour ou d'amitié, nous danserons sur des rythmes sud-américains endiablés jusqu'à l'aube, avec de longues robes, des pantalons clairs et des perruques de toutes les couleurs.

Cette maison, si pleine d'amis au mois d'août, sera au début et à la fin des vacances réservée à une solitude qui m'est nécessaire pour « recharger ma chaudière », réfléchir, méditer, et lire tous les livres accumulés au long de l'hiver.

Son nom ? Peut-être... « La Lionne » (l'un de mes surnoms...). Ou... « La Diva ». Pourquoi pas ?

Et alors ce sera bien elle, la Diva, plus moi.

Un beau rêve, n'est-ce pas ?

CHRONOLOGIE

1946

Concours « Les plus belles voix de France » organisé par la revue *Opéra*

Finales régionales à Marseille : 1er Prix Régine Crespin 19 ans avec l'air « Salut Splendeur du Jour » de « Sigurd » (Reyer). Novembre

1947

Finale du Concours des Plus belles voix de France
à Paris le 21 mars :
Régine Crespin : 1re — (« Sigurd » de Reyer)
Membres du Jury : Franz, Vanni-Marcou, Francell, Dufranne.

Premier Concert avec orchestre — Edmond Carrière
Air de « Sigurd »
Fin avril, Nîmes

1949

Débuts « officieux » (c'est-à-dire sans la permission du directeur du Conservatoire) à Reims le 20 janvier dans WERTHER (Massenet) : *Charlotte*
R. Gallia/Werther, G. Boireau/Albert, G. Aurel/Sophie

CONCOURS DU CONSERVATOIRE mai/juin
- Opéra-comique :
1er Prix Femmes : Régine Crespin
(Chez les Hommes cette année-là, Gabriel Bacquier a eu aussi un Prix)
- Chant :
Femmes : Régine Crespin : 2e Prix
Hommes : Jean-Christophe Benoit : 1er Prix
- Opéra : 1er Prix Femmes : Régine Crespin (avec AÏDA)

1950

LOHENGRIN (Wagner) : Elsa
8 janvier

Francis Cebron/Pierre Deloger
Porebski/Lohengrin, Sarroca/Ortrud

CONCOURS DU CONSERVATOIRE juin
Chant : 1er Prix : Régine Crespin avec « O ma Lyre Immortelle ». SAPHO *(Gounod)*, « La Cloche » *(Saint-Saëns)*

LOHENGRIN (Wagner) : Elsa
Juin, Douai
Jobin/Lohengrin, Nougaro/Frédéric, Pocidalo/Ortrud
Rouen

LOHENGRIN (Wagner) : Elsa
Août, Vichy
Pierre Bastide/Deloger
Jobin/Lohengrin, Nougaro/Frédéric, Couderc/Ortrud

OTELLO (Verdi) : Desdémone
Novembre, Nîmes
Edmond Carrière
Luccioni/Otello, Nougaro/Iago

OTELLO (Verdi) : Desdemona
Tunis ?
Luccioni Otello

LOHENGRIN (Wagner) : Elsa
Décembre, Nîmes
Carrière
Jobin/Lohengrin, Nougaro/Frédéric, Bespea/Ortrud

LA DAMNATION DE FAUST (Berlioz) : Marguerite
Octobre, Mulhouse/Strasbourg

OTELLO (Verdi) : Desdémone — Prise de rôle
Nancy
Luccioni Otello

BORIS GODOUNOV (Moussorgski) : Marina — Prise de rôle
Ouverture saison 1950/1951, Marseille
Fueri/Guichard
Huc Santana/Boris

1951

LOHENGRIN (Wagner) : Elsa
Janvier, Nice
Lauweryns
Jobin/Lohengrin, Nougaro/Frédéric, Bespea/Ortrud, Tomatis/le Roi

FAUST (Gounod) : Marguerite — Prise de rôle
Février, Tourcoing
Georges Leclerc
Laurens, Franzini, Delmulle

TOSCA (Puccini) : Tosca — Prise de rôle
Nancy
Bianco

TOSCA (Puccini) : Tosca
Mars, Nîmes
Carrière/Finet
Gatto/Mario, Nougaro/Scarpia

FAUST (Gounod) : Marguerite
Avril, Marseille
A. Lhéry, O. Guichard
Laroze/Faust, Mezamet/Méphisto, Blanc/(débuts dans Valentin)

TOSCA (Puccini) : Tosca
27 juin, Paris Opéra-Comique (débuts)

André Cluytens
Gallia/Mario, Savignon/Scarpia

CAVALLERIA RUSTICANA (Mascagni) : Santuzza
Paris Opéra-Comique

LOHENGRIN (Wagner) : Elsa
10 août, Paris-Opéra : débuts à l'Opéra

FAUST (Gounod) : Marguerite
Ouverture de la saison 1951/1952 (remplacement de Suzanne Juyol). Monte-Carlo (débuts)
Serventi/Chais
Fouché/Faust, Santana/Méphisto

L'ÉTRANGER (d'Indy) : Vita
Décembre, Paris-Opéra
Fourestier/Beckmans
Beckmans/l'Étranger, Bouvier, Fronval

FAUST (Gounod) : Marguerite
Nice

1952

FAUST (Gounod) : Marguerite
Paris-Opéra
Cluytens
Noré/Faust, Savignol/Méphisto

LA WALKYRIE (Wagner) : Helmwige
Août 1952, Paris-Opéra
Cluytens
Verdière, Froumenty, Huc Santana, Varenne, Juyol, Bouvier

ANTIGONE (Honegger) : Ismène
Février, Paris-Opéra
Fourestier/décors de Cocteau
Bouvier, Beckmans, Fronval, Noguera

1953

LA WALKYRIE (Wagner) : Sieglinde — Prise de rôle
Mars, Nice
Lauweryns
Juyol/Brünnhilde, Voyer/Siegmund, Vaillant/Wotan, Tomatis/Hunding

OTELLO (Verdi) : Desdémone
12 octobre, Bordeaux
Luccioni/Otello, Nougaro/Iago

FAUST (Gounod) : Marguerite
Novembre, Lyon
Pierre Bégou
Huberty/Valentin, Fouché/Faust, Hiéronimus/Méphisto

LE CHEVALIER A LA ROSE (Strauss) : La Maréchale — Prise de rôle
28 novembre, Marseille
Clary/Octtave, Miglietti/Sophie, Volturini/Le Chanteur, Lagarde/Taninal, Froumenty/Ochs

HÉRODIADE (Massenet) : Salomé
5 décembre, Nîmes
Jean Entremont
Bortayre/Hérode, Morlier/Phanuel, Luccioni/Jean

1954

LA WALKYRIE (Wagner) : Sieglinde
Janvier, Nice

Lauweryns
Juyol/Brünnhilde, Cabanel/Wotan, Darbans/Fricka, Tomatis/Hunding

CAVALLERIA RUSTICANA (Mascagni) : Santuzza
Février, Lyon
Bruno Bogo
Blanc, Lignon/Turridu

OTELLO (Verdi) : Desdémone
Février, Nice
Lauweryns
Luccionni/Otello, Nougaro/Scarpia

LA DAMNATION DE FAUST (Berlioz) : Marguerite
Mars, Bordeaux
Cebron, Teyssandier
Froumenty/Méphisto, Porebsky/Faust

HÉRODIADE (Massenet) : Salomé
Mars, Lyon
Pierre Bégou
Dens/Hérode, Anduran/Hérodiade, Arlebel/Jean

OTELLO (Verdi) : Desdémone
Avril, Toulouse
Prêtre, Serval
Nougaro/Iago, Marinesco/Otello

TOSCA (Puccini) : Tosca
Mai, Perpignan
Grebet, Lhuillier
Gatto/Mario, Giovanatti/Scarpia

LA WALKYRIE (Wagner) : Sieglinde
Fin juillet, Vichy
Bastide, Deloger
Lucazeau/Brünnhilde, Cabanel/Wotan, Darbans/Fricka, Fronval/Siegmund, Debouber/Hunding

TOSCA (Puccini) : Tosca
Juillet, Vichy
Frédéric Adama, Pierre Deloger
Marcle Huylbrock/Mario, Pierre Nougaro/Scarpia, Guy Grinda/Le sacristain

DON GIOVANNI (Mozart) : Donna Anna
Juillet, Vichy
Paul Bastide
Jean Laffont/Don Giovanni, Julien Giovannetti/Leporello, Jeanette Vidala/Elvire, Monda Million/Zerline, Linsolas/Masetto, David Thau/Ottavio, Autran/Le Commandeur

TOSCA (Puccini) : Tosca
Août, Fleurance
Georges Prêtre
Marcel Huylbrock/Mario, Julien Giovanetti/Scarpia

FAUST (Gounod) : Marguerite
Août, Vichy
Frédéric Adama, Pierre Deloger
Jean Laffont/Valentin, Michel Taverne/Méphisto, Raymond Malvasio/Faust, Guy Grinda/Wagner

BÉATRICE ET BÉNÉDICT (Berlioz) : Héro (Première et unique fois !)
Septembre, Vichy
Paul Bastide, Pierre Deloger
Liliane Francou/Béatrice, Charles Richard/Bénédict, Suzanne Darbans/Ursule

LOHENGRIN (Wagner) : Elsa
Octobre, Saint-Étienne
Gustave Cloez
Germaine Bespea/Ortrud, Pierre Frou-

menty/Le Roi, Valère Blouse/Frédéric, Raoul Jobin/Lohengrin

FAUST (Gounod) : Marguerite
Octobre, Saint-Étienne

FAUST (Gounod) : Marguerite
Octobre, Marseille
Jean Trick
Ken Neate/Faust, Michel Dens/Valentin, Taverne/Méphisto, Dresse/Siebel.

TOSCA (Puccini) : Tosca
Novembre, Bordeaux
Cesbron
Richard Martell/Mario, Roger Barsac/Scarpia

LOHENGRIN (Wagner) : Elsa
Novembre, Marseille
Jean Trick, O. Guichard
Raoul Jobin/Lohengrin, Lucienne Delvaux/Ortrud, Roger Hiéronimus/Le Roi, Pierre Le Hémonet/Le Héraut, Pierre Nougaro/Frédéric

TOSCA (Puccini) : Tosca
Novembre, Marseille

FAUST (Gounod) : Marguerite
Novembre, Toulouse
P. Dark, Serval
Ken Neate/Faust, Huc Santana/Méphisto, Simone Cordat/Siebel.

FAUST (Gounod) : Marguerite
Décembre, Nîmes
Ken Neate/Faust, Pierre Morlier/Méphisto, Lucine Guirand/Valentin, Simone Galinier/Siebel

SIGURD (Reyer) : Brünnhilde — Prise de rôle
Décembre, Avignon
Camille Boucoiran
José Luccioni/Sigurd, Pierre Savignol/Hagen, Pierre Nougaro/Günther, Jacques Linsolas/le Grand Prêtre, Suzanne Deveddu/Hilda

TOSCA (Puccini) : Tosca
Décembre, Lyon
Pierre Bégou
Guy Fouché/Mario, Hébréard/Scarpia

HÉRODIADE (Massenet) : Salomé
Décembre, Avignon

TOSCA (Puccini) : Tosca
Décembre, Bordeaux

FAUST (Gounod) : Marguerite
Décembre, Nice

1955

FAUST (Gounod) : Marguerite
Janvier, Marseille
André Lhéry
Ken Neate/Faust, Michel Taverne/Méphisto

LE TROUVÈRE (Verdi) : Leonore — Prise de rôle
Janvier, Saint-Étienne
Albert Delhaye/Manrico, Germaine Bespea/Azucena, Michel Dens/Le Comte, Adrien Legros/Ferrando

TOSCA (Puccini) : Tosca
Janvier, Nîmes

Vernet
Laroze/Mario, Paul Cabanel/Scarpia

LE CHEMINEAU (Leroux) : Aline
Janvier, Lyon

FAUST (Gounod) : Marguerite
Janvier, Nice

BORIS GODOUNOV (Moussorgski) : Marina
Janvier, Marseille

TOSCA (Puccini) : Tosca
Janvier, Marseille
Février, Toulouse

HÉRODIADE (Massenet) : Salomé
Février, Marseille
Jean Trick
Simone Couderc/Hérodiade, Michel Dens/Hérode, José Luccioni/Jean, Charles Fougeret/Phanuel

LE PRINCE IGOR (Borodine) : Jaroslavana
Février, Lyon
Georges Prêtre
Arnold, Dens, Hiéronimus, Santana, Devallier

TOSCA (Puccini) : Tosca
Février, Avignon
Février, Nice

LES NOCES DE FIGARO (Mozart) : La Comtesse
Mars, Strasbourg

LOHENGRIN (Wagner) : Elsa
Mars, Lyon

LES CONTES D'HOFFMANN (Offenbach) : Giulietta

LOHENGRIN (Wagner) : Elsa
Mars, Nice

BORIS GODOUNOV (Moussorgski) : Marina
Avril, Nice

LES NOCES DE FIGARO (Mozart) : La Comtesse
Avril, Toulouse

GENEVIÈVE DE PARIS
(Marcel Mirouze) : Geneviève
Juin, Création — Lyon-Fourvière
Marcel Mirouze, Louis Erlo
Raoul Jobin/Rikimier, Mady Mesplé/Priscilla (débuts), Pierre Nougaro/Attila, Libero de Luca/Sedulius

LOHENGRIN (Wagner) : Elsa
Juillet, Marseille
Raoul Jobin/Lohengrin

LOHENGRIN (Wagner) : Elsa
Juillet, Festival d'Arles
Jean Trick
Raoul Jobin/Lohengrin, Jean Laffont/Frédéric, Lucienne Delvaux/Ortrud, Roger Hiéronimus/Le Roi

LA DAMNATION DE FAUST (Berlioz) : Marguerite
Juillet, Vichy
Frédéric Adam, René Chauver
Charles Fronval/Faust, Paul Cabanel/Méphisto

HÉRODIADE (Massenet) : Salomé
Août, Marseille

Jean Trick, O. Guichard
Simone Couderc/Hérodiade,
Michel Dens/Hérode,
José Luccioni/Jean, Devercos/Phanuel

LOHENGRIN (Wagner) : Elsa
Août, Vichy
Frédéric Adam, Pierre Deloger
Raoul Jobin/Lohengrin,
Jeanne Rinella/Ortrud,
Roger Barsac/Frédéric,
Hiéronimus/Le Roi

OTELLO (Verdi) : Desdémone (1re fois en italien)
Août, Marseille
Jean Trick, O. Guichard
Mario del Monaco/Otello,
René Bianco/Iago

TOSCA (Puccini) : Tosca (1re fois en italien)
Octobre, Marseille, 1 000e représentation de Tosca à Marseille
Jean Trick, O. Guichard
Mario del Monaco/Mario

Concert Orchestre Colonne/Louis Frémaux
13 novembre, Paris, *STABAT MATER,* de Poulenc

OTELLO (Verdi) : Desdémone
Octobre-novembre, Paris-Opéra
Georges Sébastian
José Luccioni/Otello, René Bianco/Iago

LES NOCES DE FIGARO (La Comtesse) : Opéra-Comique

LOHENGRIN (Wagner) : Elsa

FAUST (Gounod) : Marguerite à l'Opéra

1956

OBERON (Weber) : Rezia
Janvier, Paris-Opéra
Nicolaï Gedda

COSI FAN TUTTE (Mozart) : Fiordiligi
31 janvier, Théâtre des Champs-Élysées, Paris
Engelbrecht

OTELLO (Verdi) : Desdémone
Février, Nice
Lauweryns
José Luccioni/Otello, Pierre Nougaro/Iago

TOSCA (Puccini) : Tosca
Février, Nice
Edmond Carrière, André Fréjaville
Raoul Jobin/Mario, Paul Cabanel/Scarpia

GENEVIÈVE DE PARIS (Mirouze) : Geneviève
Février, Reprise à l'Opéra de Lyon
Même distribution qu'à Fourvière

LES NOCES DE FIGARO (Mozart) : La Comtesse
Lyon (Bicentenaire de la naissance de Mozart)
Otto Ackermann
Julien Giovanetti/Figaro,
Michel Dens/Le Comte,
Nadine Sautereau/Suzanne, Mady Mesplé/Chérubin, Mestrallet/Bartollo, Marqueste/Basile, Tomoff/Basile

TOSCA (Puccini) : Tosca
Mars, Bordeaux

BLANCHE-NEIGE (d'après Schubert) : La Reine
Mars, Marseille
Jean Trick
Richard Gaillan, Adrienne Miglietti

DON GIOVANNI (Mozart) : Donna Anna
Mars, Nice

TOSCA (Puccini) : Tosca
Avril, Lyon
Pierre Bégou
Mario del Monaco/Mario, Georges Vaillan/Scarpia

TOSCA (Puccini) : Tosca
Paris-Opéra-Comique
Jean Fournet
Albert Lance/Mario, René Bianco/Scarpia

SAMPIERO CORSO (Tomasi) : Vannina
Festival de Bordeaux
Tomasi (ballet Jeanine Charrat)
Suzanne Juyol/La Vocératrice, Ken Neate/Sampiero,
Julien Giovanetti/Ombrone

OTELLO (Verdi) : Desdémone
Mai, Bilbao
Mario Parenti
Mario del Monaco/Otello,
Giuseppe Valdengo/Iago

LA WALKYRIE (Wagner) : Sieglinde
Paris-Opéra
Georges Sébastian
Jacqueline Lucazeau/Brünnhilde, Georges Vaillant/Wotan, Charles Fronval/Siegmund, Rita Gorr/Fricka, Henri Médus/Hunding

OTELLO (Verdi) : Desdémone
Lyon
Bruno Bogo, Louis Erlo
Mario del Monaco/Otello, Orazio Gualtierri/Iago

FAUST (Gounod) : Desdémone
Octobre, Lille
Robert Alipren
Claude Hector/Faust, Pierre Savignol/Méphisto, Michel Dens/Valentin,
Claude Carrel/Siebel

LES NOCES DE FIGARO (Mozart) : La Comtesse
Paris-Opéra-Comique
Jean Fournet
Jacqueline Brumaire/Suzanne, Martha Angelici/Chérubino, Michel Roux/
Le Comte, Giovanetti/Figaro, Gireaudeau/Basile, Clavency, Bartholo

DON GIOVANNI (Mozart) : Donna Anna
Paris-Opéra
Louis Fourestier, José Beckmans
Ernest Blanc/Don Giovanni,
Jacqueline Brumaire/Elvire,
Jean Gireaudeau/Ottavio,
Jeanine Micheau/Zerline,
Noguera/Leporello,
Robert Massard/Masetto,
Gérard Chapuis/Le Commandeur

1957

PÉNÉLOPE (Fauré) : Pénélope
Louis Auriacombe
Raoul Jobin/Ulysse, Paul Cabanel/Eumée, Suzanne Darbans/Euryclée, Bernard Plantey/Antinoüs
Tournée entre janvier et février à Toulouse, Bordeaux, Lyon, Marseille, Avignon, Nice, Montpellier

TOSCA (Puccini) : Tosca
Janvier, Grenoble
Pierre Bégou
José Luccioni/Mario,
René Bianco/Scarpia

LE CHEVALIER A LA ROSE (Strauss) : La Maréchale
Mars, Paris-Opéra
Louis Fourestier
Suzanne Sarroca/Octave, Jeanine Micheau/Sophie, Lorenzo Alvary/Ochs, Noguera/Faninal,
Alain Vanzo/Le Chanteur

LES DIALOGUES DES CARMÉLITES (Poulenc) : Madame Lidoine, 2e Prieure
Paris-Opéra. Création
Pierre Dervaux, Maurice Jacquemont, Suzanne Lalique
Denise Duval/Blanche, Liliane Berton/Constance, Denise Scharley/1re Prieure, Rita Gorr/Mère Marie,
Alain Vanzo/Le Chevalier

TANNHAUSER (Wagner) : Elisabeth
Novembre, Paris-Opéra
Rita Gorr/Vénus

OTELLO (Verdi) : Desdémone
Décembre, Paris-Opéra
José Luccioni/Otello

1958

DIE WALKUERE (Wagner) : Sieglinde
(première fois en allemand)
Février, Marseille
Hanns-Willi Haensslein, O. Zimmermann
Heins Beirer/Siegmund, Gertrud Grob-Prandl/Brünnhilde, Sigurd Djörling/Wotan, Elsa Calvetti/Fricka, Ernst Wieman/Hunding

Concert Mozart, Wagner, Berlioz
(Remplacement de Schwarzkopf)
Février, Lyon
Jean Fournet

PÉNÉLOPE (Fauré) : Pénélope
Juin, Vichy
Edmond Carrière
Raoul Jobin/Ulysse, Paul Cabanel/Eumée, Suzanne Darbans/La Nourrice

LES TROYENS (Berlioz) : Didon — Prise de rôle
Juin, Lyon, Bicentenaire de la ville de Lyon
Carrière, Erlo
Richard Martell/Enée, Hélène Bouvier/Cassandre, Édith Jacques/Anna

PARSIFAL (Wagner) : Kundry
Bayreuth (débuts)
Knappertsbusch, Wieland Wagner
Jerome Hines/Gurnemanz,

Hans Beirer/Parsifal,
Toni Blankenheim/Klingsor

TANNHAUSER (Wagner) : Elisabeth
Juillet, 3e chorégie d'Orange

BORIS GODOUNOV (Moussorgski) : Marina
Paris
Sébastian
Rita Gorr/l'Aubergiste, Martha Angelici/Xenia, Denise Scharley/La Nourrice, Cangalovic/Boris, Luccioni/Dimitri, Gireaudeau/Chouiski, Froumenty/Pimène, Mars/Chtchelkalov

Concert Pasdeloup : PSAUME *(Florent Schmitt)*
Octobre, Paris
Albert Wolff

LA DAMNATION DE FAUST (Berlioz) : Marguerite
Novembre, Lisbonne
Jean Fournet
Michel Roux/Méphisto, Guy Chauvet/Faust

DIE WALKUERE (Wagner) : Sieglinde
Septembre, Paris-Opéra
André Cluytens
Astrid Varnay/Brünnhilde,
Denise Scharley/Fricka,
Fronval/Siegmund, Medus/Wotan,
Huc Santana/Hunding

UN BALLO IN MASCHERA (Verdi) : Amélia — Prise de rôle
Décembre, Paris-Opéra
Pierre Dervaux, Margherita Wallmann
René Bianco/Renato, Albert Lance,
Mady Mesplé/Oscar, Denise Scharley/Ulrica

OTELLO (Verdi) : Desdémone
Décembre, Paris
Pierre Dervaux
Ramon Vinay/Otello, René Bianco/Scapia

1959

DIALOGUES DES CARMÉLITES (Poulenc) : Madame Lidoine

LOHENGRIN (Wagner) : Elsa

DIE WALKUERE (Wagner) : Sieglinde
Janvier-février, Barcelone, Teatro del Liceo

IL TROVATORE (Verdi) : Desdémone
Mars, Lisbonne
Antonino Votto
Franco Corelli/Mamico, Ettore Bastianini/Le Comte

OTELLO (Verdi) : Desdémone
Février, Lyon
Edmond Carrière
Julien Haas/Iago, Ramon Vinay/Otello

LOHENGRIN (Wagner) : Elsa
Février, Marseille
Raoul Jobin/Lohengrin

LOHENGRIN (Wagner) : Elsa (1re fois en allemand)
Avril, Paris-Opéra
Knappertsbusch
Rita Gorr/Vénus,
Sandor Konya/Lohengrin,
René Bianco/Frédéric,
Von Rohr/Le Roi,
Robert Massard/Le Héraut

DER ROSENKAVALIER (Strauss) : La Maréchale (1re fois en allemand)
Glyndebourne *(débuts)*
Leopold Ludwig, Carl Ebert
Elisabeth Soederstroem/Octtave, Oscar Czerwemka/Ochs, Anneliese Rothenberger/Sophie

PARSIFAL (Wagner) : Kundry
Juillet, Bayreuth
Knappertsbusch, Wieland Wagner
Josef Greindl/Titurel, Hans Beirer/Parsifal, Jerome Hines/Gurnemanz

DER ROSENKAVALIER (Strauss) : La Maréchale
Août, Vichy
Jean Fournet, Pierre Deloger
Suzanne Sarroca/Octtave, Henri Médus/Le Baron, Renée Doria/Sophie, Jacques Doucet/Faninal

DIE WALKUERE (Wagner) : Sieglinde
Octobre, Vienne
Herbert von Karajan
Birgit Nilsson/Brünnhilde

LES TROYENS (Berlioz) : Didon
Carrière, Erlo
Novembre, Lyon
Hélène Bouvier/Cassandre, Richard Martell/Enée

LE CHEVALIER A LA ROSE (Strauss) : La Maréchale
Novembre, Lyon
Carrière
Suzanne Sarroca/Octtave, Jacqueline Silvy/Sophie, Henry Médus/Ochs, Jacques Doucet/Faninal

FEDRA (Pizetti) : Fedra
7 décembre, Milan-Scala *(débuts)*
Gianandrea Gavazzeni, Nicholas Scarpinati
Nicola Rossi-Lemeni, Limarille, Carli, Vicenzi, Rose

1960

TOSCA (Puccini) : Tosca
Paris-Opéra
Botiaux/Mario, Bianco/Scarpia

LOHENGRIN (Wagner) : Elsa
Janvier, Lyon
Carrière, Erlo
Sandor Konya/Lohengrin, Elsa Calvetti/Ortrud, Ernest Blanc/Frédéric, Franz Crasse/Le Roi, Pierre Filippe/Le héraut

LOHENGRIN (Wagner) : Elsa
Janvier, Barcelone

TOSCA (Puccini) : Elsa
Février, Monte-Carlo
Wolf Ferrari
Giuseppe Taddei/Scarpia, Giuseppe Gismondo/Mario

TOSCA (Puccini) : Tosca
Février, Paris-Opéra-Comique

DER ROSENKAVALIER (Strauss) : La Maréchale
Mars, Berlin *(débuts).*
Ébert

CONCERT HAMBOURG, Avril

UN BALLO IN MASCHERA (Verdi) : Amélia
Avril, Strasbourg

TOSCA (Puccini) : Tosca
Opéra

DER ROSENKAVALIER (Strauss) : La Maréchale
Juin, Glyndebourne
Leopold Ludwig
Regina Sarfaty/Octave, Anneliese Rothenberger/Sophie, Oscar Czewenka/Ochs

LA VESTALE (Spontini) : Julia
Juillet, Lyon-Fourvière
Carrière, Erlo
Robert Massard, Xavier Depraz, Giuseppe Savio, Kieuza de Pennafort

PARSIFAL (Wagner) : Kundry
Juillet-août, Bayreuth
Knapperstbusch, Wieland Wagner
Hans Beirer/Parsifal, Josef Greindl/Gurnemanz, Thomas Steward/Amfortas, David Ward/Titurel

BORIS GODOUNOV (Moussorgski) : Marina
Avril, Paris-Opéra
O. Danon
Cangalovic, Finel, Gireaudeau, Serkoyan, Borthayre, Couderc

DER ROSENKAVALIER (Strauss) : La Maréchale
Londres Covent Garden *(débuts)*
Edward Downes, Alfred Jerger
Herta Toepper, Ronald Lewis, Kenneth McDonald, Joan Carlyle

DIE WALKUERE (Wagner) : Sieglinde
Octobre, Bruxelles

UN BALLO IN MASCHERA (Verdi) : Amélia

TOSCA (Puccini) : Tosca

OTELLO (Verdi) : Desdémone
Novembre-décembre, Paris-Opéra
Luccioni/Otello, Bianco/Iago, Fourestier/Chef

LES TROYENS (Berlioz) : Didon
Novembre, Lyon
Carrière, Erlo
Hélène Bouvier/Cassandre, Louis Roney/Enée

DIE WALKUERE (Wagner) : Sieglinde
Septembre, Vienne
Herbert von Karajan

1961

FEDRA (Pizetti) : Fedra
Janvier, Naples
Même production que Scala

TOSCA (Puccini) : Tosca
Janvier, Opéra-Paris

LES TROYENS (Berlioz) : Didon

LE CHEVALIER A LA ROSE (Strauss) : La Maréchale
Janvier, Lyon

TOSCA (Puccini) : Tosca
Janvier, Paris-Opéra

LES TROYENS (Berlioz) : Didon

LE CHEVALIER A LA ROSE (Strauss) : La Maréchale
Lyon

LES TROYENS (Berlioz) : Didon
Février, Paris
Dervaux
Chauvet, Massard, Wallmann

TOSCA (Puccini) : Tosca
Londres
Alberto Erede
Giuseppe di Stefano/Mario,
O. Krauss/Scarpia

TANNHAUSER (Wagner) : Elisabeth
Mars, Paris

LE CHEVALIER A LA ROSE (Strauss) : La Maréchale
Monte-Carlo

DER ROSENKAVALIER (Strauss) La Maréchale
Avril, Londres

LES TROYENS (Berlioz) : La Maréchale
Paris

DER ROSENKAVALIER (Strauss) : La Maréchale
Mai, Genève

TOSCA (Puccini) : Tosca
Londres
Festival de Bayreuth
Juillet-août, Bayreuth

PARSIFAL (Wagner) : Kundry
Knappertsbusch/Wieland Wagner
Jess Thomas et Hans Beirer/Parsifal, Georges London et Thomas Stewart/Amfortas, Hans Hotter et Weber/Gurnemanz, Neidlinger/Klingsor, Weber et Greindl/Titurel, Janowitz, Silja, Hesse (Filles-Fleurs)

DIE WALKUERE (Wagner) : Sieglinde
Rudolf Kempe/Wieland Wagner
Astrid Varnay/Brünnhilde, Regina Resnik/Fricka, Fritz Uhl/Siegmund,
Jerome Hines/Wotan,
Gotlob Frick/Hunding

LE CRÉPUSCULE DES DIEUX (Wagner) : 3e Norne
Kempe Birgit Nilsson/Brünnhilde, Hans Hopf/Siegfried, Gotlob Frick/Hagen, Thomas Stewart/Hagen, Krauss/Alberich

DER ROSENKAVALIER (Strauss) : La Maréchale
Septembre, Mexico

DER ROSENKAVALIER (Strauss) : La Maréchale
Octobre, Buenos Aires *(débuts)*

Hans Wallberg
Anneliese Rothenberger/Sophie,
Kerstin Meyer/Oktavian

PARSIFAL (Wagner) : Kundry
Wallberg
Hans Hopf/Parsifal

LES TROYENS (Berlioz) : Didon
Novembre, Paris
Pierre Dervaux
Margharita Wallmann,

Guy Chauvet/Enée, Geneviève Serres/Cassandre, Massard, Savignol, Corraza, Broudeur

UN BALLO IN MASCHERA (Verdi) : Amélia
Paris
Pierre Dervaux, Wallmann
Albert Lance/Riccardo, Andrée Esposito/Oscar, Denise Scharley/Ulrica, Ernest Blanc/Renato

1962

UN BALLO IN MASCHERA (Verdi) : Amélia
Janvier, Paris

LES TROYENS (Berlioz) : Didon

DER ROSENKAVALIER (Strauss) : La Maréchale
Février, Berlin

OTELLO (Verdi) : Desdémone
Vienne

DER ROSENKAVALIER (Strauss) : La Maréchale
Hans Wallburg
Güeden, Bohme, Seefried
Vienne

UN BALLO IN MASCHERA (Verdi) : Amélia
Vienne

DIE WALKUERE (Wagner) : Sieglinde
Vienne

TANNHAUSER (Wagner) : Elisabeth
Lyon

DIE WALKUERE (Wagner) : Sieglinde
Mars, Avignon

LA DAMNATION DE FAUST (Berlioz) : Marguerite
Londres

DER ROSENKAVALIER (Strauss) : La Maréchale
Berlin

LES NOCES DE FIGARO (Mozart) : La Comtesse
Avril, Monte-Carlo

TOSCA (Puccini) : Tosca
Mai, Londres

TOSCA (Puccini) : Tosca

DER ROSENKAVALIER (Strauss) : La Maréchale

LES TROYENS (Berlioz) : Didon
Paris

TOSCA (Puccini) : Tosca
Avril, Londres
Bryan Balkwill
André Thurp, John Schaw

DER ROSENKAVALIER (Strauss) : La Maréchale
Paris-Opéra
Suzanne Sarroca/Octave, Liliane Berton/Sophie, Michael Langdon/Ochs

TOSCA (Puccini) : Tosca
Juin, Buenos Aires

Carlo Felice Cillario
Giuseppe Taddei/Scarpia, Gianni Raimondi/Mario

PÉNÉLOPE (Fauré) : Pénélope
Juillet, Buenos Aires
Guy Chauvet/Ulysse, Solange Michel/Euriclée, Julien Haas

DIE WALKUERE (Wagner) : Sieglinde
Sébastian
Vickers/Siegmund

AIDA (Verdi) : Aïda
Jon Vickers/Radames

TOSCA (Puccini) : Tosca
Septembre, Mexico
Placido Domingo/Mario

TOSCA (Puccini) : Tosca
Octobre, Chicago *(débuts aux U.S.A.)*
Carlo Felice Cillario
Tito Gobbi/Scarpia,
Giuseppe Zampieri/Mario,
Renato Cesari, Franco Corena

DER ROSENKAVALIER (Strauss) : La Maréchale
New York Metropolitain Opera *débuts au Met.*
Lorin Maazel, Ralf Herbert, Lotte Lehmann
Otto Edelman/Ochs, Hertha Toepper/Octave, Anneleise Rothenberger/Sophie

1963

LE VAISSEAU FANTOME (Wagner) : Senta
Janvier, New York, Met

TANNHAUSER (Wagner) : Elisabeth
Février, Rouen

DIE WALKUERE (Wagner) : Sieglinde
Janvier, Philadelphia
Vickers/Siegmund, Richard Cross/Wotan, Mignon Dunn/Fricka

LE VAISSEAU FANTOME (Wagner) : Senta
Janvier, Met
Karl Bohm
George London/Le Hollandais, Giorgio Tozzi/Daland, Sandor Konyà/Éric, Georges Schirley/Le Pilote

TOSCA (Puccini) : Tosca
Février, Genève et Avignon
Angelo Forese/Mario, Bianco/Scarpia

TANNHAUSER (Wagner) : Elisabeth
Février, Lyon

LOHENGRIN (Wagner) : Elsa
Avril, Londres
Klemperer
Sandor Konya/Lohengrin, Rita Gorr/Vénus

DER ROSENKAVALIER (Strauss) : La Maréchale
Mars, Londres

TANNHAUSER (Wagner) : Elisabeth
Juin, Paris-Opéra
André Cluytens, Jean Le Poulain, Léonor Fini
Rita Gorr/Vénus, Hans Beirer/Tannhäuser, Raymond Wolansky

LA DAMNATION DE FAUST (Berlioz) : Marguerite

Juillet, Festival Aix-en-Provence
Pierre Dervaux
Gabriel Bacquier/Méphisto, Guy Chauvet/Faust

HÉRODIADE (Massenet) : Salomé
Décembre, Concert Carnegie Hall, New York
Débuts américains d'Alain Lombard
Robert Massart/Hérode, Guy Chauvet/Jean, Robert Patterson/Phanuel

TANNHAUSER (Wagner) : Elisabeth
Novembre, Chicago
Oscar Danon
Grace Bumbry/Vénus, Dimiter Ozounov/Tannhäuser, Wolansky, Wilderlann, Cesari

FIDELIO (Beethoven) : Léonore
Novembre, Chicago
John Vickers/Florestan, Boris Christoff/Pizano

UN BALLO IN MASCHERA (Verdi) : Amélia
Décembre, Chicago

1964

Récital Londres Royal Festival Hall. Piano Geoffroy Parsons

LOHENGRIN (Wagner) : Elsa
Janvier, Met
Tournée récitals et concerts aux U.S.A.

LES TROYENS (Berlioz) : Cassandre et Didon
Mai, Buenos Aires
Georges Sébastian, Lou Bruder
Guy Chauvet/Enée

IPHIGÉNIE EN TAURIDE (Gluck) : Iphigénie
Mai, Buenos Aires
Sébastian, Erlo, Lifar
Guy Chauvet/Pilade, Robert Massard/Oreste

TANNHAUSER (Wagner) : Elisabeth
Avril, Paris-Opéra

TOSCA (Puccini) : Tosca
Juin, Paris-Opéra
Georges Prêtre, Barsacq, Noël,
Franco Corelli/Mario,
Gabriel Bacquier/Scarpia

FIDELIO (Beethoven) : Leonore
Octobre, Londres
Del Mar
Pribl/Florestan, Robinson/Pizano, Langdon/Rocco, Sinclair/Marceline, Dobson/Jacquino

TOSCA (Puccini) : Tosca
Novembre, Chicago

1965

Février, U.S.A. et Canada : Récitals et concerts
20 mars, 1er récital à Hunter College, New York

DIE WALKUERE (Wagner): Sieglinde
Avril, Philadelphie

TOSCA (Puccini) : Tosca

DIE WALKUERE (Wagner) : Sieglinde
New York, Met

TOSCA (Puccini) : Tosca
25 avril, Hambourg

DAMNATION DE FAUST (Berlioz) : Marguerite
28 mai-17 juillet, Buenos Aires-Colon

WERTHER (Massenet) : Charlotte

TOSCA (Puccini) : Tosca

Juillet, Ostende, Aix, Vichy, Amsterdam : Concerts

28 juillet, Aix : Concert Berlioz

IPHIGÉNIE EN TAURIDE (Gluck) : Iphigénie
15 octobre, Paris-Opéra
Georges Sébastian/Louis Erlo
Robert Massard/Oreste,
Guy Chauvet/Pilade, Julien Haas

TANNHAUSER (Wagner) : Elisabeth
19 et 21 novembre, Lyon
Georges Sébastian/Louis Erlo
Janis Martin/Vénus,
Ernest Blanc/Wolfram,
Hans Beirer/Tannhäuser

IPHIGÉNIE EN TAURIDE (Gluck) : Iphigénie
26 et 28 novembre, Lyon
Même distribution qu'à Paris.

1966

TOSCA (Puccuni) : Tosca
Janvier, Barcelone/Liceo

BALLO IN MASCHERA (Verdi) : Amélia

TOSCA (Puccini) : Tosca

PARSIFAL (Wagner) : Kundry
Février-mars-avril, New York, Met

Metropolitan Museum of Arts : Récital
20 mars, New York

TANNHAUSER (Wagner) : Elisabeth
Juin-juillet, Paris-Opéra

ARIADNE AUF NAXOS (Strauss) : Ariadne
Juillet, Aix-en-Provence

Récital mélodies
23 juillet, Aix

LA DAMNATION DE FAUST (Berlioz) : Marguerite
30 juillet, Monte-Carlo

Récital
Septembre, Château du Tholonet

TANNHAUSER (Wagner) : Elisabeth

LES TROYENS (Berlioz) : Didon
Octobre-novembre, San Francisco

ARIADNE AUF NAXOS (Strauss) : Ariadne
Septembre-octobre, Chicago
Irmgard Seefried/Le Compositeur,
Anneliese Rothenberger/Zerbinette

1967

TOSCA (Puccini) : Tosca
Janvier, Philadelphie-Miami

Concerts
Février, U.S.A.

TOSCA (Puccini) : Tosca
8, 12 et 16 avril, Naples

SALZBOURG, 1er Festival de Pâques : DIE WALKUERE (Wagner) : Brünnhilde : prise de rôle
19 et 23 mars, 3 avril
Prise de rôle
Herbert von Karajan
Gundula Janovitz/Sieglinde,
Jon Vickers/Siegmund,
Thomas Steward/Wotan, Fricka

Récital de mélodies
21 avril, Hambourg

TANNHAUSER (Wagner) : Elisabeth
28 et 30 avril, Rouen

DIE WALKUERE (Wagner) : Sieglinde
Mai-juin, Paris-Opéra
Georges Sébastian
Jess Thomas, Ticho Parly/Siegmund, Anja Silja, Ludmila Dvorakova/Brünnehilde, Grace Hoffmann, Annliese Burmeister/Fricka, Theo Adam, Thomas Stewart/Wotan, Joseph Greindel/Hunding

20 juin, Paris-Champs-Élysées : 1er Récital à Paris. *Piano Christian Ivaldi. Lieder de Marie Stuart/Schumann, Chansons de Bilitis/Debussy, Poèmes juifs/Milhaud, Chansons du Monsieur Bleu/Rosenthal*

ROSENKAVALIER (Strauss) : La Maréchale
Octobre, San Francisco

LA GIOCONDA (Ponchielli) : Gioconda
Prise de rôle
26, 29 octobre 1er, 4 novembre, Marseille
Nello Santi
Michèle Vilma/Laura,
Gianpierro Mastromei/Barnaba, Carlo Cossuta/Enzo

Reprise de DIE WALKUERE (Wagner) : Production Salzbourg
15 novembre-5 décembre, New York-Met
Crespin, Brünnhilde/Sieglinde
avec Jon Vickers/Siegmund, Thomas Stewart/Wotan, Karl Ridderbusch/Hunding, Gundula Janovitz/Sieglinde, Birgit Nilsson/Brünnhilde, Christa Ludwig/Fricka

1968

TOSCA (Puccini) : Tosca
Janvier, New York-Met
Zubin Mehta
G. Raimondi/Mario, Bacquier/Scarpia

DIE WALKUERE (Wagner) : Brünnhilde
Karajan

LE VAISSEAU FANTOME (Wagner) : Senta : Met

DIE WALKUERE (Wagner) : Brünnhilde
Pâques, Salzbourg
Karajan

DIE WALKUERE (Wagner) : Sieglinde
Avril-mai, Milan-Scala
Georges Prêtre
Dvorakova/Brünnhilde, Marti Talvela /Hunding, Joséphine Veasey/Fricka, James King/Siegmund

DIE WALKUERE (Wagner) : Brünnhilde
21 février, New York-Met
Herbert von Karajan,
Globucar, Jon Vickers/Siegmund,
Christa Ludwig/Fricka,
Léonie Rysanek/Sieglinde,
Thomas Stewart/Wotan,
John Macurdy/Hunding

16 mai, Paris : Récital

TOSCA (Puccini) : Tosca
29 mai, Paris-Opéra
Jean Périsson
Guy Chauvet/Mario, Gabriel Bacquier/Scarpia

20 mai, Nancy : Récital

TANNHAUSER (Wagner) : Elisabeth
Mai-juin, Paris-Opéra

DER ROSENKAVALIER (Strauss) : La Maréchale
Mi-juin, Paris-Opéra

DIE WALKUERE (Wagner) : Sieglinde
Septembre-octobre, San Francisco

LES TROYENS (Berlioz) : Cassandre, Didon

TOSCA (Puccini) : Tosca
Octobre-novembre, New York-Met

DIE WALKUERE (Wagner)

1969

DER ROSENKAVALIER (Strauss) : La Maréchale
22 janvier, Seattle
E.A. Schneider
Régina Sarfaty/Octavian, Michael Lagdon/Ochs, Patricia Cullen/Sophie

3 février, New York : Carnegie Hall : 1er récital. *Piano John Wustman*

DER ROSENKAVALIER (Strauss) : La Maréchale
Avril-juin, Tournée du Met aux U.S.A.

16 décembre (TEP), 17 décembre (Théâtre Champs-Élysées), 18 décembre (Fac de Droit)

Concert « Par le Feu » de Marius Constant. Orchestre de Paris, Carlos Païta.

1970

DER ROSENKAVALIER (Strauss) : La Maréchale
Avril, Nice

Jean Périsson
Suzanne Sarroca/Octave, Manfred Jungwirt/Ochs, Giuseppe Todaro/Le Chanteur, Mariane Michels/Sophie

LA TOSCA (Puccini) : Tosca
Septembre, San Francisco

PARSIFAL (Wagner) : Kundry
New York-Met

1971

TOSCA (Puccini) : Tosca
Tito Gobbi/Scarpia
Janvier, Met

LES CONTES D'HOFFMANN (Offenbach) : Giulietta
Janvier, Met

WERTHER (Massenet): Charlotte
1er février, 31 mars, 12 avril, New York, Met
Alain Lombard, Paul-Émile Deiber
Franco Corelli/Werther, Franco Corena et Donald Gramm/Le Bailly, Colette Boky et Gail Robinson/Sophie, John Reardon et Dominic Cossa/Albert

DER ROSENKAVALIER (Strauss) : La Maréchale
19 et 21 février, Marseille

Mai : tournée récital au Japon et en Corée.
Piano : Jeanie Reiss

7 juillet : Buenos Aires, récital

DIE WALKUERE (Wagner) : Sieglinde
Septembre, Réouverture Paris-Opéra
Lovro von Matacic, Wieland Wagner, Hans Hotter
Hubert Hofman et Hans Hotter/Wotan, Michael Lagdon/Hunding, Michèle Vilma/Fricka, Jean Cox/Siegmund, Berit Lindholm/Brünnhilde

1972

LES TROYENS (Berlioz) : Didon
Janvier, Boston
Sarah Caldwell
Maralin Niska/Cassandre,
Ronald Dowd/Enée,
Louis Quilico/Chorèbe

CARMEN (Bizet) : 1re Carmen en concert
Avril, Miami
Alain Lombard
Nicholas di Virgilio/Don José, Andréa Guiot/Micaela, Julian Patrick/Escamillo

25-29 avril, Paris, semaine de récital au Théâtre de la Ville : *Piano : Jeanine Reiss*

13 mai, Met, gala d'adieux à Sir Rudolf Bing

31 mai, Légion d'honneur (Chevalier) à l'Opéra par Duhamel

DIE WALKUERE (Wagner) : Sieglinde
Juin, Paris-Opéra
Berit Lindholm Brünnhilde, Hans Hotter et Franz Mazura/Wotan, Berther Montmart/Fricka

LA DAMNATION DE FAUST (Berlioz) : Marguerite
28 juillet, Chorégies d'Orange
Georges Prêtre
Helge Brilioth/Faust, Roger Soyer/Méphisto

Récital, *Piano : Jeanine Reiss*
6 octobre, Paris-Opéra

Récital, *Piano : Madeleine Charvet-Avril*
12 octobre, Lyon-Salle Gaveau

Concert avec Alceo Galliera
Ah Perfido/Beethoven,
Shéhérazade/Ravel
24 octobre, Strasbourg

LES DIALOGUES DES CARMÉLITES (Poulenc) : Madame Lidoine
Novembre, Paris-Opéra
Georges Prêtre, Raymond Rouleau
Suzanne Sarroca et Renée Auphan/Blanche, Michèle Vilma et Berthe Montmart/Mère Marie, Éliane Lublin et Danielle Perrier/Constance, Denise Scharley et Solange Michel/Madame de Croissy, 1re Prieure

Michel Plasson, *Nuits d'été*
Décembre, Orchestre de Paris
Théâtre Champs-Élysées

1973

Récital, *Piano : Jeanine Reiss*
29 janvier, New York, Carnegie Hall

DIE WALKUERE (Wagner) : Sieglinde
23-25 février, Nancy
Walter Hornsteiner, Jean-Claude Riber
Edouard Wollitz/Hunding, Grace Hoffmann/Fricka, Jef Vermeersch/Wotan, Gunilla of Malmborg/Brünnhilde, Hug Beresford/Siegmund

Récital, *Piano : Jeanine Reiss*
Mars, Besançon

LE CHEVALIER A LA ROSE (Strauss): La Maréchale
2 au 15 mai, Lyon
Gushlbauer
Suzanne Sarroca/Octave

CAVALLERIA RUSTICANA (Mascagni) : Santuzza
Juin, Met
Carlo Felice Cillario, Franco Zefirelli
Enrico di Giuseppe/Turridu, Batyah Godfrey/Lucia, Matteo Manuguera/Alfio, Judith Forst/Lola

Récital
27 juillet, Festival de Gourdon-en-Quercy

Récital, *Piano : Aldo Ciccolini*
29 juillet, Festival de Salon-de-Provence

SHÉHÉRAZADE
Septembre, Festival d'Edimburg Georg Solti

PARSIFAL (Wagner) : Kundry
Novembre, Paris-Opéra
Horst Stein,
Helge Brilioth/Parsifal,

Franz Mazura/Gurnemanz,
Jacques Mars/Klingsor,
Norman Bailey/Amfortas,
Roger Soyer/Titurel

Récital Victoria Hall, *Piano : Jeanine Reiss*
28 novembre, Genève

WERTHER (Massenet) : Charlotte
Décembre, Paris-Radio Concert
Michel Plasson,
André Thurp/Werther

Récital *Jeanine Reiss*
3 août, Albi

Récital en France durant l'été

Récital
29 novembre, Saint-Denis

LES CONTES D'HOFFMANN (Offenbach) : Giulietta
Paris-Opéra
Patrice Chéreau,
Nicolaï Gedda/Hoffmann

1974

9 janvier, Concert de l'Unesco à Paris
Salle Pleyel

Janvier, Rencontres du Palais-Royal à Paris, *Piano : Jeanine Reiss*

Récital, *Piano : Jeanine Reiss*
Mars, Buenos Aires, Teatro Coliso

« Il était une fois l'Opérette »
Avril, Paris-Bobino

LA DAMNATION DE FAUST (Berlioz) : Marguerite
Mai, Festival de Cincinnati
James Levine,
Kenneth Riegel/Faust, Michael Devlin/Méphisto

Concert *Michel Plasson*
1er juin, Trieste
Shéhérazade, Wesendoncklieder

1975

WERTHER (Massenet) : Charlotte
12-14 février, Nice
Richard Blareau,
Albert Lance/Werther, Claude Cales/Albert, Michèle Claverie/Sophie, Adrien Legros/Le Bailly

Récital *Piano : John Wustman*
23 avril, New York, Carnegie Hall

Concert Nuits d'Été : *Mort d'Isolde*
29 avril, Québec

23 mai, Gala de l'Union des Artistes

Récital Festival de Sommières
8 août
Piano : Jean-Claude Ambrosini

CARMEN (Bizet) : Carmen — Prise de rôle
Octobre, Met
Henry Lewis,

James McCracken et Placido Domingo/Don José, Matteo Manuguera et Jose van Dam/Escamillo, Lucine Amara et Katia Ricciarelli/Micaela

1976

MARIE-MAGDELEINE (Massenet) : Marie-Magdeleine
7 janvier, New York, Avery Fischer Hall
Anthony Mors
Sheila Nadler/Marie, Louis Roney/Jésus, Joseph Rouleau/Judas

Récital *Jean-Claude Ambrosini*
26 février, Montpellier

Shéhérazade/Mort d'Isolde
Mars, Cannes Concert

Alain Lombard/Poème de l'Amour et de la Mer
17 mars, Théâtre de la Ville, Paris

Idem
20 mars, Strasbourg, palais de la Musique

Colon Concert
21 et 24 avril, Buenos Aires

CARMEN (Bizet) : Carmen
11 et 14 mai, Buenos Aires-Colon
Claudio Guidi-Drei,
Christina Carlin/Micaela,
Liborio Simonella/Don José,
Ricardo York/Escamillo

Récital *John Wustman*
Juillet, Newport

Nommée professeur au Conservatoire national supérieur de Musique de Paris

Concert *O.P.P.L.*
7 et 9 octobre
Pierre Dervaux
Duo Siegmund — Sieglinde, 1er acte de die Walküre/Mort d'Isolde

11 octobre, même concert

CAVALLERIA RUSTICANA (Mascagni) : Santuzza
Novembre, San Francisco
Schmermerhorn, Ponnelle,
Placido Domingo/Turridu

Récital U.S.A.
Décembre

1977

DIALOGUES DES CARMÉLITES (Poulenc) : 1re Prieure Madame de Croissy — Prise de rôle
Février, New York, Met
En anglais
John Dexter, Michel Plasson
Maria Ewing/Blanche, Shirley Verret/La nouvelle Prieure, Mignon Dunn/Mère Marie, Betsy Norden/Constance

Récital à Marseille
Mai

LES TROYENS (Berlioz) : Didon/Cassandre
28 mai, Cincinnati

Concert *direction James Levine avec Guy Chavet/Enée*

Récitals en France et Liège

MARIE-MAGDELEINE (Massenet) : Marie-Magdeleine
24 novembre, Radio-France,
Jean-Pierre Marty avec Biserka Ccejic/ Marthe, Martin Hill/Jésus, Marc Vento/Judas

1978

CARMEN (Bizet) : Carmen
Met
Janvier-février-mars, Concerts U.S.A., Philadelphie

22 octobre, Récital abbaye Saint-Victor à Marseille

CARMEN (Bizet) : Carmen
Novembre-décembre, New York
Giuseppe Patané, Michael Devlin/Escamillo, William Lewis/Don José, Leona Mitchell/Micaela

1979

DIALOGUES DES CARMÉLITES (Poulenc) : en français
Janvier, New York-Met
Michel Plasson, John Dexter
Maria Ewing/Blanche, Leona Michell/ Madame Lidoine, Mignon Dunn/Mère Marie

WERTHER (Massenet) : Charlotte
Met
Richard Bonynge
Alfredo Kraus/Werther

LA GRANDE-DUCHESSE DE GEROLSTEIN (Offenbach) : La Grande-Duchesse
Avril, Toulouse
Michel Plasson, Robert Dhéry
Charles Burles/Fritz, Michel Trempont/Boum, Danielle Castaing/Wanda, Rémy Corrazza/Paul, Jean-Pierre Chevalier/Puck

Mai-juin, États-Unis, tournée avec *les Dialogues,* Met

Récital, *au piano : Christian Ivaldi*
Paris, Salle Gaveau

Récital, *au piano : Christian Debrus*
28 juillet, Le Vigan

Récital, *au piano : Geoffroy Parsons*
8 décembre, Londres : Wigmore Hall

LA GRANDE-DUCHESSE DE GEROLSTEIN (Offenbach) : La Duchesse
Décembre, Bordeaux
Michel Plasson/Dhéry

1980

LES DIALOGUES DES CARMÉLITES (Poulenc) : Madame de Croissy
Avril, Théâtre des Champs-Élysées, Paris

En concert *Orchestre national Jean-Pierre Marty*
Felicity Lott/Blanche,
Geneviève Barrial/Marie,
Anne-Marie Rodde/Constance,
Jocelyne Chamonin/Madame Lidoine

CARMEN (Bizet) : Carmen
Mars, Montpellier
Guy Chauvet/José, Cales/Escamillo, Monique de Pondeau/Micaella, Jean Bertholon, Gabriel Couret

Récital, *au piano : John Wustmann*
Décembre, Carnegie Hall

LES DIALOGUES DES CARMÉLITES (Poulenc) : Madame de Croisy
Met
Maria Ewing, Mignon Dunn, Leona Mitchell

1982

LA GRANDE-DUCHESSE DE GEROLSTEIN (Offenbach)
Février, Avignon
Burtin, Robert Dhéry

LA GRANDE-DUCHESSE (Offenbach)
Nice, mars

LA GRANDE-DUCHESSE (Offenbach)
Juin, Théâtre Musical de Paris
Robert Dhéry, Michel Plasson,

CARMEN (Bizet)
Juillet, Nîmes
André Batisse, Marc Soustrot,
Alain Vanzo/José, Jean-Philippe Laffont/Escamillo, Anne-Marie Blanzat/Micaela

Concert, *direction Giovaninetti*
Juin, Marseille

LES DIALOGUES DES CARMÉLITES (Poulenc). Madame de Croisy
Octobre-novembre, Opéra du Rhin
Jean Périsson, René Terrasson,
Anne-Marie Blanzat/Blanche, Evelyn Brunner/Madame Lidoine,
Suzanne Sarroca/Marie,
Anne-Marie Rodde/Constance

LES DIALOGUES DES CARMÉLITES (Poulenc). Madame de Croissy
Décembre, Metz
Même distribution sauf Francine Laurent/Madame Lidoine, Monique Baudoin/Constance

Chronologie et discographie
établies par Isabelle MASSET

P.S. — Cette chronologie n'a pas la prétention d'être exhaustive. La conservation d'archives personnelles étant chose précaire, certaines périodes sont donc incomplètes. Je suis persuadée que certains d'entre vous sauront retrouver ce qui a pu être égaré. Je les en remercie d'avance.

DISCOGRAPHIE

PATHÉ-MARCONI — EMI — VOIX DE SON MAITRE

RÉCITAL VERDI — Bal Masqué, Macbeth, Don Carlos (rôles d'Eboli et d'Elisabeth), Aïda — Orchestre des Concerts du Conservatoire. Direction : Georges Prêtre.

RÉCITAL WAGNER — *Grand Prix du Disque de l'Académie du Disque Français 1961.* Parsifal, Wesendonck lieder, Lohengrin, Walkyrie. Orchestre National de la RTF. Direction : Georges Prêtre. Réf. : C 069-16320.

AIRS D'OPÉRAS — *Grand Prix du Disque de l'Académie Charles-Cros 1958.* Guillaume Tell, le Trouvère, Otello, Tannhäuser, Damnation de Faust. Orchestre de l'Opéra de Paris. Direction : Otto Ackermann.

TOSCA — Puccini — extraits en français. Orchestre de l'Opéra de Paris. Direction : Georges Prêtre.

HÉRODIADE — Massenet — extraits —, Rôle de Salomé. Orchestre de l'Opéra de Paris. Direction : Georges Prêtre.

DIALOGUE DES CARMÉLITES — Poulenc — intégrale —, Rôle de la Seconde Prieure. Chœurs et Orchestre de l'Opéra de Paris. Direction : Pierre Dervaux.

LES TROYENS — Berlioz — extraits —, Rôles de Cassandre et de Didon. Orchestre de l'Opéra de Paris. Direction : Georges Prêtre.

RÉCITAL DE MÉLODIES — Schumann, Fauré, Canteloube, Roussel, Sauguet. Au piano : John Wustmann.

STABAT MATER — Poulenc. Chœurs et Orchestre du Conservatoire. Direction : Georges Prêtre.

LA VIE PARISIENNE — Offenbach — Intégrale. Rôle de Metella. Orchestre et chœur du Capitole de Toulouse. Direction : Michel Plasson.

DGG

LA WALKYRIE — Rôle de Brünnehilde — intégrale en allemand. *Grand Prix du Disque de l'Académie Charles-Cros.* Orchestre Philharmonique de Berlin. Direction : Herbert von Karajan.

DECCA

RÉCITAL D'OPÉRAS FRANÇAIS — *Prix de l'Académie du Disque Lyrique 1962.* La Reine de Saba, Sapho, Sigurd, la Juive, Faust, Marie-Magdeleine, Werther. Direction : Jesus Etcheverry.

LE CHEVALIER A LA ROSE — Richard Strauss — extraits en allemand. Orchestre Philharmonique de Vienne. Direction : Silvio Varviso.

LE CHEVALIER A LA ROSE — intégrale en allemand. *Grand Prix du Disque.* Orchestre Philharmonique de Vienne. Direction : Georg Solti.

LES NUITS D'ÉTÉ — Berlioz — **SHEHERAZADE** — Ravel.

Grand Prix du Disque 1964. Orchestre de la Suisse romande. Direction : Ernest Ansermet. Réf. : 59 2038-BA 342.

LA WALKYRIE — Rôle de Sieglinde. *Grand Prix du Disque.* Orchestre Philharmonique de Vienne. Direction : Georg Solti.

RÉCITAL DE MÉLODIES — Schumann, Wolf, Debussy, Poulenc. Au piano : John Wustmann. Réf. : 59 2040-BA 342.

PRIMA DONNA A PARIS — Régine Crespin chante l'Opéra français : Sapho, Werther, Carmen, Ascanio, la Damnation de Faust, Iphigénie en Tauride.
Régine Crespin chante l'opérette : Phi-Phi, les Trois Valses, l'Amour Masqué, etc.
Direction : Alain Lombard — Georges Sébastian.
Réf. : 59 3018-BA 367.

Avis d'Opéras italiens — Orchestre du Royal Opera House, Covent Garden. Direction : Edwards Downes. Réf. : 59 2039-BA 342.

DON QUICHOTTE — Massenet. Intégrale rôle de... Orchestre de la Suisse romande. Direction : Kazimeng Kord. Réf. : D 156 D3.

CBS

AH PERFIDO — Beethoven. New York Philharmonic Orchestra. Direction : Thomas Schippers.

LA GRANDE-DUCHESSE DE GEROLSTEIN — Offenbach — intégrale. Chœurs du Capitole de Toulouse et Orchestre Régional du Capitole. Direction : Michel Plasson. Réf. : 79 207.

RAVEL, SATIE — Au piano : Philippe Entremont. Réf. : 36 666.

MELODIES

ERATO

CARMEN — Bizet — intégrale. Chœurs de l'Opéra du Rhin et Orchestre Philharmonique de Strasbourg. Direction : Alain Lombard. Réf. : STU 70900 à 902.

LA PÉRICHOLE — Offenbach — intégrale. Chœurs de l'Opéra du Rhin et Orchestre Philharmonique de Strasbourg. Direction : Alain Lombard.

DISCOREALE

TRENTE ANS SUR SCÈNE : Réf. : DR 10 006. (Coffret de 3 disques.)

PÉNÉLOPE — Fauré. Direction : D. Ingelbrecht.

Table des matières

H/35-6939-9

Achevé d'imprimer le 18 mai 1982
sur les presses de l'imprimerie Aubin
à Ligugé

pour le compte de la Librairie Arthème Fayard
75, rue des Saints-Pères à Paris

ISBN 2-213-01162-1

N° d'édition : 6414. – N° d'impression : L 14590
Dépôt légal : juin 1982